公共图书馆智慧采购研究

杨 潇 刘宏伟 王志强 著

北京工业大学出版社

图书在版编目（CIP）数据

公共图书馆智慧采购研究 / 杨潇，刘宏伟，王志强著. -- 北京：北京工业大学出版社，2024.12.
ISBN 978-7-5639-8744-3
Ⅰ.G253.1-39
中国国家版本馆CIP数据核字第20255JT781号

公共图书馆智慧采购研究
GONGGONG TUSHUGUAN ZHIHUI CAIGOU YANJIU

著　　者：	杨　潇　刘宏伟　王志强
责任编辑：	戴奇钰
封面设计：	墨君笙传媒
出版发行：	北京工业大学出版社　　http://press.bjut.edu.cn
	（北京市朝阳区平乐园 100 号　邮编：100124）
	010-67391722　　bgdcbs@bjut.edu.cn
经销单位：	全国各地新华书店
承印单位：	保定市铭泰达印刷有限公司
开　　本：	787毫米×1092毫米　1/16
印　　张：	16
字　　数：	287千字
版　　次：	2024 年12月第 1 版
印　　次：	2024 年12月第 1 次印刷
标准书号：	ISBN 978-7-5639-8744-3
定　　价：	78.00元

版权所有　翻印必究

（如发现印装质量问题，请寄本社发行部调换　010-67391106）

PREFACE 前言

随着信息技术的飞速发展，图书馆的采购方式正逐渐向智能化、数字化转型。传统的图书馆采购模式面临着诸多挑战，如信息不对称、采购效率低下、资源利用不充分等。在这个背景下，智慧采购应运而生。智慧采购旨在利用大数据、人工智能等先进技术，实现采购过程的自动化、智能化，提高资源配置的精准性和科学性。智慧采购不仅是对传统采购流程的优化，更是图书馆资源建设理念的革新。它强调数据驱动的决策过程，通过对读者需求、市场动态以及图书馆资源的深入分析，帮助图书馆在采购时更加准确地满足读者的需求，提升服务质量。同时，智慧采购还能够通过平台化的操作，打破信息孤岛，实现多方资源的共享与协作，推动图书馆间的合作共赢。

本书旨在系统地探讨和分析公共图书馆智慧采购的各个方面，从定义到理论基础，从技术支持到系统建设，从流程优化到数据管理……力求为读者提供一个全面而深入的认识。本书的价值在于结合最新的科技成果和实际案例，详细介绍智慧采购在公共图书馆中的应用，并探讨其带来的效益和其未来的发展方向。通过对智慧采购流程的优化和智能化管理，公共图书馆不仅能提升采购效率，降低运营成本，还能更好地满足读者的需求。本书的目的在于为公共图书馆的管理者、采购人员、信息技术人员以及相关领域的研究者提供有价值的参考资料。通过对智慧采购各个环节的详细分析和实用建议，著者希望本书能帮助读者更好地理解和实施智慧采购，从而推动公共图书馆的现代化和智能化发展。

本书共九章。第一章和第二章由王志强老师负责编写，约5万字；第三章至第五章由杨潇老师负责编写，约13万字；第六章至第九章由刘宏伟老师负责编写，约12万字。著者在写作本书的过程中，借鉴了许多前辈的研究成果，在此表示衷心的感谢。由于本书需要探究的层面较深，对一些相关问题的研究可能不透彻，加之写作时间仓促，书中难免存在一定的疏漏之处，恳请前辈、同行以及广大读者斧正。

著者

2024 年 8 月

CONTENTS 目录

第一章 公共图书馆智慧采购概述 ··· 01
第一节 公共图书馆智慧采购的定义 ······································ 01
第二节 智慧采购在公共图书馆工作中的重要性 ······················ 03
第三节 公共图书馆智慧采购的发展历程 ······························· 10
第四节 国内外公共图书馆智慧采购现状 ······························· 14

第二章 公共图书馆智慧采购的理论基础 ································· 23
第一节 智慧采购的基本理论 ··· 23
第二节 公共图书馆采购理论的演变 ···································· 26
第三节 智能化技术在采购中的应用 ···································· 32
第四节 公共图书馆采购管理理论 ······································· 36

第三章 公共图书馆智慧采购的技术支持 ································· 43
第一节 信息技术在智慧采购中的应用 ································· 43
第二节 大数据分析在图书馆采购中的作用 ··························· 55
第三节 物联网技术与公共图书馆采购 ································· 57
第四节 人工智能技术在智慧采购中的应用 ··························· 66

第四章 公共图书馆智慧采购的系统建设 ································· 79
第一节 公共图书馆智慧采购平台架构 ································· 79
第二节 智慧采购系统的功能模块 ······································· 89
第三节 公共图书馆智慧采购系统实施方案 ··························· 95
第四节 系统建设中的安全与隐私保护 ································· 104

第五章 公共图书馆智慧采购的流程优化 ································· 115
第一节 传统采购流程的弊端 ··· 115

第二节　智慧采购流程的优化方案·············125
　　第三节　采购流程的智能化管理·············129

第六章　公共图书馆智慧采购的数据管理·············140
　　第一节　数据采集与处理技术·············140
　　第二节　数据分析与决策支持·············156
　　第三节　数据共享与协同管理·············163
　　第四节　公共图书馆采购数据安全管理·············168

第七章　公共图书馆智慧采购的供应商管理·············177
　　第一节　供应商的选择与评估·············177
　　第二节　智慧采购中的供应商关系管理·············187
　　第三节　供应商绩效评估体系·············193

第八章　公共图书馆智慧采购的成本控制·············200
　　第一节　智慧采购中的成本管理·············200
　　第二节　成本控制的策略与方法·············215
　　第三节　成本效益分析与优化·············219

第九章　公共图书馆智慧采购的实施与推广·············226
　　第一节　智慧采购实施的关键步骤·············226
　　第二节　实施过程中常见的问题与对策·············233
　　第三节　公共图书馆智慧采购的推广策略·············236

参考文献·············247

第一章 公共图书馆智慧采购概述

第一节 公共图书馆智慧采购的定义

一、公共图书馆智慧采购的定义

公共图书馆智慧采购是指利用先进的信息技术，如大数据分析、人工智能、物联网、云计算等，对图书馆的资源采购过程进行智能化管理和优化。智慧采购不仅涵盖了传统采购的各个环节，包括需求分析、市场调研、供应商选择、合同管理、订单执行和验收等，还通过数据驱动的方式提升了采购的效率和精准度。在智慧采购体系中，公共图书馆能够实时分析读者需求、市场动态、馆藏状态等多维度数据，从而做出更加科学和精确的采购决策。智慧采购系统还可以实现自动化推荐和筛选，减少人为决策中的主观偏差，确保资源的采购更符合实际需求。同时，智慧采购还增强了采购管理的透明度和规范性，通过系统化的流程和标准化的操作，推动图书馆采购管理的科学化发展。简而言之，公共图书馆智慧采购是一种通过技术手段来优化资源采购的综合管理模式，旨在提高采购的效率、精准度和透明度，最终提升公共图书馆资源配置的合理性和服务质量。

二、公共图书馆智慧采购的特点

（一）绿色采购

通过优先选择符合环保标准的产品和供应商，图书馆不仅能够支持自身的绿色运营，还能满足整个社会对环境友好产品和服务的需求。绿色采购在公共图书馆智慧采购过程中的体现之一是对产品环保标准的严格把控。在采购过程中，图书馆会优先选择那些符合国际、国家或行业环保标准的产品。无论是纸张、墨水等日常用品，还是建筑材料和能源设备，图书馆都会尽量选择那些生产过程环保、可再生或低碳排放的产品。例如，图书馆可以采购由可再生材料制成的书架、办公用具，使用环保油墨印刷的书籍，以及低能耗的照明设备。通过这些选择，图书馆能够有效减少自身运营过程中对环境的负面影响，同时也为公众树立了环保典范。绿色采购还包括优先选择那些在生产、配送和废弃物处理等环节都符合可持续发展理念的供应商。在公共图书馆的智慧采购体系中，供应商的环保表现是一个重要的绩效评估指标。图书馆会考察供应商在生产过程中的环保措施、能源消耗、废弃物管理以及是否采用了可持续的物流方式等。例如，一些供应商可能采用了循环利用原材料、减少包装浪费或使用新能源车辆进行配送等绿色举措。选择这些供应商，不仅有助于减少供应链上的碳足迹，还能支持那些积极实践环境保护的企业，促进绿色产业的发展。

  公共图书馆的智慧采购体系具有透明性和数据驱动的特点，这在绿色采购中尤为重要。智慧采购平台能够实时跟踪和记录供应商的环保表现和产品的环境影响，并将这些数据用于采购决策。图书馆可以通过智慧采购平台了解各个供应商的环保认证、碳排放情况以及产品生命周期评估结果，从而做出更为科学的绿色采购决策。此外，智慧采购系统还可以提供环保标准更新提醒和环保政策建议，帮助图书馆持续优化其采购策略，以符合最新的环保要求和可持续发展目标。绿色采购不仅有助于图书馆自身的绿色运营，还能通过带动供应链和社区的绿色转型，发挥更广泛的社会影响力。图书馆通过绿色采购向供应商传递了明确的市场信号，即环保和可持续发展是未来市场竞争的重要方向。这种信号可以促使供应商加大在环保技术和产品上的投入，推动整个行业向更加环保和可持续的方向发展。同时，图书馆通过推广绿色采购的实践和理念，可以引导公众增强环保意识，形成全社会共同参与环境保护的良好氛围。

（二）跨平台协作

  跨平台协作是公共图书馆智慧采购体系中一种重要的创新策略，旨在通过智慧采购平台与其他图书馆、出版商、数据库供应商等进行无缝对接，实现资源共享和采购协同，从而大幅度扩大资源获取渠道。这种协作模式不仅优化了采购流程，还提高了图书馆在资源配置和使用上的效率，推动了图书馆间的合作与资源整合，为读者提供了更为丰富和多样化的资源服务。跨平台协作通过智慧采购平台实现了资源共享。这种共享不仅限于图书馆内部的资源调配，还涉及与其他图书馆、出版商、数据库供应商之间的资源互通。例如，通过智慧采购平台，公共图书馆可以与其他图书馆建立联合采购机制，共享采购信息和需求数据。这种协作能够有效减少重复采购，降低采购成本，并扩大图书馆的资源覆盖面。此外，图书馆还可以通过平台与出版商直接对接，获取最新的出版信息和优惠采购价格，确保能够及时更新资源库，满足读者不断变化的需求。智慧采购平台提供了无缝对接的技术支持，使得图书馆能够轻松实现与外部供应商的协同采购。在传统的采购模式下，图书馆与供应商之间的沟通往往需要经过多个环节，信息传递效率低，容易出现误差或延迟。而智慧采购平台通过数字化手段，将图书馆与供应商的系统直接连接，实现了订单的自动生成、处理和跟踪。例如，当图书馆发出采购需求后，平台可以自动将需求分发给相应的出版商或数据库供应商，供应商在接收到订单后，可以通过平台直接进行确认、处理，并提供实时的物流信息。这样一来，整个采购过程变得更加高效和透明，有助于减少人为错误和信息不对称的情况。

跨平台协作还拓宽了公共图书馆的资源获取渠道。通过与多个供应商建立协作关系，图书馆能够获得更加多样化和丰富的资源，包括纸质书籍、电子书、学术数据库、音视频资源等。例如，通过与国际数据库供应商的合作，图书馆可以为读者提供更多的外文文献和学术资源，提升图书馆的资源质量和服务水平。此外，智慧采购平台还支持个性化定制，图书馆可以根据自身的需求，灵活选择和组合不同供应商的产品和服务，形成独具特色的资源配置方案。这种多元化的资源获取渠道，不仅提升了图书馆的服务能力，也增强了图书馆在资源配置上的自主性和灵活性。公共图书馆智慧采购体系的一个显著特点是其协同效率的提升。跨平台协作通过整合多个图书馆和供应商的资源，实现了更大规模的协同效应。这不仅体现在采购成本的降低和采购效率的提高上，还体现在资源利用率的提升上。通过联合采购，图书馆能够充分利用彼此的资源优势，避免重复建设，促进资源的合理分配和高效使用。此外，跨平台协作还为图书馆间的合作交流提供了新的契机，促进了图书馆联盟的形成和发展。图书馆可以更便捷地共享采购经验、交流管理模式，推动整个图书馆行业的协同发展。

第二节 智慧采购在公共图书馆工作中的重要性

一、提升采购效率与精准度

（一）减少人为判断偏差

智慧采购在公共图书馆中的重要性日益凸显，它通过数据驱动的决策过程，显著减少了人为判断的偏差。传统采购方式往往依赖于馆员的个人喜好、经验和直觉，这种方式虽然在一定程度上能够保证资源的多样性和丰富性，但也可能导致资源选择的主观性和片面性。馆员在资源选择过程中，可能会因为个人偏好或对特定领域的熟悉程度不同，而倾向于选择某类资源，从而忽略了其他同样重要的领域或群体需求。这种主观判断有时会导致资源的分布不均，无法全面覆盖所有读者的需求，影响了图书馆服务的公平性和广泛性。智慧采购系统通过对大量数据的分析，能够提供更加科学、客观的采购建议。这些数据包括读者的借阅历史、馆藏的流通情况以及市场上的新出版物趋势等。通过对这些数据的深度挖掘，智慧采购系统能够更精准地预测读者需求，推荐与图书馆馆藏现状最为匹配的资源，避免因人为判断失误而导致的重复采购或资源短缺。这种数据驱动的采购方式不仅提高了决策的准确性和可靠性，还能更有效地利用每一笔采购资金，确保图书馆资源配置的效益最大化。

智慧采购还能够通过智能化推荐系统，动态调整采购策略，及时响应读者需求的变化。例如，在特定主题的书籍需求激增时，系统可以自动识别并优先采购相关资源，保证馆藏的及时更新和内容的丰富性。这种灵活、高效的采购方式，有助于图书馆更好地服务不同的读者群体，满足他们多样化的阅读需求，提升整体服务质量。在信息爆炸的时代，读者的需求越来越多元化，传统的采购方式难以快速、准确地响应这些变化。智慧采购通过数据的科学分析，消除了采购过程中可能出现的主观偏见，使得图书馆的资源选择更加公正、客观、全面，真正实现了"以读者为中心"的服务理念。因此，在当今公共图书馆中，智慧采购不仅是提升馆藏质量的重要工具，更是提高服务水平、增强读者满意度的关键手段。通过智慧采购，公共图书馆能够更好地履行其社会职能，提供更加优质的文化服务。

（二）提升采购效率，优化资源配置

智慧采购在公共图书馆中的作用不仅体现在减少人为判断偏差上，还显著提升了采购效率与资源配置的优化程度。

传统的采购流程通常涉及烦琐的手工操作和大量的管理事务，这不仅耗费了大量人力资源，也增加了出错的风险。具体而言，传统采购流程包括供应商的选择、价格的比对、订单的处理以及采购过程的跟踪和记录。这些环节往往需要耗费大量的时间和精力，并且容易受到人为因素的影响，如处理延迟、错误输入等，从而影响采购的效率和准确性。智慧采购系统的引入，彻底改变了这一传统模式。通过自动化技术，这些系统能够高效处理采购过程中的各个环节。例如，供应商选择可以通过系统内置的算法进行筛选和评估。基于历史数据和供应商的信誉，系统能够快速推荐最佳供应商，

减少了人工比对的工作量。价格比对功能也得到了优化，系统可以实时获取和比较市场价格，为图书馆提供最具性价比的采购方案。订单跟踪方面，智慧采购系统能够自动更新订单状态，及时反馈物流信息，确保每一笔采购都能顺利完成，从而大幅度提高采购流程的顺畅度和效率。

　　智慧采购系统还具备智能化的资源配置能力，这对公共图书馆尤为重要。在传统的采购模式中，预算分配往往依赖馆员的主观判断和经验，容易出现资源分配不均或优先级排序不合理的情况。而智慧采购系统通过数据分析，可以对馆藏进行深入分析，根据读者需求的预测和历史借阅数据，提供科学的资源分配建议。例如，当系统监测到某一领域的需求增长时，会建议将更多预算分配到该领域，确保图书馆能够及时补充相关资源。相反，对于需求相对较少的领域，系统可以建议暂缓采购或减少投入。这种智能化的预算分配不仅优化了资源的配置，还提高了资金的使用效率，避免了资源的浪费，使图书馆能够实现更加精准的资源管理，提升其采购效率，同时确保有限的预算能够最大化地满足读者的需求。这种自动化和数据驱动的采购模式，不仅简化了操作流程，还提高了整个采购过程的透明度和可靠性。

　　总体而言，智慧采购在公共图书馆中的应用，不仅提升了采购效率，也极大地优化了资源配置，使图书馆能够更好地服务于社区和读者，提升了整体的服务质量和馆藏利用率。

（三）满足读者需求，提高服务质量

　　精准的资源采购和智能化的服务优化，使图书馆能够更加高效地回应读者的需求，从而增强读者的满意度和忠诚度。智慧采购系统通过精准的数据分析，能够识别和预测读者的需求趋势。这种预测能力使得图书馆能够在最短的时间内采购到读者所需的图书、期刊、电子资源等。这种快速响应机制大大减少了传统采购方式中的延迟问题，避免了读者因馆藏资源短缺而产生的不满。通过实时获取读者的借阅数据和反馈信息，智慧采购系统可以帮助图书馆及时调整采购计划，确保馆藏资源能够紧跟读者需求的变化。这种动态调整的能力不仅提升了图书馆的服务质量，也增强了读者对图书馆的信任和忠诚度。

　　智慧采购系统能够提供个性化的服务体验。通过分析读者的借阅历史、搜索记录和反馈信息，系统可以识别出读者的兴趣和偏好，从而推荐与其兴趣相关的资源。如果某些读者对特定学科的书籍有较高的需求，系统可以优先采购这些领域的资源，并在读者登录图书馆的数字平台时提供个性化的推荐。这种个性化的服务不仅提高了读者的满意度，也增强了图书馆资源的利用率，使读者能够更方便地获取到符合其需求的资源。智慧采购系统还可以通过持续分析读者反馈，优化采购策略。系统可以收集和分析读者对新购资源的评价和使用情况，识别出哪些资源受到读者的喜爱，哪些资源使用频率较低。基于这些反馈，图书馆可以调整未来的采购策略，减少对不受欢迎资源的投资，同时增加对高需求资源的采购。这种基于数据的优化策略确保了图书馆的资源始终与读者的兴趣和需求保持一致，从而提升了图书馆的服务质量和运营效率。

二、优化资源配置与利用

（一）优化馆藏结构，提升资源利用率

传统的采购模式往往缺乏全局视角，可能导致馆藏结构的失衡和资源的浪费，而智慧采购通过系统化的数据分析和智能化的调整策略，有效地解决了这些问题，使馆藏管理更加科学和高效。智慧采购能够全面分析馆藏现状和读者行为数据。这种全面的分析不仅包括图书的借阅频率、资源的流通情况，还涵盖了读者的偏好、需求变化以及市场出版趋势。通过对这些数据的综合分析，智慧采购系统能够识别出馆藏中的空白领域或者资源过剩的部分。例如，系统可能会发现某一类别的书籍在近期借阅频率显著下降，而另一类别的书籍则需求急剧上升。基于这些发现，图书馆可以调整采购计划，减少对过剩类别的资源投入，增加对高需求类别的采购，从而实现馆藏结构的优化。智慧采购系统能够提供有针对性的采购建议。这些建议不仅帮助图书馆填补馆藏中的空白领域，还能够避免资源的重复采购。系统可以通过分析馆藏的整体结构和读者的实际需求，提出具体的采购策略，例如增加某些领域的图书数量，或减少某些领域的采购预算。这种有针对性的调整能够确保图书馆的馆藏资源更好地反映读者的兴趣和需求，提高资源的使用效率。智慧采购还能够支持馆藏的动态调整。随着读者需求和市场环境的变化，图书馆的馆藏需求也会不断变化。智慧采购系统能够实时监控这些变化，并据此调整采购策略。这种动态调整的能力确保了图书馆能够及时更新馆藏，保持资源的高效使用。例如，如果系统发现某些新兴学科或流行趋势的书籍需求增加，图书馆可以迅速响应，补充相关资源，以满足读者的最新需求。

（二）确保有限预算的最大效益

公共图书馆在预算有限的情况下，如何最大化资金效益是每个图书馆管理者面临

的重要问题。智慧采购在这一方面发挥了显著作用，它通过精确的预算管理和智能化的资源分配，确保每一笔资金都能得到最有效利用，从而提升了图书馆的整体服务质量和运营效率。智慧采购系统通过自动化的预算分配和优化工具，能够精确计算每一类资源的最佳采购量。系统根据图书馆的总体预算和各类资源的需求情况，提供详细的采购建议。例如，系统会分析读者的借阅历史、当前馆藏的使用情况以及市场上的价格波动等数据，制订出最优的采购计划。这种精准计算避免了传统采购模式中因预算分配不合理而导致的资金浪费或资源短缺。系统能够智能化地将预算分配到最需要的领域，将更多的资金投入到需求增长迅速的学科领域，或在价格较低时增加采购量，从而实现预算的最大化利用。智慧采购系统能够动态调整采购预算，以应对读者需求的变化和市场价格的波动。传统的采购模式往往基于固定的预算分配，而智慧采购系统则能够实时监控市场动态和读者需求变化，及时调整预算分配策略。例如，当某一类书籍的市场价格下降时，系统会利用价格优势建议增加该类别资源的采购。同时，如果系统发现某一领域的需求突然增加，可以建议临时调整预算，将资金优先投入该领域。这种灵活的预算调整能力，确保了图书馆能够在变化着的环境中做出最合理的资金分配决策，从而避免了因预算调整滞后而导致的资源短缺或浪费。智慧采购系统还可以通过对历史数据的分析，提供有关资源采购的长期策略建议。系统能够识别出哪些资源长期表现良好，哪些资源的使用频率较低，基于这些数据，图书馆可以优化长期的采购策略，减少对低效资源的投资，增加对高需求资源的投入。这种数据驱动的长期规划，帮助图书馆更好地利用预算，提升资源的利用效率。

三、增强图书馆的应变能力

（一）增强管理层的监督与审计能力

智慧采购系统的透明度在提升图书馆管理层的监督与审计能力方面具有重要意义。有效管理和审计对于确保采购过程的公正性、合规性和效率至关重要，而智慧采购系统通过其系统化的数据管理和透明化的操作流程，显著增强了这些能力。智慧采购系统通过提供详尽的采购数据和报告，为管理层提供了全面的监控工具。这些数据涵盖了采购活动的各个方面，包括采购请求、供应商选择、价格比对、订单处理及资源分配等。通过实时的数据更新和详细记录，管理层能够清晰地了解每一笔采购的具体情况，确保所有操作都符合图书馆的采购政策和规范。这种透明度有助于防止不当行为和腐败现象，如不正当的供应商关系或不合理的资金使用，从而提升图书馆管理的公正性和可靠性。

智慧采购系统生成的历史数据和报告为审计提供了重要支持。这些数据和报告不仅帮助管理层进行定期的内部审查，还为外部审计提供了详细的依据。审计人员可以通过系统访问完整的采购记录，进行详细审查和分析。这种全面的数据记录使得审计过程更加高效、精准，能够及时发现潜在的问题或风险点。例如，审计人员可以通过分析采购记录识别出异常的价格波动或采购模式，进而追踪可能存在的管理漏洞或违规问题。这种审计能力不仅有助于及时纠正问题，还可以为未来的采购活动提供改进建议，进一步提升管理的合规性和透明度。

（二）提供科学决策依据

智慧采购系统还能够为图书馆提供数据驱动的决策支持。通过对历史数据的分析，系统可以识别出长期存在的问题或趋势，例如某些供应商的表现不稳定或某类资源的采购需求未得到满足。管理层可以利用这些信息进行有针对性的调整，从而避免重复出现的问题。这种数据驱动的改进措施有助于提升采购管理的整体效果，使图书馆的资源配置和资金使用更加高效和合理。

智慧采购系统在公共图书馆中的应用，通过大数据分析和智能化的决策支持工具，为未来的采购决策提供了坚实的科学依据。这一系统不仅基于历史数据和实时信息进行深入分析和预测，还能帮助图书馆管理层做出更加客观、准确的采购决策，显著提升决策的科学性和资源利用效率。

智慧采购系统能够通过大数据分析识别资源需求的变化趋势。图书馆的资源需求往往受多种因素的影响，包括读者的兴趣变化、新出版资源的出现以及市场趋势的波动。智慧采购系统可以实时收集和分析这些信息，帮助图书馆预测未来的需求趋势。例如，通过对借阅数据、用户反馈和外部市场趋势的综合分析，系统能够预测哪些类型的图书或资源在未来可能会受到更多的关注。这种预测能力使得图书馆能够提前准备，确保在需求增加时及时补充相关资源，从而避免了因资源短缺而影响为读者服务的情况。

系统能够评估不同供应商的表现，为图书馆提供科学的供应商选择依据。传统的采购方式可能依赖于个人经验或主观判断，而智慧采购系统通过对供应商的历史绩效、价格水平、交货速度等多方面进行数据分析，能够客观地评估供应商的可靠性。例如，系统可以分析某供应商的交货准时率、价格稳定性以及产品质量，从而推荐性价比最高的供应商。这种基于数据的评估方法不仅提高了供应商选择的准确性，还帮助图书馆避免了可能的供应风险和成本增加。

智慧采购系统还具备模拟和优化工具，可以帮助管理层评估不同采购方案的效果。这些工具能够模拟各种采购情境，预测不同采购策略的潜在结果。例如，系统可以模拟不同预算分配方案对馆藏资源的影响，帮助管理层选择最优的采购策略。通过比较各种方案的效果，管理层可以选择最具性价比和效率的采购方式，从而最大化地利用有限的资金。

（三）促进采购流程的规范化

智慧采购系统的实施能显著促进公共图书馆采购流程的规范化，带来多方面的管理和服务提升。通过标准化的流程和自动化的文档生成，智慧采购系统有效地提高了采购活动的一致性和规范性，减少了人为操作的随意性和差异性，为图书馆的内部管理和对外服务提供了坚实的基础。

智慧采购系统通过设定标准化的采购流程和规则，确保了采购活动的一致性。系统内置的流程管理工具和规则设定能够规范采购的每一个环节，从需求申请、供应商选择，到合同签署、订单处理和付款审核等。这些标准化的流程不仅保证了每一个采购环节都按规定执行，还避免了不同采购人员操作的不一致性。例如，在传统采购模式下，不同的采购人员可能会按照不同的标准进行供应商评估或合同签署，而智慧采购系统则通过统一的标准和自动化流程，确保所有采购活动符合图书馆的内部规范和外部法规要求。智慧采购系统能够自动生成符合规范的采购文档，如合同、订单和付款记录。这些自动化生成的文档不仅减少了人工操作的错误和遗漏，还确保了文档的一致性和规范性。例如，系统可以自动生成标准化的采购合同模板，填充相关的采购信息，并进行合同审签。这种自动化文档处理大大提高了采购过程的效率，同时保障了文档的合法性和规范性。所有生成的文档都可被系统存档和检索，为未来的审计和复盘提供了详细的记录和依据。

规范化的采购流程还提升了图书馆对外服务的透明度和公信力。智慧采购系统能够提供全面的采购数据和报告，这些数据可以向读者和其他利益相关者展示图书馆的采购活动如何按照规范进行。通过公开透明的采购信息，图书馆能够增强公众对其管理和服务的信任。例如，图书馆可以定期发布采购报告，展示资金的使用情况和资源的配置方式。这种透明性不仅提升了图书馆的公信力，还加强了与读者和社会各界的互动与沟通。

规范化的采购流程有助于提升图书馆的内部管理效率。通过标准化流程的实施，图书馆能够减少因操作不规范或流程不一致而导致的管理问题和资源浪费。同时，自动化的文档生成和流程管理也减少了人工操作的时间投入，使得采购活动更加高效和可靠。

四、提升管理透明度与决策科学性

规范化的流程和科学化的管理方式增强了图书馆对外服务的透明度和公信力。通过智慧采购系统，图书馆能够向公众和利益相关者展示其采购活动的规范性和透明性。例如，系统可以公开采购数据和报告，使得图书馆能够展示如何公平合理地使用公共资金。图书馆的良好管理和透明度有助于建立与社区和读者的信任关系，进一步促进了其作为公共服务机构的良性发展。智慧采购系统还推动了图书馆管理模式的持续改进和优化。系统通过提供详细的历史数据和实时反馈，帮助管理层识别和解决潜在的问题，不断调整和优化管理策略。例如，系统生成的审计报告可以揭示采购过程中的不足之处，帮助图书馆进行改进和调整，从而提高整体管理水平。这种持续改进的机制使得图书馆能够不断提升其服务质量和运营效率，保持在不断变化的环境中的竞争力和适应性。

第三节 公共图书馆智慧采购的发展历程

一、初期探索阶段（20 世纪末至 21 世纪初）

在 20 世纪末至 21 世纪初的初期探索阶段，公共图书馆的智慧采购经历了从完全人工操作到初步信息化的转型。这一时期，随着信息技术的发展，图书馆逐渐引入了计算机系统，以期提高采购管理的效率和准确性。然而，尽管信息化工具的引入为图书馆带来了新的可能性，整个采购过程仍然以人工操作为主，信息化程度较低，数据分析能力有限。在这一阶段，公共图书馆开始尝试使用简单的数据库和电子表格记录和管理采购信息。这些工具使馆员能够以更系统化的方式进行数据存储和检索。例如，馆员们开始使用电子表格记录采购订单、供应商信息和库存状况，数据库则用于存储馆藏数据和采购历史。这种转变相比于完全的纸质记录，明显提高了信息的管理效率和数据的可追溯性。

尽管如此，采购流程的核心仍然依赖人工操作。馆员在制订采购计划和决策时，主要依靠个人的经验和主观判断。这意味着即便有了初步的信息化工具，采购决策的准确性和客观性依然受到限制。例如，馆员可能会依据个人的阅读习惯或对某一领域的兴趣来决定采购重点，而未能充分考虑实际的读者需求和市场趋势。数据分析能力的不足使得馆员在采购决策中仍然受制于较大的主观因素，这也导致了资源配置的不均衡和限制了采购效率的提升空间。

这一时期的信息化尝试虽然尚处于起步阶段，但为后续的智慧采购系统奠定了基础。馆员们逐渐认识到信息技术在采购管理中的潜力，开始探索如何通过更先进的工具和方法来提高采购的科学性和效率。尽管数据分析和决策支持工具尚未成熟，图书馆的管理者们已开始意识到，信息化管理可以为采购决策提供更多支持和改进空间。

二、信息化采购阶段（21世纪初至21世纪10年代中期）

在21世纪初至21世纪10年代中期的"信息化采购阶段"，随着互联网的普及和图书馆管理系统（Integrated Library System，ILS）的发展，公共图书馆逐步实现了采购流程的信息化。这一阶段的显著特点是图书馆开始摆脱传统的纸质文件和烦琐的人工操作，逐步过渡到通过数字工具进行采购管理。

互联网的普及极大地改变了图书馆的采购模式。图书馆工作人员可以通过网络直接与供应商沟通，这不仅提高了信息传递的速度，还使得采购过程更加便捷。通过电子邮件、在线平台和专门的供应商门户，图书馆可以迅速获取最新的资源信息和报价，减少了与供应商的物理接触所耗费的时间和成本。与此同时，ILS的引入，为采购流程的数字化管理提供了技术支持。ILS系统的功能涵盖了从资源的查询、选购到订单管理等各个环节。图书馆可以通过系统访问和管理各种资源，进行智能化的库存管理和制订采购计划。系统还提供了订单追踪功能，使得采购流程的每一个步骤都可以被记录和监控，减少了纸质文件的使用，并降低了因人工操作而产生的错误。

采购流程的数字化管理显著提升了图书馆的运营效率。馆员们可以通过系统进行资源的检索和比价，简化了繁琐的采购流程。信息化的管理方式减少了对传统纸质记录的依赖，使得数据存储、检索和分析变得更加高效。图书馆的采购决策变得更加快速和透明，促进了资源的及时补充和合理配置。然而，这一阶段的采购系统功能相对单一，缺乏智能化的分析与决策支持。尽管信息化工具提高了采购过程的效率和准确性，但这些系统大多仅仅提供了基础的操作功能，缺乏深入的数据分析和智能化决策支持。

图书馆依然主要依赖馆员的经验和直觉来做出最终的采购决策，系统的分析能力和预测功能尚未得到充分发挥。例如，虽然系统能够记录采购数据，但对于需求预测、市场趋势分析和供应商绩效评估的支持较为有限，使得采购决策在数据驱动的精确性和科学性方面仍有提升空间。

三、智能化采购阶段（21世纪10年代中期至今）

在21世纪10年代中期至今的"智能化采购阶段"，公共图书馆的采购管理经历了显著的技术进步，标志着智慧采购的全面发展。随着大数据、人工智能（Artificial Intelligence，AI）、物联网（Internet of Things，IoT）等新兴技术的快速发展，这一阶段的采购系统不仅在效率和精准度上得到了提升，还引入了智能化和自动化的操作模式，为图书馆的资源管理带来了深刻的变革。

大数据技术的引入使得图书馆能够对大量的采购数据进行深入分析。通过对历史采购数据、读者行为数据和市场趋势数据的综合分析，图书馆能够获得更全面的资源需求预测。这种数据驱动的分析方法使得采购决策变得更加科学和精确。例如，系统可以通过分析读者的借阅历史和搜索行为，预测哪些类别的资源将会受到更多的关注，从而为采购提供有力的支持。此外，大数据还能够帮助图书馆评估不同供应商的表现，优化供应链管理，确保采购资源的质量和性价比。

人工智能的应用则进一步推动了智慧采购的智能化进程。AI技术能够进行智能推荐，根据图书馆的馆藏数据和读者需求自动推荐合适的资源。智能推荐不仅可以提高资源的匹配度，还能减少采购中的人为偏见和错误。例如，AI可以分析图书馆的馆藏结构，发现资源的空白区域，并自动提出补充建议。这种智能化的推荐不仅提高了采购的精准性，还能优化馆藏结构，满足读者的多样化需求。

物联网技术的引入则使得采购流程的自动化和智能化得以实现。物联网设备可以实时监控图书馆的库存状态，自动记录资源的使用情况和流转情况。这种实时数据的采集和反馈使得库存管理变得更加高效，减少了人工盘点的工作量，并且能够及时发现资源的不足或过剩情况。此外，物联网技术还可以帮助图书馆管理设备和设施，确保采购和维护的同步性，提升整体资源的利用效率。智能化采购系统的自动化流程减少了人工操作的需求，进一步提高了采购效率。系统可以自动处理采购申请、生成订单、跟踪供应链进度等，大大简化了采购过程中的繁琐步骤。这种自动化的流程不仅减少了人工干预的可能性，还能加快采购周期，提高响应速度。同时，智能化采购平台的引入促进了资源共享与合作，图书馆之间可以通过平台化操作实现资源的互通和共享，提升了整体的服务质量和资源利用率。

四、未来发展阶段

随着技术的不断进步，未来公共图书馆的智慧采购将进入一个更为高级和全面的发展阶段。前沿技术的进一步应用将推动智慧采购系统的创新与优化，进一步提升公共图书馆的资源管理效率和服务质量。人工智能驱动的预测分析将成为未来智慧采购的核心技术之一。通过深度学习和机器学习算法，人工智能系统将能帮助图书馆够更加精准地分析读者行为数据、市场趋势和资源使用情况。这些预测分析不仅能够帮助图书馆实时了解读者的需求变化，还能预测未来的资源需求趋势，从而制订更加科学的采购策略。例如，AI系统可以基于大数据分析自动调整采购预算，优化资源分配，确保图书馆能够在需求高峰期及时提供所需资源。此技术还可用于供应商选择，通过分析供应商的历史表现和市场反馈，推荐最优的供应商选择方案，提高采购的质量和效率。

"智能化物联网设备"的应用将进一步优化库存管理。未来的物联网设备将具备更高的智能化水平，能够实时监测图书馆的库存状态，并通过传感器和自动化系统提供即时反馈。例如，物联网设备可以自动检测库存的变化情况、设备的使用状况，并在资源接近不足时自动发出警报或补充请求。这样的智能化库存管理将减少人工盘点的需求，提升库存管理的精确度和效率。同时，物联网技术的进一步发展将允许图书馆实时监控和管理各类设备和资源，确保它们的正常运行和及时维护。在未来的发展阶段，"不同图书馆之间的合作与资源共享"将变得更加紧密。智慧采购系统的开放性和互操作性将促进图书馆之间的信息共享和资源互通。例如，图书馆可以通过共享平台实现资源的联合采购，同时提升资源的覆盖范围和质量。此外，图书馆之间的合作还可以促进对区域或跨区域需求的统一管理和优化配置，从而提升整个公共图书馆系统的服务能力。

第四节 国内外公共图书馆智慧采购现状

一、国内公共图书馆智慧采购现状

（一）发展现状

在中国，智慧采购在公共图书馆中的应用正逐步引起广泛关注，尤其是在大中型城市的公共图书馆中。这一趋势缘于图书馆管理者对高效资源配置和精准服务的日益重视。许多图书馆开始引入智能化的采购系统，这些系统依赖于大数据分析和人工智能技术来优化资源采购流程，提高资源的利用效率和服务质量。智能化采购系统的核心特点之一是智能推荐系统的应用。一些大型公共图书馆已经开始使用这一系统，借助先进的算法和数据分析技术，根据读者的需求、市场动态以及馆藏数据进行资源的推荐和自动化筛选。这种系统不仅能够实时跟踪读者的借阅记录和反馈，还能分析市场趋势，预测未来的资源需求，从而制订更加精准的采购计划。这种智能推荐功能的引入，使得图书馆能够在众多书籍和资源中迅速识别出最符合读者需求的选项，提高了采购的效率和准确性。

许多图书馆已经开始采用综合性采购管理系统，这些系统将采购流程与图书馆的整体管理系统进行无缝集成，实现资源管理的全流程信息化。这样的系统能够为从采购申请、审批、订单处理到资源入库、上架等的各个环节提供系统化支持，实现资源流转的全过程可视化和自动化。集成化管理不仅提高了工作效率，减少了人为错误，还使得图书馆能够在采购过程中进行实时监控和调整，确保资源的有效利用。智能采购系统还通过大数据分析来优化资源配置。图书馆可以通过分析大量数据，包括读者的借阅行为、阅读偏好、市场需求变化等，来精准地调整采购策略。例如，通过对借阅数据的深入分析，图书馆能够识别出高需求的书籍类型和主题，从而在采购中更有针对性地进行选择，避免了资源的浪费和冗余。

（二）挑战与发展方向

尽管在中国一些大型公共图书馆已经成功实现了智慧采购，且取得了显著的成果，但中小型图书馆在这一领域的技术应用仍与前者间存在较大差距，并面临着一系列挑战和困难。

中小型图书馆在智慧采购的技术引进和实施过程中，面临着较高的成本问题。智能化采购系统通常需要投入大量的资金用于系统的购买、安装和维护，同时还需要配备相应的硬件设施。这对于资金相对有限的中小型图书馆来说，是一个不小的经济负担。此外，技术的更新换代和系统升级也会带来持续的成本，这使得中小型图书馆在技术投资方面面临更大的压力。为了降低成本，这些图书馆可能需要寻求外部资助、合作伙伴或者政府支持来弥补经济上的不足。

不同图书馆之间的数据标准不统一，严重影响了智慧采购系统的互操作性和数据共享。由于各个图书馆在数据采集、存储和处理过程中采用的标准和格式不同，导致系统间的数据无法有效地对接和交流。这种状况不仅限制了智慧采购系统的全面应用，也阻碍了资源的优化配置和信息的充分利用。为了解决这一问题，需要制订统一的数据标准和接口规范，以促进不同图书馆之间的数据兼容性和共享。

图书馆工作人员对于智慧采购系统的使用和管理能力存在不均的情况。一些图书馆在引进系统后，缺乏必要的培训和技能提升，导致工作人员在系统操作和管理过程中出现问题。这不仅影响了智慧采购系统的效率和效果，还可能导致资源管理的错误和资源浪费。因此，图书馆需要加强对工作人员的培训，提升他们的技术能力和管理水平，确保他们能够熟练掌握和高效运用智慧采购系统。

未来的发展方向应该包括以下几个方面：降低中小型图书馆引进智慧采购技术的成本，可以通过技术共享、合作开发、政府补贴等方式来实现；建立和推广统一的数据标准和接口规范，以促进数据的互操作性和共享，提升智慧采购系统的整体效能；强化对图书馆工作人员的培训和技能提升，通过系统的培训课程和技术支持，帮助他们更好地掌握智慧采购系统的使用和管理，从而提高系统的应用效果和资源管理水平。

二、国外公共图书馆智慧采购现状

（一）发展现状

在许多发达国家，图书馆已经广泛采用了先进的数据分析工具和决策支持系统，这些技术的应用极大地提升了资源采购和管理的效率。例如，美国的赛阅（OverDrive）和图书馆之事（Library Thing）平台就是智慧采购领域的重要代表，它们通过智能化的服务帮助图书馆优化资源配置和决策过程。

Over Drive是一个主要针对数字资源的采购平台,提供电子书、音频书以及其他数字内容的借阅服务。图书馆通过Over Drive可以获取有关读者需求和资源使用的详尽数据,这些数据通过先进的分析工具处理,帮助图书馆实时监控采购活动和资源使用情况。系统能够自动推荐热门书籍和资源,基于读者的借阅历史和偏好进行智能化的采购建议,从而使图书馆能够更加精准地满足读者需求,同时避免资源的重复和浪费。

Library Thing则是一个提供书目管理和社交推荐服务的平台。它通过用户生成的书评和标签数据,为图书馆提供有关读者兴趣和阅读趋势的深入分析。图书馆可以利用这些数据了解读者对不同类别和主题的需求,从而在采购过程中做出基于数据驱动的更为科学的决策。此外,Library Thing还允许图书馆与其他图书馆进行数据和资源的共享,促进了跨图书馆的合作和资源整合。

许多国际图书馆积极推动开放数据和跨图书馆合作,以进一步提升智慧采购的效果。开放数据策略不仅提升了图书馆内部资源的利用效率,还促进了图书馆间的合作与信息共享。通过开放数据,图书馆能够将自身的资源数据、使用情况和用户反馈等信息公开,其他图书馆和相关机构可以利用这些数据进行综合分析,从而优化采购决策和资源配置。这种开放的数据共享模式不仅增强了图书馆系统的透明度,也促进了更大范围的知识交流和合作。跨图书馆合作也在智慧采购中发挥了重要作用。通过建立合作联盟和资源共享平台,图书馆可以共同进行资源采购和管理,减少重复投资。例如,多个图书馆可以联合采购同一类别的书籍或数字资源,从而获得更有利的采购条件和价格。此外,跨图书馆的合作还能够整合不同图书馆的资源和数据,形成更大规模的信息网络,提高资源的覆盖面和利用率。

(二)发展趋势

在国际上,公共图书馆正在积极采用深度学习、智能推荐系统和自动化采购决策来提升资源预测和采购决策的智能化水平。这一趋势标志着图书馆在资源管理和优化方面进入了一个全新的时代,前沿技术的应用显著提高了采购系统的效率和精准性。

深度学习也是人工智能一种具有强大的数据处理和分析能力。在图书馆的资源采购中,深度学习模型可以通过分析大量的历史数据,识别出资源使用的潜在趋势和模式。这些模型能够处理复杂的图书借阅数据、用户反馈以及市场动态,从中提取有价值的信息,帮助图书馆预测未来的资源需求。例如,通过分析读者的借阅历史和书籍的流行趋势,深度学习模型可以准确预测哪些书籍将会受到欢迎,进而指导图书馆的采购决策。这种预测能力不仅提高了资源的精准匹配度，还能够减少过度采购或资源短缺的风险。

人工智能技术在图书馆的应用还包括智能推荐系统和自动化采购决策。AI系统能够根据用户的阅读偏好、借阅记录以及市场数据，提供个性化的资源推荐。图书馆可以利用这些推荐系统自动筛选和采购符合读者需求的书籍，极大地简化采购流程，并提升服务质量。AI还能够在采购过程中进行实时数据分析，自动调整采购策略，确保资源配置的最优化。

与此同时，云计算和大数据技术在图书馆的采购系统中得到了广泛应用，进一步推动了资源的动态管理和优化配置。云计算提供了强大的计算能力和存储能力，使得图书馆能够处理和分析海量的数据。通过云计算平台，图书馆可以实现资源管理的全流程信息化，将采购、库存管理和借阅数据整合在一个平台上，方便实时监控和调整。云计算还支持数据的远程访问和共享，使不同图书馆可以在同一平台上进行协作，提升了资源的利用效率。大数据技术则通过对用户行为和借阅数据的深度分析，帮助图书馆进一步精准化采购策略。通过对大规模数据的分析，图书馆可以识别出读者的行为模式和需求变化，从而制订更加科学的采购计划。例如，大数据分析可以揭示某一类书籍在特定时间段的借阅高峰，帮助图书馆在这些高峰期进行相应的资源补充。此外，图书馆还可以通过大数据分析优化馆藏结构，调整资源配置，以更好地满足读者的需求。

三、对比与借鉴

（一）对比

在智慧采购技术的应用上，国外发达地区的图书馆与国内图书馆之间存在显著的差异。国外图书馆在智慧采购的系统功能、数据共享、标准化以及培训支持等方面普遍较为成熟，而国内图书馆则在这些领域中表现出一定的区域性差异和发展不均衡。国外图书馆在智慧采购技术的应用上，系统功能较为全面和先进。这些图书馆广泛采用了深度学习、人工智能、云计算和大数据分析等技术，这些技术的融合使得资源预测、采购决策和动态管理变得更加智能化和高效。例如，许多国外图书馆使用的智能推荐系统能够实时分析读者的需求和市场动态，自动优化采购策略。而在国内，虽然一些大中型图书馆也在逐步引入这些技术，但整体的技术应用和系统功能还存在一定的差距。一些中小型图书馆由于资源和技术支持的限制，仍然主要依赖传统的采购方法和管理模式。

数据共享和标准化是国外图书馆在智慧采购领域中的一大优势。许多国外图书馆已经建立了完善的数据共享平台和统一的数据标准，这些标准和平台不仅提升了图书馆间的协作效率，还促进了资源的共享和优化配置。例如，国际上已有多个图书馆联盟共享数据，形成了统一的资源网络，提高了资源的利用率和服务水平。相比之下，国内图书馆在数据共享和标准化方面仍有待加强。由于缺乏统一的数据标准和开放的数据接口，不同图书馆间的数据互操作性较差，影响了资源共享的效果和智慧采购系统的整体性能。在培训和支持体系方面，国外图书馆通常拥有更为完善的培训和支持机制。国外图书馆普遍设立了专门的培训部门，为图书馆工作人员提供系统的培训课程，帮助他们熟练掌握智慧采购系统的使用和管理。同时，许多国外图书馆还提供技术支持服务，确保系统的平稳运行和问题的快速解决。相对而言，国内图书馆在这方面仍需进一步完善。尽管一些大型图书馆已经开始进行系统培训，但整体来看，培训资源和技术支持在不同地区和图书馆间存在较大差异。一些中小型图书馆由于缺乏系统培训和技术支持，工作人员的技能水平和系统管理能力难以满足智慧采购的需求，这在一定程度上影响了智慧采购系统的有效应用。

（二）借鉴

1. 引入智能化采购系统和工具

在全球范围内，许多公共图书馆已经成功引入了先进的智能化采购系统和工具，这些系统利用深度学习算法、人工智能推荐系统、云计算平台和大数据分析技术，极大地提高了资源采购的效率和准确性。在国际上，像美国的纽约公共图书馆、英国的伦敦图书馆和澳大利亚的悉尼图书馆等，已经开始广泛应用智能化采购系统。例如，纽约公共图书馆采用了基于人工智能的推荐系统，能够分析读者的借阅记录、评价和反馈，自动推荐符合读者需求的新书籍和资源。这种系统不仅能够减少人工筛选的工作量，还能提高资源采购的精准度，确保馆藏资源与读者的实际需求紧密匹配。在英国，伦敦图书馆利用大数据分析技术来监测和预测图书需求趋势。通过分析图书借阅数据、读者反馈和市场趋势，图书馆可以预测哪些书籍将会受到欢迎，从而在采购过程中做出更加明智的决策。此类技术还帮助图书馆优化资源配置，减少重复采购和过期库存。澳大利亚的悉尼图书馆则通过云计算平台实现了资源的动态管理。借助云计算的灵活性和扩展性，图书馆能够实时调整采购策略，根据即时数据和需求变化迅速调整采购计划。这种动态管理不仅提高了采购效率，也能帮助图书馆更好地应对突发的需求变化。

国内图书馆也开始关注并引入智能化采购系统。例如，上海图书馆通过引进智能推荐系统，根据读者的借阅历史、评价和市场趋势，自动推荐和采购图书。这种系统的应用大大减少了人工筛选的工作量，同时也减少了资源的浪费。武汉图书馆则尝试使用大数据分析技术来监测读者的需求趋势，从而实现了更高效的资源管理。然而，尽管国内图书馆在智能化采购方面已经取得了一些进展，但整体上还处于起步阶段。国内图书馆在引入和定制符合本地需求的智能化采购系统方面，仍面临一些挑战，如技术成本较高、系统兼容性问题以及数据隐私保护等。因此，进一步发展和优化智能化采购系统，结合国内实际情况，借鉴国际先进经验，将是提升采购智能化水平的重要方向。未来，国内图书馆可以继续探索与国际先进水平接轨的路径，深入研究如何利用人工智能、大数据等技术，来提升图书馆资源采购的智能化水平，实现资源的最优配置和动态管理。

2. 推动数据标准化和共享

在推动数据标准化和共享方面，国外图书馆的实践经验为国内图书馆提供了宝贵的参考。数据标准化和共享能够显著提升智慧采购系统的互操作性和效率，优化资源配置，并促进图书馆之间的信息流通和协作。在国际上，许多公共图书馆已经建立了标准化的数据接口和共享平台。例如，欧洲图书馆项目汇集了大量来自不同国家和机构的数字资源，通过统一的数据标准和接口规范，实现了跨国界的数据共享。这一平台使得欧洲各国的图书馆能够互相访问和共享各自的馆藏资源，极大地提升了资源的利用效率和获取便利性。在美国，图书馆领域的开放数据倡导者如开放图书馆（Open Library）和图书馆链接网（Library Link Network）也推动了数据标准化和共享的进程。Open Library通过开放（Application Programming Interface，API）接口，使得开发者和研究人员可以访问和使用全球范围内的图书数据，促进了数据的共享和应用。而Library Link Network则致力于建立统一的数据标准，帮助图书馆之间实现数据的无缝对接和资源的优化管理。国内图书馆在数据标准化和共享方面也开始逐步探索和实践。近年来，国家图书馆和各地方图书馆纷纷启动了数据标准化工作。国家图书馆通过制定相关规范，推动了馆藏数据的标准化处理。这些标准不仅涵盖了数据格式、接口规范，还涉及数据质量和管理标准，旨在提升图书馆数据的互操作性和一致性。国内一些地方图书馆也开始尝试建立区域性的图书馆数据共享平台。例如，广东省图书馆联盟通过建立区域性数据共享平台，实现了多个图书馆馆藏信息的互联互通。通过这一平台，联盟成员能够实时共享馆藏数据，协同开展资源采购和管理，优化了资源配置，并提升了读者的服务体验。

3. 加强对图书馆工作人员的培训

国际上许多图书馆在这方面积累了丰富的经验，通过专门的培训部门和系统的培训课程，有效地提升了工作人员的技能水平，确保了智慧采购系统的顺利运作。例如，英国的图书馆系统中，伦敦图书馆和曼彻斯特图书馆等大机构建立了专门的培训部门，负责智慧采购系统的培训和支持。这些部门通常提供系统化的培训课程，内容涵盖智慧采购系统的操作流程、数据分析方法、系统维护及问题解决等方面。培训通常包括初期的系统使用培训，以及定期的进阶课程和更新培训，以确保工作人员掌握最新的系统功能。此外，许多英国图书馆还建立了在线培训平台和技术支持热线，为工作人员提供随时随地的学习和帮助渠道。这种模式不仅提高了培训的覆盖面和便利性，也确保了技术支持的及时性。

在美国，许多图书馆系统，如纽约公共图书馆和芝加哥公共图书馆，也采取了类似的措施。这些图书馆设立了专门的培训团队，为员工提供从系统操作到高级数据分析的全面培训。培训过程中，除了面对面的讲座和实践操作，还包括通过网络研讨会、在线课程和模拟系统进行的远程培训。这种多样化的培训方式使得不同背景和经验的工作人员都能找到适合自己的学习方式。

国内图书馆在智慧采购系统的培训方面虽然起步较晚，但也逐渐认识到其重要性。近年来，国内一些大型图书馆和图书馆联盟开始学习国际经验，建立专门的培训机构或团队。例如，北京图书馆和上海图书馆设立了培训部门，负责智慧采购系统的培训和技术支持。他们通过制订系统的培训计划，涵盖系统操作、数据分析、系统维护等方面，帮助工作人员快速上手和深入了解系统功能。在培训方式上，国内图书馆也开始引入在线培训平台和技术支持热线，为工作人员提供便捷的学习和帮助渠道。这些平台通常包括在线视频教程、互动培训课程和问题解答（FAQ）资源，工作人员可以根据自己的需求和时间安排进行学习。此外，技术支持热线提供了实时的帮助和问题解决服务，确保工作人员能够在遇到问题时迅速获得支持。

4. 建立完善的支持体系

国际上许多图书馆已经建立了成熟的技术支持体系，确保系统的稳定运行和问题的迅速解决。这些做法为国内图书馆提供了宝贵的经验和借鉴。在国际上，许多大型公共图书馆系统都配备了专业的技术支持团队。例如，纽约公共图书馆和伦敦图书馆等机构不仅设有专门的技术支持部门，还建立了全面的支持体系来保障智慧采购系统的有效运作。这些团队负责系统的安装、调试、维护、故障排除和系统升级等任务。

他们通常由技术专家和系统管理员组成，具备深入的技术知识和丰富的实践经验。技术支持团队通过定期的系统维护和监控，能够及时发现和解决系统中的潜在问题，确保系统的持续稳定运行。国外很多图书馆还与技术供应商签订了长期的技术支持和服务协议。这些协议包括系统的维护、升级服务、技术咨询和紧急故障处理等内容，确保图书馆在遇到技术问题时能够获得及时、专业的帮助。例如，美国图书馆系统与技术供应商签订的合同中，通常包含响应时间、服务水平协议（SLA）等条款，明确了技术支持的质量和时效性。

国内图书馆在建立支持体系方面也开始逐步学习和借鉴国际经验。近年来，许多大型城市的公共图书馆和图书馆联盟，如北京图书馆、上海图书馆和广州图书馆，已经开始重视技术支持体系的建设。这些图书馆通过组建专业的技术支持团队，负责智慧采购系统的日常维护和故障处理，提升了系统的运行效率和服务质量。例如，北京图书馆设立了专门的信息技术（IT）支持部门，负责智慧采购系统的技术支持和维护，确保系统的稳定运行和技术问题的及时解决。国内图书馆还开始与技术供应商建立合作关系，签订技术支持和服务协议。这些协议通常包括系统的定期维护、技术培训、问题解决和系统升级服务。通过这种方式，图书馆可以确保技术供应商在系统运行过程中提供持续的支持和服务，解决系统中出现的问题，并对系统进行必要的升级和优化。

5. 促进国际合作与交流

通过学习和借鉴国外的最佳实践，国内图书馆可以获取宝贵的经验和技术支持，提升自身的技术水平和服务质量。参与国际图书馆组织和技术交流会议、开展合作项目及技术交流是实现这一目标的重要途径。国际上，许多图书馆积极参与国际合作与交流，推动技术的创新和应用。例如，国际图书馆协会与机构联合会（International Federation of Library Associations and Institutions，IFLA）和美国图书馆协会（American Library Association，ALA）等组织，定期举办国际会议和技术研讨会，汇集了全球范围内的图书馆专业人士和技术专家。这些会议不仅提供最新的技术发展动态，还展示了各国图书馆在智慧采购系统及其他领域的应用案例。通过这些国际平台，图书馆工作人员能够了解前沿技术的发展趋势，学习到先进的实践经验，并与国际同行建立联系和合作。例如，2019年在丹麦举行的IFLA大会上，许多欧洲和北美图书馆展示了他们在智慧采购系统中的创新实践。这些实践包括如何利用人工智能和大数据分析来优化资源采购决策，以及如何通过标准化的数据接口实现跨馆的数据共享和协作。国内图书馆代表通过参加这些会议，获得了关于智慧采购系统的最新信息和应用案例，回国后能够将这些经验应用到本地的实际操作中，推动国内智慧采购系统的进步。

  国际合作项目和技术交流也为国内图书馆提供了技术引进和本地化应用的机会。例如，在国际合作项目中，国内图书馆与国外图书馆共同开发和测试新的技术解决方案，推动技术的本地化应用和优化。通过这些合作项目，国内图书馆能够获得国际先进技术的支持，并将其有效地应用到本地的实际需求中。这种合作不仅提升了图书馆的技术水平，还促进了资源的共享和互补。例如，上海图书馆与澳大利亚国家图书馆合作，共同开展了智慧采购系统的技术研究和应用项目。在这个项目中，上海图书馆不仅学习了澳大利亚国家图书馆在智慧采购系统中的先进经验，还参与了系统的本地化调整和优化工作。这种合作不仅提升了上海图书馆的技术水平，还促进了两国图书馆之间的经验交流和技术合作。

第二章 公共图书馆智慧采购的理论基础

第一节 智慧采购的基本理论

一、实时监控与反馈理论

实时监控与反馈在公共图书馆采购管理中发挥着关键作用，特别是在智慧采购系统的应用中。通过实时监控功能，图书馆能够实时跟踪采购活动的各个环节，并快速获取反馈信息，这不仅有助于提高采购效率，还能有效减少潜在风险，有助于应对突发问题。实时监控能够提供采购过程的全面可视化。智慧采购系统利用先进的数据采集和分析技术，实时跟踪从采购需求提出到资源到达图书馆的每一个环节。这包括采购申请、供应商选择、订单处理、物流跟踪和资金支付等过程。通过实时监控，图书馆可以实时了解采购进度，识别可能的延迟或异常情况。例如，如果供应商未能按时发货，系统会立即发出警示，提醒采购人员采取相应措施。这种全面的可视化和及时的警报功能，能够帮助图书馆更好地掌握采购动态，做出及时的调整和决策。实时反馈机制对于提高采购效率和减少风险至关重要。在传统采购过程中，反馈通常依赖于周期性的报告和人工沟通，这可能导致问题的延迟发现和处理。而智慧采购系统通过实时数据传输和分析，可以即时提供采购活动的反馈信息。这些信息包括库存水平、资源使用情况、供应商绩效和预算执行情况等。及时获取这些反馈，可以帮助图书馆快速识别和解决问题。例如，如果某一类资源的借阅量异常增加，系统可以即时通知采购人员进行补货，避免资源短缺。

实时监控与反馈还增强了图书馆对供应链的管理能力。智慧采购系统能够实时监控供应链中的每一个环节，如订单状态、运输进度和供应商表现等。通过实时数据分析，图书馆可以识别供应链中的潜在风险，如供应商违约、物流延误或质量问题，并采取应对措施。例如，如果运输过程中出现问题，系统可以实时提供物流状态更新，帮助图书馆及时联系相关方解决问题，确保资源按时到达。实时反馈机制还支持数据驱动的决策制定。通过实时获取的反馈信息，图书馆可以基于最新的数据做出科学的决策。这包括调整采购计划、优化资源配置和改善供应商管理等。例如，通过分析实时的借阅数据和库存情况，图书馆可以动态调整采购策略，确保资源的供应和需求匹配。这样的数据驱动决策有助于提高采购的准确性和有效性。实时监控与反馈还有助于提升图书馆的透明度和合规性。通过实时记录和跟踪采购活动，图书馆能够提供详尽的采购记录，支持审计和监督。这种透明度不仅可以减少腐败和违规行为，还能增强公众对图书馆采购过程的信任。

二、可持续性与合规性理论

智慧采购不仅追求效率和成本控制，还越来越注重采购过程中对环境和社会责任的考量。通过对供应商的环境和社会责任进行分析，图书馆可以确保其采购活动符合可持续发展原则，同时满足合规性要求。供应链的可持续性涉及环境保护和资源节约。智慧采购系统可以集成环境数据分析工具，对供应商的环境绩效进行评估。这包括供应商在生产过程中是否采取了节能减排措施、是否使用了可再生材料以及是否遵循了环境保护法规等。通过对这些因素的分析，图书馆可以选择那些在环境保护方面表现优异的供应商，从而减少采购过程对环境的负面影响。例如，图书馆在采购图书时，可以优先选择那些使用环保纸张和无毒油墨的出版社，或者采购那些实施绿色生产流程的供应商的产品。社会责任也是智慧采购系统关注的一个重要方面。供应商的社会责任包括劳工权益保护、工人安全保障和公平交易等。智慧采购系统可以通过审查供应商的社会责任报告、工人福利标准和劳动条件等，确保供应商在这些方面的表现符合相关标准和法规。这有助于图书馆避免与那些存在剥削工人、不符合劳动法规的供应商合作，提升采购过程的伦理水平和社会责任意识。例如，图书馆在采购教育资源时，可以优先选择那些致力于公平贸易和支持社会公益的供应商，确保采购活动的社会价值。

为了实现这些目标，图书馆可以在智慧采购系统中建立供应商评估和审核机制。这些机制可以包括对供应商的环境和社会责任进行定期审计和评估，确保其持续符合可持续发展要求。图书馆还可以要求供应商提供环境和社会责任的认证，如 ISO 14001 环境管理体系认证和 SA 8000 社会责任认证等。通过这些认证和评估，图书馆可以更好地筛选和管理供应商，确保采购过程的合规性和可持续性。智慧采购系统还可以帮助图书馆监控供应链的透明度和合规性。通过集成区块链技术，图书馆可以实现供应链的全程追踪和记录，确保每一个环节的操作都是可追溯和透明的。区块链技术能够记录供应链中的每一步，包括原材料采购、生产过程、运输和交付等，确保供应商遵循环保法规和社会责任要求。这样的透明度不仅有助于提升采购过程的公正性，也能增强图书馆对供应链的控制能力。

三、战略性采购理论

（一）战略规划与预测

这一理论的核心是通过对市场趋势、技术发展和行业动态的深入分析，帮助图书馆制订长远的采购战略，以提高资源的有效配置和服务质量。

智慧采购系统利用先进的数据分析技术对市场趋势进行分析。图书馆采购不仅要满足当前的需求，还需要预见未来的变化。例如，图书馆可以通过分析读者的借阅数据和阅读趋势，预测未来对特定类型资源的需求增长。智慧采购系统可以生成预测模型，帮助图书馆评估不同采购策略的潜在效果。比如，通过对历史借阅数据的分析，系统可以预测某一类书籍或期刊的未来需求，从而指导采购决策，避免资源的浪费或短缺。技术发展是战略规划中的一个重要因素。图书馆需要关注新兴技术对资源采购和管理的影响。例如，数字化资源和电子书的兴起可能会改变传统纸质书籍的需求模式。智慧采购系统可以跟踪技术进步，帮助图书馆及时调整采购策略。通过对技术趋势的预测，图书馆可以提前布局，投资于新的数字资源和平台，以满足读者的未来需求。

行业动态也是战略规划的重要方面。图书馆需要关注行业内的变化，如出版行业的整合、资源供应链的调整等。智慧采购系统能够分析行业动态，识别潜在的合作机会和风险。例如，系统可以监测主要供应商的市场份额变化，评估其对图书馆采购策略的影响。这种动态监控能力有助于图书馆在面对行业变化时做出快速反应，调整采购策略，以维持竞争力。战略规划与预测理论还强调制订长期采购方案的重要性。智慧采购系统可以生成多种预测模型，帮助图书馆评估不同采购方案的效果。这些模型基于历史数据和预测指标，模拟不同的采购策略和预算配置，帮助图书馆选择最适合的长期方案。例如，系统可以比较不同供应商的绩效，评估长期合作的优势和风险，从而为图书馆提供数据支持，选择最优的供应商。

战略规划与预测理论还涉及风险管理。智慧采购系统通过对潜在风险的评估，帮助图书馆制订应对策略。比如，系统可以预测市场价格波动对采购成本的影响，并建议图书馆采取相应的风险对冲措施。通过提前识别和管理这些风险，图书馆可以减少采购过程中的不确定性，提高采购的稳定性和可靠性。

（二）价值链分析

价值链分析理论帮助图书馆识别采购过程中的增值环节和潜在的改进机会，从而提高整体运作效率和市场竞争力。价值链分析的核心在于识别和优化图书馆采购过程中各个环节的增值功能。智慧采购系统通过对整个供应链的价值链进行详细分析，帮助图书馆了解每一环节对最终资源的贡献。例如，从资源的选定、采购、运输、到入馆和分类管理，每个环节都可能影响到资源的最终价值和使用效果。通过对这些环节进行分析，图书馆可以识别出哪些环节提供了最大的增值，哪些环节存在效率低下或成本过高的问题，从而制订针对性的改进措施。智慧采购系统能够提供实时的数据分析和报告，帮助图书馆识别降低成本的机会。例如，系统可以分析不同供应商的报价、运输成本以及库存管理费用，从而找到最具成本效益的采购策略。通过对供应商的绩效进行评价，图书馆可以优化供应商选择，减少不必要的开支，确保采购成本的最小化。同时，系统还可以提供采购合同的优化建议，如通过集采或长期合作协议获取更优惠的价格，从而提升采购的成本效益。

进一步而言，价值链分析也强调提升资源利用价值的机会。智慧采购系统可以通过对资源使用情况的分析，帮助图书馆了解资源的实际需求和使用效果。例如，通过对借阅数据的分析，系统可以识别出最受欢迎的书籍和期刊，帮助图书馆在未来的采购中做出更加精准的选择。此外，系统还可以提供对馆藏资源的动态管理建议，优化馆藏结构，以确保资源能够最大限度地满足读者的需求。

价值链分析还涉及供应链的整体协调和优化。智慧采购系统能够帮助图书馆优化供应链的每一个环节，从而提升采购流程的整体效率。例如，通过整合供应链管理系统和库存管理系统，图书馆可以实现资源的实时跟踪和自动补货，减少库存积压和缺货现象。这种系统化的协调和优化不仅提高了采购效率，还增强了图书馆对市场需求变化的响应能力。

第二节 公共图书馆采购理论的演变

一、传统采购理论

（一）人工采购

在公共图书馆的采购过程中，人工采购曾是主要的操作模式，尤其是在早期阶段。

这种方式通常依赖采购人员的个人经验和主观判断，经过一系列手动操作完成采购任务，包括查阅书目、联系供应商、核对订单等。虽然人工采购在当时能够满足基本的采购需求，但其效率较低，且存在许多问题。最初阶段的人工采购过程通常由以下几个步骤组成。采购人员需要通过纸质书目或手动记录来查找和确定所需的书籍和资源。这一阶段依赖采购人员对书目的熟悉程度以及对市场供应情况的了解。接下来，采购人员需要联系供应商，通过电话、传真或邮寄等方式进行订购。由于缺乏系统化的工具和技术手段，订单的处理过程往往烦琐且容易出错。最后，采购人员需要对收到的订单进行核对，确保所有的采购需求得以满足，并处理可能出现的错误或遗漏。采购决策往往依赖采购人员的个人经验和主观判断，缺乏数据支持和系统化的流程管理。这种情况下，采购效率较低，容易出现资源的重复采购或采购不足的问题。例如，由于缺乏有效的数据管理和共享机制，图书馆可能会重复采购已存在的资源，导致资源的浪费；同时，也可能因为对市场需求了解不足，而采购不足的资源，影响读者的服务体验。

随着技术的进步和信息化的发展，公共图书馆的采购理论和实践经历了重要的演变。最初的人工采购模式逐渐被计算机化的采购系统所取代。计算机化采购系统引入了自动化的书目管理和订单处理功能，显著提高了采购的效率和准确性。图书馆开始使用电子书目数据库来管理和查询资源，减少了手动操作的需求，并引入了电子采购平台，使得供应商的联系和订单的处理变得更加便捷和高效。科技的发展带来了智能化采购系统的出现。现代的智慧采购系统利用大数据分析、人工智能和机器学习等技术，能够自动化处理采购流程、优化资源配置、预测市场需求等。智慧采购系统不仅提高了采购的效率，还减少了人为错误，并通过数据驱动的决策支持系统，帮助图书馆做出更加科学和精准的采购决策。这种系统能够实时监控和调整采购策略，确保资源的合理配置和需求的及时满足。

尽管人工采购在早期阶段为公共图书馆的资源管理提供了基础，但随着技术的发展，图书馆采购理论和实践经历了从手工操作到计算机化，再到智能化的演变。这一过程不仅提高了采购的效率和准确性，也使得公共图书馆能够更好地满足读者的需求，优化资源的配置和管理。未来，图书馆智慧采购系统将继续发展，为图书馆提供更加智能和高效的采购解决方案。

（二）以供需关系为基础的采购

　　随着公共图书馆规模的扩大和需求的增加，采购理论逐渐从传统的人工操作模式转向以供需关系为基础的采购模式。这一阶段的采购理论强调通过对图书馆读者需求、馆藏空缺以及预算情况的全面分析，来生成更加科学和有效的采购策略。这一转变标志着图书馆采购理论的成熟和发展。图书馆采购的重点不再仅仅是资源的简单获取，而是更加注重如何在有限的预算内，合理配置资源以满足读者的实际需求。采购人员需要对图书馆的馆藏进行细致分析，识别出馆藏中的空缺和不足之处。这包括对现有馆藏的评估，识别哪些资源过时、哪些资源需要补充，以及哪些领域的资源需求增长。通过这种分析，图书馆可以更有针对性地制订采购计划，确保新采购的资源能够有效地填补馆藏中的空缺，增强馆藏的整体丰富性和实用性。同时，采购人员还需要根据读者需求来决定采购策略。图书馆通常会通过读者调查、借阅数据分析等方式，了解读者的阅读兴趣和需求趋势。这些数据帮助采购人员把握读者的需求热点，避免购买那些与读者需求不符的资源。比如，如果调查数据显示读者对科技类书籍的需求增加，采购人员就会优先采购相关领域的书籍，确保馆藏能够与读者的需求保持一致。

　　预算情况也是决定采购策略的重要因素。预算有限，图书馆需要在资源的采购上做出精明的决策，优先考虑那些性价比高、能够产生最大效益的资源。这要求采购人员在资源选择上不仅要关注书籍的质量和需求，还要考虑到采购的成本和预算限制。通过合理分配预算，图书馆能够在资源采购上取得最佳的投入产出比，实现馆藏的优化配置。这一阶段的采购理论还引入了系统化的资源管理工具和方法。图书馆开始使用电子采购系统、数据分析工具和库存管理软件，来支持以供需关系为基础的采购决策。这些工具能够提供实时的数据分析和报告，帮助采购人员更好地理解馆藏的现状和读者的需求，做出更加科学和精准的采购决策。

　　随着公共图书馆采购理论的发展，从最初的手工采购到以供需关系为基础的采购，图书馆在资源获取和馆藏丰富性方面取得了显著的进步。以供需关系为基础的采购模式，使图书馆能够更有效地满足读者需求，提高馆藏的整体质量和适用性。未来，随着技术的进一步发展和数据分析能力的提升，图书馆采购理论和实践将继续演变，为图书馆提供更加智能化和高效的采购解决方案。

二、现代采购理论

（一）成本效益分析

伴随着公共图书馆管理的现代化进程，采购理论也逐渐引入了成本效益分析的概念。进入现代化阶段，图书馆不仅需要关注资源的获取是否能够满足读者的需求，还要对采购成本与资源效益进行全面的分析和评估。这种转变反映了图书馆对资源配置和预算管理更加科学和高效的要求。然而，随着公共图书馆面临的预算压力不断增加，成本效益分析成为优化采购决策的关键工具。成本效益分析的核心在于通过量化分析采购投入和预期收益，帮助图书馆制订更加合理和高效的采购策略。成本效益分析要求图书馆对采购的各项成本进行详细的预算和跟踪。这包括采购价格、运输费用、管理成本以及维护成本等。通过精确记录和分析这些成本，图书馆能够评估不同资源的实际支出情况，识别出高成本和低效益的资源采购项目，从而优化采购决策。例如，在比较不同供应商的报价时，图书馆不仅要考虑书籍的单价，还要评估其他相关成本，如运输和处理费用，确保整体成本得到控制。

图书馆需要评估采购资源的效益，这通常涉及对资源使用情况的跟踪和分析。通过分析借阅数据、读者反馈和资源利用率，图书馆可以了解采购资源的实际效果。例如，如果某些书籍借阅频率较高，说明其对读者的价值较大，而借阅率较低的资源则可能表明其效益较低。成本效益分析要求图书馆在采购决策中优先选择那些能够带来更高效益的资源。现代图书馆也开始使用数据分析和预算管理软件来辅助成本效益分析。这些工具能够提供实时的财务数据和效益评估报告，帮助采购人员快速识别成本节约机会和资源优化空间。例如，通过电子采购系统的集成，图书馆可以获得详细的采购数据和成本分析，进而制订更为精准的预算管理和成本控制策略。成本效益分析还促使图书馆在采购策略中引入长期规划和战略管理。图书馆不仅要关注当前的资源需求和预算限制，还要考虑未来的发展需求和资源更新。通过制订长期的采购战略和预算规划，图书馆能够实现资源的合理配置和预算的优化使用，从而提升整体运营效率和服务质量。

（二）供应链管理

供应链管理的核心在于优化整个采购流程，从资源获取到交付，再到供应商关系的管理，都要实现高效、灵活和成本效益的平衡。图书馆在这一过程中，逐渐认识到建立长期合作关系和优化供应链的必要性，从而提升了采购的质量和效率。供应链管理的引入使得图书馆采购流程的优化成为可能。传统的采购模式往往依赖单次交易和短期合同，这种方式可能导致采购过程中的重复性工作和低效率。现代供应链管理通过引入系统化的流程和工具，如供应链管理软件、数据分析平台等，使得采购过程能够实现流程的自动化和优化。例如，图书馆可以通过供应链管理系统实时跟踪订单状态、库存水平和供应商绩效，及时调整采购策略，以应对市场变化和资源需求波动。这种优化不仅提高了采购的效率，还减少了供应链中的延误和错误，提高了资源的及时获取和利用能力。

供应链管理的核心理念之一是建立与供应商的长期合作关系。通过与供应商建立稳定的合作伙伴关系，图书馆能够获得更优质的资源和服务。长期合作关系使供应商对图书馆的需求有更深入的了解，从而能够提供更加符合需求的资源和定制化的服务。例如，图书馆可以与主要供应商签订长期合同，确保在资源采购中获得优先供应、折扣优惠和更好的服务支持。此外，长期合作也使得供应商能够提前规划生产和库存，从而提高供应的稳定性和可靠性。这种合作关系的建立，不仅提升了图书馆的采购质量，也增强了对供应商的控制和影响力。供应链管理增强了采购的灵活性和响应速度。图书馆可能面临供应延迟、需求变化和库存不足等问题，而这些问题往往难以迅速解决。通过供应链管理，图书馆能够建立灵活的采购机制和应急响应系统。例如，利用供应链管理系统的预测分析功能，图书馆可以提前识别需求趋势和供应风险，及时调整采购计划和策略。此外，供应链管理还鼓励图书馆与供应商进行紧密沟通和信息共享，增强了对市场变化和供应情况的实时掌握，从而提高了采购的响应速度和适应能力。

三、智慧采购理论

（一）数据驱动决策

智慧采购理论的兴起，标志着图书馆采购管理进入了一个以数据为中心的新时代。利用大数据分析和人工智能技术，智慧采购不仅帮助图书馆精准识别和满足读者需求，还优化了资源配置，提升了采购效率和决策准确性。数据驱动的采购决策能够深入分析读者需求。传统的采购方式主要依赖采编人员的主观判断，可能导致采购资源与读者实际需求的不匹配。而在智慧采购模式下，图书馆通过收集和分析大量的读者借阅数据、反馈信息和行为模式，能够更准确地识别读者的兴趣和需求。例如，图书馆可以利用数据分析工具来跟踪不同类型书籍的借阅频率，识别出读者的阅读偏好趋势。这种基于数据的决策方式，使得图书馆能够提前预测需求变化，避免资源的过剩或短缺，从而优化馆藏结构。

智慧采购还利用大数据分析技术对市场动态进行实时监测。通过对市场趋势、供应商动态和行业信息的分析，图书馆能够及时了解新出版的资源、市场热门书籍以及潜在的供应商变动。这一过程通常包括对书籍销售数据、市场研究报告和行业新闻的深入分析，帮助图书馆做出更具前瞻性的采购决策。例如，图书馆可以通过分析图书的销售数据和读者评论，识别出市场上的畅销书和高评价资源，从而将这些书籍纳入采购清单，确保馆藏内容的前沿性和吸引力。智慧采购理论的核心在于数据的整合与应用。图书馆通过建立统一的数据管理平台，将不同来源的数据整合在一起，包括馆藏数据、读者反馈、借阅记录和市场信息。这种数据整合不仅提高了数据的利用效率，也为决策提供了全面的支持。例如，图书馆可以通过数据整合平台生成详细的采购报告，展示资源的使用情况、预算分配和效益评估，从而为采购人员提供科学的决策依据。人工智能技术在智慧采购中的应用进一步提升了决策的精准度。机器学习和预测分析技术能够基于历史数据和趋势预测未来的需求变化。图书馆可以利用这些技术来构建预测模型，预测特定资源的需求量，并根据预测结果进行合理的采购规划。例如，利用人工智能算法对历史借阅数据进行分析，预测某类书籍在未来一段时间内的需求量，确保资源的有效配置。

（二）自动化与智能化

智慧采购的演变进入自动化与智能化阶段，标志着公共图书馆采购管理的全面升级。这一阶段依托智能推荐、自动化筛选和预测分析等先进技术，使图书馆能够更高效地规划和执行采购任务，实现资源获取、管理和利用的全面智能化。

自动化采购系统的引入极大地提升了图书馆采购流程的效率。传统采购过程中，图书馆往往需要人工处理大量的采购信息，进行手动筛选和数据录入。这不仅耗时耗力，还容易出现人为错误。自动化采购系统通过集成采购流程中的各个环节，从订单生成、供应商沟通到资源入库，都能够实现自动化处理。例如，智能采购系统能够根据预设的采购标准和库存水平，自动生成采购订单，并与供应商进行在线对接，自动处理订单的确认和跟踪。这种自动化处理大大减少了人工干预。

智能推荐系统的应用为图书馆提供了个性化的资源推荐功能。通过分析读者的借阅历史、阅读偏好和行为模式，智能推荐系统能够自动推送符合读者兴趣的资源。例如，当图书馆系统识别到某一类书籍的需求增加时，它可以自动推荐相关书籍进行采购，确保馆藏资源的及时更新和读者需求的有效满足。此外，智能推荐系统还能够基于市场趋势和热门资源进行推荐，帮助图书馆及时获取最新和最受欢迎的书籍，提升馆藏的吸引力和竞争力。

预测分析技术在智能化采购中扮演了重要角色。通过对历史数据和趋势的分析，预测分析技术能够帮助图书馆预测未来的需求变化和资源使用情况。例如，图书馆可以利用预测分析技术评估某类书籍的未来需求量，指导采购决策。这种数据驱动的预测能力，使图书馆能够更加精准地进行资源规划和预算分配，提升采购的科学性和前瞻性。

系统集成和技术协同是智能化采购的关键要素。图书馆的采购系统不仅需要集成自动化功能，还要实现与其他管理系统的协同工作。例如，采购系统与馆藏管理系统、财务系统和数据分析平台的集成，能够实现数据的无缝对接和信息的实时共享。这种系统集成不仅提升了采购过程的效率，也增强了整体管理的协调性和数据的准确性。例如，采购系统可以与馆藏管理系统实时同步库存数据，自动调整采购计划，确保资源的合理配置和库存的优化。智能化采购还注重技术的持续升级和优化。

随着技术的不断发展，图书馆采购系统需要不断引入新的功能和技术，以适应不断变化的用户需求和市场环境。例如，通过机器学习技术的应用，采购系统能够不断学习和优化采购策略，提高推荐的准确性和预测的精确度。

第三节 智能化技术在采购中的应用

一、智能化技术的定义

智能化技术是指利用计算机科学、人工智能、大数据、物联网、区块链等先进技术，实现系统、设备和服务的自动化、智能化操作与管理的技术体系。其核心在于通过机器学习、数据分析和自动化控制等手段，使系统能够自主感知、分析、决策并执行任务，从而大幅提高效率、准确性和灵活性。在具体应用中，智能化技术可以帮助实现复杂任务的自动化处理，如自动化采购、智能推荐系统、实时监控与分析等。这些技术通常具备学习和适应能力，能够根据环境变化和用户需求，动态调整系统的行为，提供更优质的服务和解决方案。

二、智能化技术在图书馆采购中的应用分析

(一) 区块链技术

1. 采购透明化

区块链技术的核心特点是去中心化和不可篡改。这意味着在区块链上记录的每一项采购数据，如合同、订单和支付记录，都是公开透明的，并且不能被随意修改。这种技术通过加密算法和分布式账本，将采购信息存储在一个由多个节点共同维护的网络中。每当发生采购操作时，相应的数据就会被记录在区块链上，并通过网络中的共识机制进行确认。这些记录无法被单个实体更改，且每一笔交易都被加密处理，这种特性使得采购过程中的每一步都可以被追踪和验证。区块链技术为图书馆采购过程提供了全程可追溯的解决方案。在传统采购中，信息往往存在多重环节和记录，不同系统和部门之间的信息共享也可能存在延迟和不一致的情况。而在区块链系统中，所有相关的采购信息都被集中记录在一个统一的账本上，包括供应商信息、采购合同、订单详情、支付记录等。这种集中化的信息管理使得图书馆能够实时追踪每一笔采购的具体情况，确保所有操作都在规范和透明的环境下进行。这种追溯能力不仅提升了采购的管理效率，还加强了对采购流程的监督，减少了不正当行为的发生。

区块链技术的智能合约功能也为采购透明化提供了创新的解决方案。智能合约是一种在区块链上自动执行的合约，当预设条件被满足时，智能合约会自动执行相应的操作。例如，在图书馆采购中，智能合约可以自动处理订单确认、支付处理和合同执行等任务。通过智能合约，图书馆能够确保所有采购过程中的条件和条款都得到严格执行，减少人工干预和潜在的错误。智能合约的自动化功能不仅提高了采购过程的效率，也增强了对采购合规性的保障。

区块链技术还能够提升图书馆采购的审计能力。传统的采购审计往往面临信息不透明、记录不完整等问题，而区块链技术通过提供完整且不可篡改的采购记录，使得审计过程变得更加高效和可靠。审计人员可以轻松访问区块链上的采购记录，验证每一笔交易的真实性和合规性，快速识别和解决潜在的问题。这种透明化的审计机制不仅提高了图书馆的采购管理水平，还增强了公众对图书馆采购过程的信任。

2. 供应链管理

通过区块链，图书馆不仅可以确保供应商的资质和产品的来源，还能实时跟踪运输过程。

区块链技术能够增强供应商资质的验证和管理。图书馆往往需要对供应商进行资质审核和背景调查，以确保其提供的资源符合质量标准。然而，这一过程可能由于信息不对称或验证手段的不足而面临挑战。区块链技术通过提供一个去中心化的、不可篡改的数据库，使得供应商的资质信息可以被准确记录和公开验证。例如，供应商的注册信息、认证证书和过往交易记录都可以被永久存储在区块链上。图书馆可以通过区块链系统快速查阅和验证供应商的资质信息，确保其符合要求，从而减少风险和提高采购的可靠性。

区块链技术能够确保产品来源的透明度。在图书馆的采购过程中，了解资源的来源和供应链信息对于保证资源质量和合规性至关重要。区块链技术通过提供一个不可篡改的供应链记录，使得每一件商品的来源和生产过程都可以被追踪和验证。例如，图书馆可以通过扫描产品上的二维码，访问区块链上的详细信息，了解该产品的生产厂家、运输路径和质量检测记录。这种透明化的产品来源信息，不仅提高了采购的可靠性，还增强了对资源质量的控制。

区块链技术还能够优化运输过程的管理。运输过程中的延误、损失或伪造问题往往会影响图书馆的采购效率和资源的及时到达。区块链技术通过实时记录和跟踪运输过程中的每一个环节，使得运输信息变得更加透明和可追溯。例如，运输公司的每一项操作，如发货时间、运输路径、交付确认等，都可以被记录在区块链上，任何异常情况都能够被及时发现和处理。这种实时跟踪功能，使图书馆能够更加有效地管理运输过程，减少不确定性和风险，确保资源能够按时到达并符合质量要求。

区块链技术在供应链管理中的应用还包括智能合约的使用。智能合约可以自动执行预设的供应链协议，当条件满足时，自动处理相关的操作。这种自动化功能不仅提高了采购流程的效率，还减少了人为干预和潜在的错误，确保合同条款得到严格执行。

（二）云计算

1. 采购数据的实时处理与共享

云计算技术在图书馆采购中的应用，显著提升了采购数据的实时处理与共享能力。这种技术的引入，使得采购团队能够在云端实时处理和共享采购数据，从而提高了采购的响应速度和协作效率。云计算技术提供了强大的数据存储和处理能力。传统的采购数据管理通常依赖本地服务器，这可能导致数据存取速度缓慢、信息更新滞后等问题。而通过云计算，图书馆能够将采购数据存储在云端服务器上，这些服务器具有高效的处理能力和大容量存储空间。无论是订单生成、供应商信息、库存状态，还是预算控制和采购分析，都可以实时更新和处理。云计算的弹性扩展性也保证了数据存储的灵活性，图书馆可以根据实际需求动态调整存储容量和处理能力，避免了资源浪费和管理困扰。

云计算技术实现了采购数据的实时共享与访问。采购团队可以通过网络访问云端的采购数据，不再受限于地理位置和设备限制。无论团队成员身处何地，只要能够连接互联网，就可以实时查看和更新采购信息。这种实时共享功能极大地提高了采购团队的协作效率。团队成员可以在云端平台上共同编辑采购计划、审核订单、跟踪供应商进度等，而无须依赖传统的邮件或纸质文档传递。这种高效的协作方式缩短了采购周期，减少了信息传递中的误差和延迟，提高了采购过程的整体效率。

云计算技术还使得数据分析和决策变得更加智能化。通过在云端集成数据分析工具，图书馆可以对采购数据进行深度分析和实时监控。例如，图书馆可以利用云端的数据分析功能，生成采购趋势报告、需求预测模型和成本效益分析。这些分析结果能够帮助采购团队做出更加精准的决策，优化采购策略和预算分配。此外，云计算平台的实时数据分析功能，使得图书馆能够快速响应市场变化和读者需求，调整采购计划和资源配置，提升采购管理的灵活性和前瞻性。

安全性和数据保护也是云计算技术在采购数据管理中的重要考虑。现代云计算服务提供商通常采用先进的安全技术，如数据加密、访问控制和备份机制，来保护存储在云端的数据。这些安全措施能够防止数据丢失、泄露和未经授权的访问，确保采购数据的机密性和完整性。

2. 采购平台的集成与管理

通过云计算技术，图书馆可以将多个采购系统和平台集成在一起，实现统一的管理和操作。这种集成化的管理方式为图书馆的采购流程带来了显著的简化和优化，减少了系统间的兼容性问题，提高了采购的效率和透明度。集成化的采购平台能够将图书馆的采购流程中涉及的各个系统整合在一起。传统的采购管理往往涉及多个独立的系统，如订单管理系统、供应商管理系统、库存管理系统以及预算控制系统等。这些系统通常运行在不同的技术平台上，导致数据和操作的分散，增加了信息传递的复杂性和出错的可能性。图书馆可以将这些系统集成在一个统一的云平台上，实现数据的集中存储和管理。这样，所有的采购数据、操作记录和报告都可以在一个平台上进行访问和处理，大大简化了采购流程。集成化的采购平台提高了系统间的兼容性和数据一致性。在传统的采购管理中，系统间的兼容性问题可能导致数据传递错误或信息不一致。例如，从一个系统中导出的数据可能无法直接在另一个系统中使用，导致数据的重复录入或错误。图书馆可以实现系统之间的无缝对接和数据同步。云平台可以提供统一的数据格式和接口标准，使得不同系统之间能够顺畅地交换和共享数据。这种集成化的管理方式不仅减少了系统间的兼容性问题，也提高了数据的一致性和准确性。

集成化的采购平台还能够提升采购管理的透明度和可控性。在一个统一的云平台上，图书馆的采购团队可以实时监控和管理整个采购流程，从需求规划、订单生成、供应商管理到库存控制和支付处理。通过集成化平台，图书馆可以获取全面的采购数据和分析报告，了解采购活动的每一个环节，识别潜在的问题和改进机会。这种透明化的管理方式使得采购流程更加可控，能够及时发现和解决采购中的问题，提高采购的效率和质量。

集成化平台的管理还带来了操作的便利性和协作的高效性。图书馆的采购团队可以通过一个统一的界面进行所有的采购操作，避免了在多个系统间切换的繁琐操作。云计算技术的引入，使得采购团队成员可以在任何地点通过互联网访问集成平台，进行协同工作。这种灵活的工作方式支持远程办公和跨部门协作，提高了团队的响应速度和工作效率。

第四节 公共图书馆采购管理理论

一、需求分析理论

（一）读者需求导向

为了确保图书馆采购的资源能够真正满足读者的需求，需求分析成为采购管理的首要步骤。这一理论强调通过系统化的调查和分析，了解读者的阅读兴趣、馆藏利用率以及学术研究方向，从而制订科学的采购计划。需求分析理论强调基于数据驱动的采购决策。决策往往依赖于采购人员的主观判断和经验，这可能导致资源配置不均或采购资源无法满足实际需求。然而，通过需求分析，图书馆能够收集和分析大量的数据，以了解读者的真实需求。数据来源包括读者的借阅历史、馆藏利用率统计、读者反馈调查以及市场趋势分析等。这些数据提供了关于读者偏好和需求变化的客观信息，帮助图书馆制订更加精准的采购策略。例如，通过分析读者的借阅记录，图书馆可以识别出最受欢迎的书籍类别和主题，从而调整采购计划，确保这些资源能够得到充足的补充。需求分析理论注重读者群体的细分。图书馆的读者群体通常具有多样化的特征，包括学生、研究人员、家庭读者等。为了有效地满足不同群体的需求，图书馆需要对读者进行细分，并针对各个细分群体制订相应的采购策略。例如，学生群体可能对教材和学习参考书有较高的需求，而研究人员则更关注学术期刊和研究专著。通过对读者群体进行分类和需求分析，图书馆可以有针对性地采购资源，提高馆藏的匹配度和利用效率。

在需求分析的过程中，图书馆还需要关注馆藏的使用情况和资源的空缺。分析馆藏利用率可以帮助图书馆了解哪些资源被频繁借阅，哪些资源的利用率较低。图书馆可以做出相应的调整，例如增加高需求资源的采购量，减少低利用率资源的采购，从而优化馆藏结构和资源配置。此外，需求分析还可以帮助图书馆识别馆藏中的空缺区域，根据读者的需求和研究方向，补充相关的资源，提升馆藏的全面性和深度。

需求分析理论还强调与读者的直接互动。通过组织读者座谈会、发放调查问卷和建立基地反馈机制，图书馆可以直接了解读者对馆藏资源的意见和建议。这种互动不仅能够帮助图书馆及时掌握读者的需求变化，还能增强读者对图书馆工作的参与感和满意度。基于读者反馈，图书馆可以调整采购策略，增加符合读者需求的资源，提升服务质量和用户体验。

（二）馆藏结构优化

馆藏结构优化是公共图书馆采购管理中的关键环节，旨在通过对馆藏资源的科学配置和调整，确保资源的多样性和均衡性，满足读者的广泛需求。这一过程不仅依赖需求分析，还涉及对馆藏资源结构的全面评估和调整，以优化资源的配置比例，避免资源的过度集中或严重缺乏。馆藏结构优化理论强调根据学科领域的广泛覆盖来调整馆藏资源。图书馆的馆藏应包括各种学科领域的书籍、期刊和其他资源，以支持不同读者的研究和阅读需求。例如，公共图书馆不仅需要提供文学作品、历史书籍、科技文献，还要包含艺术、社会科学、儿童读物等各类资源。通过对馆藏结构的优化，图书馆能够确保资源的多样性，避免某一领域资源的短缺或过度集中，进而满足读者的全面需求。馆藏结构优化要求图书馆定期评估馆藏资源的利用情况和需求变化。随着读者需求的变化，图书馆的馆藏也需进行相应的调整。例如，某些学科领域可能因为研究热点的变化而受到读者的更多关注，而一些传统的领域可能逐渐被冷落。通过对馆藏使用数据的分析，图书馆可以识别出资源的高需求和低需求区域，及时调整采购计划。增加高需求领域的资源，减少低需求领域的采购量，以保持馆藏图书的活跃性和实用性。

馆藏结构优化还涉及资源的更新和替换。图书馆的馆藏资源需要不断更新，以保持其时效性和相关性。例如，随着科技的进步和学术研究的深化，新的书籍和期刊不断涌现，图书馆应适时引入这些新资源，以替代过时的或不再符合需求的旧资源。通过定期的资源审查和更新，图书馆可以确保馆藏资源的现代性和科学性，提升读者的使用体验。

同时，馆藏结构优化应当考虑到资源的均衡配置，避免某一类型资源的过度集中。过度集中可能导致资源的重复浪费和资源的利用不均，例如，某一领域的书籍过多，而其他领域却严重缺乏。图书馆可以通过科学规划和数据分析，确保资源的配置比例合理。例如，在文学领域内，可以根据读者的阅读兴趣和需求，适度分配经典文学、现代文学、外国文学等不同类型的书籍，保持馆藏的多样性和均衡性。

馆藏结构优化也涉及馆藏的空间管理。图书馆需要合理规划和利用馆藏空间，以保证资源的有效存储和管理。随着馆藏资源的增加和更新，图书馆可能需要调整书架的布局，优化存储方式，以提高空间的利用率。同时，也可以引入智能化管理系统，通过数据分析和空间优化，提升馆藏的存取效率和管理水平。

二、成本效益分析理论

（一）成本控制

成本效益分析理论强调在采购过程中严格控制成本，以确保预算的合理使用，并使每一笔支出都能带来最优的资源效益。为了实现这一目标，图书馆需要制订科学的采购计划，进行有效的成本控制，并对成本与效益进行全面的权衡和分析。

制订合理的采购计划是成本控制的基础。图书馆在制订采购计划时，需要充分考虑预算限制和资源需求。通过需求分析和市场调研，图书馆能够了解当前和未来的资源需求，明确采购的优先级和重点。根据预算制订详细的采购计划，确保各项支出在预算范围内。合理的采购计划不仅有助于避免资源浪费，还能确保资金的高效利用。例如，图书馆可以根据读者的需求和馆藏的空缺情况，优先采购需求量大的书籍和资料，避免盲目采购不必要的资源。

图书馆需要采取有效的成本控制措施。成本控制包括对采购价格的控制、供应商的选择和合同管理等方面。通过与供应商谈判，争取优惠价格和折扣，可以有效降低采购成本。同时，选择可靠的供应商并建立长期合作关系，有助于获得更优质的服务和资源。此外，签订详细的采购合同，明确价格、交货时间、质量要求等条款，可以避免因合同不明确而产生的额外费用和纠纷。合同的管理和执行也是成本控制的重要环节，图书馆需要定期检查合同履行情况，确保供应商按照合同约定提供资源和服务。

成本与效益的权衡是采购管理中的关键环节。图书馆在进行采购决策时，需要综合考虑成本与资源效益之间的关系。通过对各类资源的成本效益分析，图书馆能够评估每一项采购的实际效果。例如，图书馆可以分析资源的借阅频率和使用情况，评估资源的实际价值和效益。对于那些高效益的资源，尽管其成本可能较高，但仍值得采购；而对于效益较低的资源，图书馆则需要慎重考虑是否采购或如何调整采购策略。成本效益分析不仅可以提高资源采购的科学性，还能确保图书馆的资金投入能够带来最大的回报。

图书馆还应重视采购数据的分析和监控。通过对采购数据的定期分析，图书馆能够了解成本控制的实际效果，并及时调整采购策略。例如，监控采购成本的变化趋势，发现成本异常的情况，进行原因分析，并采取相应的措施加以控制。数据分析还可以帮助图书馆识别采购中的潜在问题，如价格波动、供应商服务质量等，并进行针对性改进。

（二）资源利用效率

成本效益分析理论不仅关注资源的获取成本，还重视资源的长期使用价值和实际利用率。通过对资源使用频率、借阅情况等数据的分析，图书馆能够优化馆藏结构，提高资源的利用效率，确保每一项采购支出都能带来最大化的回报。资源利用效率的评估需要通过系统的数据收集和分析来实现。图书馆应建立完善的资源管理系统，记录每一项资源的借阅次数、使用频率和访问情况。这些数据可以帮助图书馆了解哪些资源被频繁使用，哪些资源则较少被借阅。通过定期分析这些数据，图书馆可以识别出高利用率和低利用率的资源，并据此调整馆藏结构和采购策略。例如，对于使用频率较高的资源，图书馆可以考虑增加采购数量或扩充相关领域的资源；而对于使用频率较低的资源，则可以评估其继续采购的必要性，避免资源浪费。评估资源的长期使用价值也是提升资源利用效率的关键。成本效益分析不仅关注资源的初始采购成本，还要考虑资源在实际使用中的价值。例如，某些学术参考书籍可能具有较高的初始采购成本，但由于其在研究和学习中的重要性，长期使用价值也相对较高。因此，图书馆应综合考虑资源的实际使用效果和学术价值，以做出更加科学的采购决策。此外，图书馆还可以通过读者反馈和使用调查，了解资源的实际需求和效果，为未来的采购提供依据。

资源的利用效率评估应当与馆藏结构的优化结合起来。通过分析资源的使用数据，图书馆能够识别出馆藏结构中的不足之处，例如某些学科领域的资源配置不均或过度集中。基于这些分析结果，图书馆可以调整馆藏结构，确保资源的配置更加合理和均衡。例如，图书馆可以增加某些学科领域的资源投入，减少那些需求较低领域的采购，以实现资源的优化配置。此外，馆藏的更新和调整也应根据资源的使用情况进行，以保持馆藏的现代性和实用性。资源利用效率的提升还需关注资源的维护和管理。定期对馆藏资源进行检查和维护，确保资源的完好状态和有效使用。对于一些损坏或过时的资源，图书馆应及时进行更新或替换，以维持资源的高效利用。

通过有效的资源维护和管理，图书馆能够确保资源的长期使用价值和利用率，避免因资源问题而影响服务质量。

三、风险管理理论

（一）采购风险评估

风险管理理论强调在采购过程中识别并预见各种潜在的风险因素，并制订相应的应对策略，以确保采购任务的顺利完成。这不仅有助于降低不确定性带来的负面影响，还能提高采购效率和资源利用率。

市场价格波动是公共图书馆采购中常见的一种风险。由于图书和其他资源的价格可能会受到市场供需、经济波动或政策调整的影响，价格的波动可能导致预算超支。为了应对这一风险，图书馆可以进行市场调研，了解价格趋势，选择适当的采购时机。此外，与供应商建立长期合作关系和签订固定价格合同，可以降低价格波动的影响。图书馆还可以利用价格保护措施，如价格锁定协议或预算调整机制，以应对市场价格的变动。供应商违约是另一个重要的采购风险。

供应商违约可能导致采购资源的迟延交付、质量问题或合同争议，从而影响图书馆的资源供应和服务质量。为了降低供应商违约的风险，图书馆应在供应商选择过程中进行严格的资质审查和信誉评估。与供应商签订详细的合同，明确交付时间、质量要求和违约责任，是防范违约风险的有效措施。此外，建立供应商管理和评估机制，通过定期考核和反馈，确保供应商履行合同义务，并及时处理供应链中出现的问题。

资源质量不达标也是一个关键的采购风险。如果采购的资源质量不符合要求，可能影响读者的使用体验和图书馆的声誉。为应对这一风险，图书馆在采购前应设定明确的质量标准，并在采购过程中进行严格的质量控制。选择信誉良好、经验丰富的供应商，进行产品样本检验和质量测试，是确保资源质量的有效方法。此外，图书馆应建立质量监控和反馈机制，对到货资源进行检查和评估，并对质量不达标的资源采取退换或投诉措施。

在采购风险管理中，风险评估和应对方案的制订同样重要。图书馆应建立风险评估机制，定期评估和识别可能影响采购过程的风险因素。制订详细的应对方案和应急预案，如供应链中断时的备选供应商、预算超支时的调整措施、资源质量问题的处理流程等，可以提高采购过程的稳定性和灵活性。通过综合运用风险评估和管理工具，如风险矩阵、风险预警系统和数据分析技术，图书馆能够更好地识别和应对各种采购风险。

（二）合规性与透明度

有效的合规性管理不仅可以减少采购过程中的腐败和违规行为，还能提高采购活动的合法性和公正性，增强公众对图书馆的信任。合规性风险主要体现在是否遵守相关的法律法规和内部采购政策。这些法规和政策通常包括采购程序、合同管理、财务审批和反腐败规定等。为了应对合规性风险，图书馆需要制订详细的采购管理政策和操作手册，明确采购流程中的每个环节，包括需求分析、供应商选择、合同签署、采购执行和支付等。政策和手册应确保采购活动符合法律法规要求，并制订相应的合规检查和审计机制，以便及时发现和纠正违规行为。透明度是保障采购合规性的重要措施。透明的采购流程能够减少信息不对称，防止腐败和舞弊行为的发生。图书馆应公开采购计划和采购公告，使供应商能够清楚了解采购需求和条件。此外，公开采购记录和决策过程，如采购合同、供应商评估报告和财务报表等，可以使相关利益方监督和审查采购活动。透明度还包括确保采购决策过程的公平性和客观性，避免个人偏见或利益冲突影响采购结果。

建立严格的审计制度也是确保合规性和透明度的重要手段。图书馆应设立专门的审计部门或委托第三方审计机构，对采购活动进行定期和不定期的审计。审计工作应涵盖采购全过程，包括预算使用、合同履行、支付审批和资源管理等。审计报告应及时公开，接受社会监督和反馈。通过审计，图书馆能够发现和纠正潜在的合规性问题，提高采购过程的透明度和规范性。

此外，图书馆还应加强对采购人员的培训，提高他们的合规意识和专业素养。培训内容应包括相关法律法规、内部采购政策、道德规范和风险防范等方面。定期举办培训和研讨会，更新和强化采购人员的合规知识和技能，以确保他们在实际操作中能够遵循相关规定和标准。

建立有效的投诉和反馈机制也是保障采购合规性的重要措施。图书馆应设立专门的投诉渠道和处理机制，允许利益相关方和公众对采购活动提出意见和举报。处理投诉和反馈的过程应公开透明，确保问题得到及时和公正解决。通过建立健全的投诉和反馈机制，图书馆能够进一步提高采购过程的透明度，增强公众对采购活动的信任。

第三章 公共图书馆智慧采购的技术支持

第一节 信息技术在智慧采购中的应用

一、与电子商务平台的合作

（一）丰富的资源选择

在现代信息技术的推动下，公共图书馆的资源采购模式正在经历显著的变革，尤其是通过电子商务平台的丰富资源选择来实现智慧采购。这些平台不仅拥有庞大的图书资源库，还涵盖了各种类别和版本，为图书馆提供了更多选择，满足了不同读者的需求。通过与这些平台的合作，图书馆能够更高效地扩充馆藏，提高资源利用率，并更好地服务社区。电子商务平台上的图书资源种类繁多，从经典文学到最新的专业书籍，几乎涵盖了所有领域。这种多样性使得图书馆能够根据自身的需求和读者的兴趣，精准采购所需的书籍。例如，如果一个社区的读者对某一特定学科有较高的需求，图书馆可以通过电子商务平台迅速找到相关的书籍，并根据需求进行采购。这种按需采购的模式，不仅提升了馆藏的相关性，还减少了不必要的库存积压。

电子商务平台的数字化特性使得采购流程变得更加便捷和高效。传统的采购方式往往涉及繁琐的纸质文件和多次的人工审核，而通过电子商务平台，图书馆可以在线浏览和筛选书籍，直接进行订单处理。这不仅节省了时间和人力成本，还减少了人为错误的发生。同时，许多平台还提供了实时的库存更新和书籍信息，使得图书馆能够获得最新的资源动态，迅速响应变化着的需求。

电子商务平台还为图书馆提供了数据分析工具，这些工具能够帮助馆员更好地了解读者的需求和市场趋势。通过分析图书借阅数据和用户反馈，图书馆可以获得关于资源使用的宝贵洞察。例如，某些书籍的借阅率异常高，可能表明该领域的读者需求在增加，图书馆可以根据这些数据调整采购计划，以便更好地满足读者的需求。

信息技术在公共图书馆智慧采购中的应用，还包括智能推荐系统。许多电子商务平台集成了智能推荐算法,能够根据用户的历史购买记录和借阅情况,自动推荐相关的书籍。这种个性化的推荐不仅提升了图书馆的服务质量,也使得读者能够更容易找到感兴趣的书籍,进一步促进了阅读的积极性。

(二)API 接口与采购系统的对接

现代电子商务平台通常提供应用程序编程接口(API),允许图书馆将其内部采购系统与平台无缝对接,从而优化采购流程,提高操作效率。API 接口的集成为公共图书馆提供了极大的便利,使得采购流程可以实现高度自动化。传统的采购过程往往需要图书馆工作人员手动输入数据、处理订单和进行支付,容易出现错误。而通过 API 接口,图书馆的采购系统可以直接与电子商务平台进行实时数据交换,自动化处理从下单到支付的所有环节。API 接口的应用使得订单处理变得更加高效。在图书馆需要采购图书时,采购系统可以通过 API 接口直接将订单信息传输给电子商务平台。系统能够实时获取图书的库存信息、价格和预计到货时间,这样一来,图书馆就可以准确地掌握订单状态。这种实时数据传输不仅加快了订单处理速度,还降低了因信息滞后或错误导致的采购过程中的问题。

API 接口在支付环节中的作用同样显著。通过与电子商务平台的对接,图书馆可以实现在线支付的自动化。采购系统能够直接通过 API 接口与支付系统进行交互,自动完成支付操作。这种无缝对接减少了手动输入支付信息的需求,降低了因操作失误导致的支付错误。同时,系统可以实时确认支付状态,确保采购过程的顺利进行。

库存管理也是 API 接口应用的一个重要方面。当图书馆完成采购后,电子商务平台的库存信息可以通过 API 接口自动更新到图书馆的系统中。这种实时的库存更新不仅帮助图书馆保持准确的库存记录,还能够为未来的采购决策提供有力的数据支持。如果某一书籍的库存出现短缺,系统可以自动生成补货订单,确保图书馆的馆藏始终保持在最佳状态。

API 接口还能够实现更高效的数据分析和报告生成。通过集成的 API 接口,图书馆可以自动收集和分析采购数据,包括订单数量、采购成本、供应商表现等。这些数据可以用来生成详尽的报告,为图书馆的管理层提供决策支持,提升资源管理的科学性和精准性。

(三)价格透明与比价功能

电子商务平台的兴起后图书馆能够充分利用电子商务平台,提高资源利用效率,并有效节约成本。

电子商务平台提供的价格透明功能是现代智慧采购的重要组成部分。传统的采购方式常常涉及价格谈判和信息不对称，图书馆在选择供应商时，可能难以获得全面的价格信息。而电子商务平台通过在线展示各类图书的详细价格，使图书馆能够轻松获取并比较不同供应商的报价。平台上的价格信息通常是实时更新的，确保了数据的准确性和时效性。这种透明的价格展示使得图书馆能够直观地了解市场行情，避免了因信息不对称而导致的采购成本上升。

电子商务平台的比价功能进一步增强了采购决策的科学性。图书馆可以通过平台提供的比价工具，快速比较不同供应商的价格、优惠政策以及运输费用。这种功能帮助图书馆识别出最具性价比的采购方案，从而选择价格合理、质量可靠的图书。图书馆不仅能够在预算范围内最大限度地满足采购需求，还能有效地控制采购成本。此外，许多平台还提供了价格趋势图表，帮助图书馆了解某一书籍在不同时间段的价格变化，这对于制订长期采购策略和预算规划非常有帮助。信息技术的应用还使得比价过程更加便捷和高效。图书馆可以通过设置筛选条件，快速找到符合需求的图书，并通过平台提供的自动比价功能，实时获得不同供应商的报价。这种自动化的比价过程减少了人工操作的复杂性，避免了传统比价方法中的遗漏和错误。系统还能够生成详细的比价报告，图书馆管理人员可以根据报告中的数据，做出更加科学的采购决策。电子商务平台通常提供用户评价和评分系统，图书馆在进行价格比较时，还可以参考其他用户的反馈。这些评价和评分不仅包括价格，还涉及书籍的质量和供应商的服务水平。通过综合考虑价格和其他因素，图书馆可以更加全面地评估采购选项，确保所选书籍和供应商符合期望。

二、虚拟现实与增强现实技术

（一）图书封面与内容的 3D 展示

在现代公共图书馆的智慧采购中，虚拟现实（Virtual Reality, VR）和增强现实（Augmented Reality, AR）技术的应用正逐步成为提升采购效率和决策质量的重要工具。特别是在图书封面和内容的三维展示方面，这些技术为采购人员提供了全新的视角，帮助他们更全面地评估书籍的视觉吸引力和设计质量，从而做出更加明智的采购选择。VR 技术允许采购人员在虚拟三维空间中详细查看图书的封面和内容布局。通过配备 VR 设备，采购人员可以"进入"到一个虚拟图书馆环境中，模拟浏览和翻阅书籍的过程。

这种沉浸式体验使得他们能够从不同角度观察图书的封面设计和内页布局，感受书籍的整体设计风格和视觉效果。对于那些图像丰富的书籍、艺术画册或儿童读物，VR技术尤为重要，因为这些书籍的吸引力往往取决于其视觉表现和设计细节。通过VR技术，采购人员可以更好地评估这些细节，从而判断其是否符合读者的需求和图书馆的收藏标准。

AR技术提供了另一种有效的三维展示方式。通过AR应用程序，采购人员可以使用智能手机或平板电脑扫描书籍的封面或相关图像，实时查看增强现实中的三维效果。这种技术能够将书籍的封面和内容通过虚拟层叠加在实际环境中，使得采购人员能够在真实环境中直观地看到图书的三维效果。AR技术不仅可以展示书籍的外观，还可以通过互动功能展示书籍的内页内容，例如翻动虚拟书页或查看内容的细节。这种实时的三维展示有助于采购人员更准确地评估书籍的设计质量和内容布局，从而做出更合适的采购决定。

VR和AR技术还能够帮助采购人员在选择书籍时进行更有效的比较。在面对多种设计风格和内容布局的书籍时，采购人员可以利用这些技术对比不同书籍的视觉效果和设计特点。这种对比不仅提高了采购的准确性，还减少了由于传统的平面展示方式可能产生的误解或信息缺失。通过虚拟环境中的直观对比，采购人员能够更清晰地识别出哪些书籍更符合馆藏需求和读者期望。

（二）互动式选购决策

虚拟现实和增强现实技术是公共图书馆在智慧采购中引入的一种全新的互动式选购体验。这种技术不仅提升了采购人员的决策效率，还增加了采购过程的趣味性和动态性。通过在虚拟环境中与书籍内容进行互动，采购人员能够更全面地了解图书信息，做出更准确的采购决策。VR和AR技术的互动功能为采购人员提供了更加直观和沉浸式的选购体验。在虚拟现实环境中，采购人员可以通过点击或手势操作与图书进行互动。例如，他们可以在虚拟书架上选择感兴趣的图书，并通过手势翻动虚拟书页来查看书籍的内页内容。这种互动方式不仅让采购人员能够更好地评估书籍的质量，还能够在虚拟环境中模拟实际的阅读体验。这种沉浸式的互动方式可以帮助采购人员深入了解书籍的设计细节和内容。

AR技术提供了与图书内容互动的另一种方式。采购人员可以使用AR应用程序扫描图书的封面或相关图像，立即获得增强现实中的详细信息。这种信息可以包括书籍的详细介绍、作者背景、读者评价等。此外，AR技术还可以展示与书籍相关的多媒体内容，如视频介绍或作者访谈，为采购人员提供更丰富的背景信息。这种即时的信息获取功能使采购人员在做出决策时拥有更多的参考依据，进一步提升了采购的科学性和准确性。

互动式选购决策还包括在虚拟环境中直接完成采购下单的功能。在一些先进的VR平台中，采购人员可以通过虚拟商店的界面浏览图书、选择所需的书籍，并完成在线支付。这种无缝对接的采购流程简化了传统的订单处理步骤，使得采购人员能够在同一虚拟环境中完成所有的采购操作。这不仅提高了效率，还减少了由于信息传递不畅导致的错误和延误。

互动功能还能够增强采购人员对书籍的评估能力。例如，许多VR和AR平台提供了读者评价和评分系统，采购人员可以在虚拟环境中查看其他读者的反馈，了解书籍的受欢迎程度和读者评价。这些评价不仅包括书籍的内容质量，还涉及书籍的外观设计和用户体验。通过综合考虑这些评价，采购人员能够更好地判断书籍的市场接受度和潜在价值。

（三）减少物理样本需求

在公共图书馆的采购流程中，传统上需要大量的物理样本来评估图书的质量和适用性，这不仅占用了宝贵的空间和时间，也带来了额外的物流成本。然而，随着虚拟现实和增强现实技术的应用，这一需求显著减少，为图书馆的智慧采购带来了诸多优势。VR和AR技术通过提供虚拟样本，使采购人员能够在数字环境中全面评估图书的外观和内容。这些虚拟样本能够准确模拟图书的封面设计、内页排版以及其他视觉元素。采购人员可以"进入"一个虚拟的图书馆环境，在三维空间中查看和浏览图书。这种沉浸式体验使他们能够从不同的角度观察图书的设计细节和布局，而无须实际处理大量的物理样本。这不仅节省了空间，还大幅度减少了因运输和存储实物样本所带来的额外成本。AR技术进一步提高了样本评估的便利性。采购人员可以使用智能手机或平板电脑扫描图书的封面或相关图像，实时查看增强现实中的虚拟样本。这种虚拟样本展示可以包括书籍的详细介绍、内页内容以及其他相关信息。AR技术允许采购人员在实际环境中与虚拟样本进行互动，例如查看书籍的不同部分或获取更多的细节信息。这种实时、互动的展示方式使得评估过程更加高效和准确，从而减少了对物理样本的依赖。

虚拟样本的使用还能够加快采购决策的速度。传统的采购流程中，图书馆通常需要等待样本的到达、审核和处理，这一过程可能耗费数周甚至数月的时间。而通过虚拟样本，采购人员可以即时获取图书的全面信息，快速做出决策。这种高效的决策过程不仅缩短了采购周期，还提高了资源的配置效率，使图书馆能够更快速地响应读者需求和市场变化。虚拟样本还提供了更大的灵活性和适应性。采购人员可以在不同的时间和地点访问虚拟样本，无须受到物理样本的限制。这种灵活性在处理大量图书或在不同供应商之间进行比较时特别适用。通过虚拟样本，图书馆可以轻松管理和比较不同书籍的设计和内容，优化采购决策过程。

（四）提升采购决策的精准性

在公共图书馆的智慧采购中，虚拟现实和增强现实技术的应用显著提升了采购决策的精准性。这些技术通过提供更全面、细致的图书展示和沉浸式体验，帮助采购人员在短时间内深入了解书籍的各个方面，减少了因信息不足而可能导致的采购错误，从而提高了图书馆的资源利用率和管理效率。

VR技术提供了一种身临其境的体验，使采购人员能够在虚拟环境中全面查看图书的封面设计、排版布局和内页内容。通过VR设备，采购人员可以"进入"一个模拟的图书馆或书店，直观地进行浏览和互动。这种虚拟体验让他们能够从多个角度观察图书的外观和内容，评估其视觉吸引力和设计质量。对于艺术画册或儿童读物，这种细致的三维展示尤为重要，因为这些书籍的价值往往依赖于其视觉效果和设计细节。通过虚拟现实技术，采购人员可以更准确地判断这些细节是否符合图书馆的需求和标准，从而做出更明智的采购决定。

AR技术进一步提升了采购决策的精准性。这种信息不仅包括书籍的基本介绍，还可能涵盖作者背景、读者评价、内容概要等。

通过VR和AR技术，采购人员还可以进行模拟对比，进一步提高决策的精准性。虚拟环境中的对比工具使得采购人员能够同时查看多本书籍的虚拟样本，从而轻松比较其设计和内容。这种对比功能帮助采购人员识别出最符合馆藏标准和读者需求的书籍。这种功能不仅提高了决策的科学性，还减少了传统方法中可能出现的遗漏或偏差。这些技术还能够帮助采购人员在采购前进行全面的市场调研。例如，采购人员可以通过虚拟平台访问大量书籍的虚拟样本，获取广泛的信息，了解市场趋势和读者需求。这种全面的信息获取有助于采购人员做出更加准确的采购预测和决策，提升图书馆资源的适应性和前瞻性。

三、智能预算管理

(一) 智能化预算分配

在现代公共图书馆的智慧采购过程中，智能化预算分配工具的应用极大地提高了资源管理的效率和精准性。这些工具通过自动化的预算分配机制，帮助图书馆根据采购项目的重要性和优先级，优化资金使用，从而使资源的利用率最大化并满足读者的需求。智能预算管理工具利用数据分析和算法，根据读者的借阅需求和图书的受欢迎程度来进行预算分配。这些工具通过分析历史借阅数据、读者反馈和市场趋势，识别出哪些图书类别或书籍的需求较高。例如，如果某类书籍在过去的一段时间内借阅频率较高或有显著的增长趋势，系统会自动分配更多的预算用于采购这类书籍。这样，图书馆能够优先满足读者对热门书籍的需求，提高馆藏的相关性和利用率。

智能预算工具还可以根据图书的受欢迎程度和市场热度，自动调整预算。例如，新出版的畅销书或被广泛讨论的书籍通常会受到较高的关注和需求。系统通过实时监测图书的市场反馈和读者兴趣，自动增加这些书籍的采购预算。这种动态调整机制不仅确保了图书馆能够迅速引入最新和最受欢迎的图书，还能够及时响应市场变化，保持馆藏的时效性和吸引力。对于需求较低的图书类别，智能预算工具则会相应减少预算分配。系统会识别出借阅频率较低的书籍或不再受到读者关注的类别，自动调整其预算分配。这种预算优化机制避免了资源的浪费，将有限的资金集中用于满足更高需求的领域，从而提高整体预算的使用效率。

智能预算管理工具还可以提供详细的预算分析和报告功能，帮助图书馆管理人员更好地了解资金使用情况和采购效果。通过可视化的报表和分析图表，管理人员能够直观地看到不同图书类别的预算分配和实际采购情况，及时发现并调整预算策略。这种透明化的管理方式不仅增强了预算的科学性，还提高了决策的依据和准确性。

智能预算工具还可以与图书馆的其他系统进行集成，例如采购系统和库存管理系统，实现全流程的智能化管理。通过这种集成，预算分配、采购决策和库存调整可以实现无缝对接，提高工作效率，减少人为干预和操作错误。

(二) 资源浪费预警

资源浪费预警功能通过设定预警阈值和监控指标，对采购项目进行动态跟踪。系统会实时分析图书的库存数据、借阅记录和预算使用情况。当某些图书类别的支出超出预期或库存量异常时，系统会自动发出警报。例如，如果某种类型的图书库存过多且借阅频率较低，系统会检测到这一情况，并自动提醒采购人员减少该类图书的采购。这种预警机制使得图书馆能够及时调整采购策略，避免由于过度采购而导致的资源浪费。智能预算管理工具能够识别出潜在的资源浪费风险，并提出相应的优化建议。通过对历史数据和趋势进行分析，系统可以预测未来可能出现的浪费情况，并提前发出预警。例如，系统可以基于图书的借阅趋势和读者需求变化，预判某些图书类别的未来需求。如果系统检测到某类图书的借阅需求持续下降，且库存量过剩，它会发出警告，建议减少该类别的采购预算。这种预测性预警帮助图书馆在采购决策前识别潜在问题，从而采取相应措施进行调整。

资源浪费预警功能还包括对预算使用的实时监控。系统可以跟踪和记录每个采购项目的预算支出情况，并与预设的预算上限进行对比。当系统检测到某些采购项目的支出超过预算预期时，它会立即发出预警，提醒采购人员进行审查和调整。这种实时监控机制不仅提高了预算管理的透明度，还能帮助图书馆控制支出，确保资金的有效使用。

智能预算管理工具还可以生成详细的分析报告，帮助图书馆管理人员了解资源浪费的具体情况。通过可视化的报表和数据图表，管理人员能够清晰地看到不同图书类别的采购支出和库存情况，识别出资源浪费的根本原因。这种数据驱动的分析不仅提供了直观的决策依据，还支持制订有针对性的改进措施。例如，报告可能显示某些图书类别的采购频率过高，导致库存积压，管理人员可以根据这些信息调整采购计划。

（三）预算使用历史记录与分析

云计算技术为图书馆提供了强大的数据存储和处理能力。云平台能够处理海量的采购数据，包括历史预算记录、支出情况和库存数据等。图书馆可以将所有相关的数据集中存储在云端，确保数据的安全性和可访问性。通过云计算，采购人员可以随时访问和更新这些数据，无论是在图书馆内部还是通过远程连接，极大地提高了数据管理的灵活性和效率。智能预算管理工具能够利用这些存储的数据进行深入分析，生成详细的报告和图表。通过对历史预算记录的分析，系统可以识别出资金流向的趋势，帮助采购人员了解预算的使用模式。例如，报告可以显示某些图书类别的预算支出占比，或者识别出预算使用的高峰期和低谷期。这种分析不仅揭示了过去预算使用的具体情况，还帮助采购人员发现潜在的优化机会，例如调整资金分配策略或改进采购计划。

数据可视化是智能预算管理工具的重要功能之一。通过生成各种图表和图形，例如柱状图、饼图和折线图，系统将复杂的预算数据以更直观的方式呈现给采购人员。这种可视化的报告使得预算使用情况一目了然，采购人员能够快速识别出预算支出的主要领域和结构。比如，饼图可以显示不同图书类别的预算占比，折线图可以展示预算支出的变化趋势。这种视觉化的呈现方式增强了数据的可读性和可理解性，使得采购人员能够更好地进行数据驱动的决策。

智能预算管理工具还能提供预测分析功能。通过分析历史数据，系统可以对未来的预算需求进行预测。例如，基于过去的借阅数据和图书采购记录，系统可以预测未来某类图书的需求增长或减少。这些预测信息帮助图书馆制订更合理的预算规划和采购策略，从而提高资源配置的精准性和灵活性。

预算使用历史记录与分析还可以支持内部审计和财务审查。详细的历史记录和分析报告为审计人员提供了清晰的资金流向和支出结构，有助于识别潜在的财务问题或异常情况。通过这些数据，审计人员可以检查预算执行的合规性和效率，确保资金的合理使用和管理。

四、电子图书与数字资源采购

（一）灵活采购调整

随着信息技术的不断发展，公共图书馆在电子图书和数字资源的采购上展现出了前所未有的灵活性和效率。相比于纸质书籍的固定采购模式，电子图书和数字资源的采购具备了动态调整的优势，使图书馆能够更好地满足读者的需求。信息技术的应用使图书馆能够实时跟踪和分析读者的需求。通过使用先进的用户数据分析工具，图书馆可以收集读者的借阅记录、搜索历史以及借阅偏好等信息。这些数据不仅可以帮助图书馆了解哪些电子书或数字资源受到了读者的青睐，还能预测未来的需求趋势。例如，如果某一类电子书在短时间内的借阅量急剧增加，系统会自动识别这一趋势并提示图书馆管理员进行采购调整。这样，图书馆可以迅速采购更多相关资源，以满足读者的需求，从而提升服务质量。

信息技术还使得电子图书和数字资源的采购流程更加高效。通过使用数字资源管理平台，图书馆可以直接在线浏览、比较和采购各种电子书和数字资源。这些平台通常提供详细的资源信息，包括书籍内容、作者背景、用户评价等，有助于图书馆管理员做出更加准确的采购决策。此外，这些平台还支持自动更新和订阅管理，使得图书馆可以随时调整订阅数量和内容，以应对读者需求的变化。例如，当某些资源的使用频率增加时，图书馆可以通过平台迅速增加订阅数量，避免资源短缺的问题。信息技术还使得图书馆在采购过程中能够灵活应对资源的浪费问题。传统的纸质书籍采购往往涉及大量的库存管理和空间占用，导致一些不受欢迎的书籍可能被闲置。而电子图书和数字资源的采购则不受这些限制。通过数字资源的使用情况监控工具，图书馆可以实时了解资源的使用频率和借阅情况，避免浪费。如果某些资源的使用频率低，图书馆可以选择减少订阅或暂停购买，从而优化资源配置。

（二）多样化需求的满足

通过信息技术的应用，公共图书馆能够更灵活地响应多样化的读者需求，从而提升服务质量和读者满意度。信息技术使图书馆能够利用数据分析技术来深入了解不同读者群体的需求和偏好。通过分析借阅记录、在线搜索行为、用户反馈和其他相关数据，图书馆可以识别出不同年龄段和兴趣群体的具体需求。例如，青少年读者可能对新兴的数字游戏和互动小说感兴趣，而成年人则可能更倾向于专业期刊和多媒体资源。图书馆利用这些数据分析结果，可以有针对性地采购电子书、期刊、数据库和其他数字资源，确保馆藏内容能够覆盖各种读者的需求。这种基于数据驱动的采购策略，有助于提高资源的相关性和使用率，从而提升读者的满意度。

信息技术的应用使得图书馆能够在采购过程中进行个性化推荐和动态调整。现代图书馆系统通常配备的有智能推荐算法，这些算法可以根据读者的历史借阅记录和行为数据，向他们推荐可能感兴趣的数字资源。这不仅能帮助读者发现新书和资源，还促进了馆藏资源的利用。例如，如果系统检测到某一读者频繁借阅有关健康和营养的书籍，它就会自动推荐相关的电子期刊或数据库，进一步满足该读者的需求。这种个性化的服务方式使得图书馆的资源配置更加精准，能够更好地满足读者的多样化需求。

信息技术还支持图书馆在资源采购中的灵活调整和优化。数字资源的采购通常涉及订阅和按需购买两种方式。通过实时监控和分析资源的使用情况，图书馆可以动态调整订阅数量或购买计划。例如，如果某一类电子期刊在某段时间内的阅读量激增，图书馆可以迅速增加订阅数量，确保读者可以持续访问所需内容。相反，对于使用频率较低的资源，图书馆可以选择减少订阅或暂停采购，以优化资源配置并节省预算。

五、采购流程的自动化

（一）自动化合同签订

信息技术，特别是自动化平台，正在改变图书馆与供应商之间合同管理的传统方式，使得合同的生成、审批和签署过程更加高效、准确和便捷。自动化合同管理系统可以基于预设的模板和条件，自动生成合同文本。这些系统通常内置了各种合同模板，涵盖了不同类型的采购需求和供应商关系。图书馆只需输入相关信息，例如采购项目的详细描述、价格条款、交付条件等，系统便能够自动填充合同模板，生成符合要求的合同文档。这个过程大大减少了手动编写合同所需的时间和精力，同时降低了因人工操作而产生的错误风险。例如，如果图书馆需要采购大量电子书，系统可以自动生成包含所有必要条款的合同，确保所有细节都准确无误。

自动化平台支持在线审批和签署合同，简化了合同管理的流程。在传统的合同签订过程中，图书馆通常需要面对面交流或依赖纸质文书，这不仅效率低下，还容易导致延误和沟通障碍。借助自动化合同管理系统，合同可以通过电子方式提交给相关部门进行审阅和批准。审批人员可以在系统中直接查看合同内容，提出修改建议或批准合同，无须纸质文档或现场签字。这种在线审批功能不仅加快了合同处理的速度，还方便了不同部门之间的协作，提高了整个流程的透明度和可追溯性。自动化合同签订系统还提供了电子签名功能，使得合同的签署过程更加便捷和安全。电子签名不仅可以实现远程签署，还能提供签署过程的完整记录，确保合同的合法性和合规性。系统通常会生成签署日志，记录每一步的操作和时间，方便后续的审计和查询。这种电子签名的使用，不仅减少了对纸质文档的依赖，还提高了签署过程的安全性，防止了合同篡改或伪造的风险。

（二）自动化订单处理与付款

借助现代信息技术，图书馆能够实现合同签订后订单处理和付款环节的自动化，从而简化流程、减少错误，并提高整体工作效率。自动化订单处理系统能够根据合同条款自动生成订单。这一系统通常集成了合同管理平台和采购系统，能够实时提取合同中的关键信息，例如采购商品的种类、数量、价格和交付时间。基于这些信息，系统会自动生成符合合同规定的订单，并将订单信息发送给供应商。这个过程省去了手动输入订单的繁琐步骤，同时减少了因人为操作导致的错误。例如，如果图书馆与供应商签订了采购电子书的合同,系统可以自动生成包含所有订购细节的订单,并及时发送给供应商,确保采购流程的顺畅进行。

自动化系统能够与图书馆的财务系统对接,自动处理付款事宜。这种系统通常包括发票验证、付款安排和财务记录等功能。发票验证是自动化付款流程中的一个重要环节,系统可以根据合同条款和实际订单,自动对供应商提交的发票进行验证,确保发票金额与合同和订单一致。通过对接财务系统,系统可以自动安排付款,包括生成付款申请、安排银行转账等操作。这种自动化处理不仅加快了付款的速度,还减少了由于人工处理可能出现的错误,如付款金额错误或延迟付款。自动化订单处理与付款系统通常还提供了实时跟踪和报告功能。图书馆可以通过系统实时跟踪订单的状态,包括订单的生成、发送、处理和交付情况。财务系统则可以提供详细的付款记录和报告,方便审计和财务管理。这些功能不仅提高了透明度,还能帮助图书馆及时解决可能出现的问题,如订单延误或付款异常。

(三)自动化交付与库存管理

自动化平台为图书馆提供了高效、准确的解决方案,帮助其优化资源管理,提高运营效率。自动化平台能够实时跟踪订单的交付状态。通过与供应商的系统对接,图书馆可以实时获取订单的运输进度和预计到达时间。这种实时跟踪功能允许图书馆及时了解资源的运输状况,并在资源到达前作好相应的准备工作。例如,图书馆可以提前安排接收人员和存储空间,确保资源到达时能够迅速进行处理。此外,系统还可以生成自动通知,提醒相关人员关注即将到达的资源,避免因信息滞后导致的管理混乱。

当新购入的资源到达图书馆后,自动化系统可以自动核对资源的数量和质量。这一过程通常通过扫描条形码或二维码来完成,系统可以与采购订单中的数据进行比对,确保实际到货的资源符合订单要求。如果发现任何差异,如数量不足或质量不达标,系统会自动生成警报,提醒管理人员处理。这样不仅提高了验收过程的准确性,还减少了人工检查带来的误差。一旦资源通过了核对,自动化系统会将新资源自动添加到馆藏目录中。图书馆的馆藏管理系统能够根据预设的分类规则和目录标准,将新资源录入系统,并更新在线馆藏数据库。这种自动化处理不仅节省了人工录入的时间,还确保了馆藏目录的准确性和时效性。读者可以立即在图书馆的在线系统中查看新资源,提升了馆藏的可及性和使用效率。在库存管理方面,自动化平台提供了实时的库存监控和管理功能。系统可以持续监控馆藏资源的使用情况,当系统检测到某一类资源的库存水平低于设定的阈值时,它会自动发出补货通知,或根据历史数据自动生成采购订单,向供应商发起补货请求。这种自动化的库存管理确保了图书馆资源的持续供应,避免了因资源短缺导致的服务中断。

(四)简化审批流程

传统的审批流程通常涉及多个部门和层级,涉及烦琐的手动操作和多次文档传递。然而,通过引入自动化平台,图书馆可以将审批流程整合到一个系统中,利用自动化审批规则来简化流程,提高审批效率,并确保每个采购项目的合规性和合理性。自动化平台能够将整个审批流程整合到一个统一的系统中。传统的审批流程可能需要经过采购部门、财务部门、管理层等多个部门的逐级审核,这种多层级的流程往往导致审批周期长、信息传递滞后。自动化平台可以将所有审批环节集中到一个系统中,实现信息的即时传递和处理。系统通过设定的审批规则,自动将采购请求转发给相关审批人员,避免了纸质文件和邮件来回传递,显著提高了审批的速度和效率。

自动化平台可以根据预设的审批规则自动处理采购项目。系统可以根据采购金额、项目类型、预算范围等设定审批条件。当采购项目符合这些条件时,系统会自动通过审批,无须人工干预。例如,如果一项采购请求的金额在预算范围内,系统会自动批准该请求,并生成相关的采购订单。如果请求超出了预算范围或不符合其他审批条件,系统会标记该项目,并将其标记为需要人工复核。这样,自动化审批不仅减少了人工操作的复杂性,还保证了符合条件的项目能够迅速通过审批,避免了因流程烦琐导致的审批延迟。

自动化审批系统能够提供实时的审批状态跟踪和报告功能。审批人员可以通过系统实时查看当前采购项目的审批状态,了解每个环节的进展情况。系统还会生成详细的审批记录和报告,帮助图书馆管理层进行审计和分析。这种透明的审批过程不仅提高了管理的可控性,还帮助图书馆及时发现和解决审批过程中可能存在的问题,如审批延迟或流程瓶颈。

第二节 大数据分析在图书馆采购中的作用

一、跟踪新书发布和流行趋势

通过监测书籍的销售数据、读者的在线评价以及社交媒体上的讨论,图书馆能够精准把握市场动态和读者兴趣,确保馆藏资源始终保持与市场潮流同步。大数据分析可以通过监测书籍的销售数据来了解畅销书的市场表现。分析各种书籍在不同平台上的销售情况,图书馆可以识别出哪些书籍在市场上表现突出,获得了广泛的关注和好评。这种信息可以帮助图书馆在新书采购中优先考虑这些畅销书,确保图书馆能够为读者提供最新、最受欢迎的书籍。这样,图书馆不仅能提高馆藏资源的吸引力,还能增强读者的满意度和使用频率。

大数据分析还可以通过在线评价来评估书籍的受欢迎程度和质量。分析各大书评网站和在线书店中的读者评论,可以提供有关书籍内容质量和读者反馈的宝贵信息。图书馆可以根据这些评价来筛选出高质量和高评价的书籍进行采购,从而提升馆藏的整体质量。

同时,分析读者的评价趋势还可以帮助图书馆发现潜在的图书资源需求,并根据这些需求调整采购策略。社交媒体上的讨论也是大数据分析中的重要信息来源。通过监测社交媒体平台上的讨论话题和用户生成内容,图书馆可以了解哪些书籍或作者正在引发广泛关注。社交媒体的数据可以反映出读者的兴趣变化和流行趋势,从而帮助图书馆预测未来的需求。例如,如果某一作者的新书在社交媒体上引发了大量讨论和积极评价,图书馆可以考虑在采购计划中优先引入这位作者的新作品。大数据分析还可以帮助图书馆预测未来的流行趋势。通过对历史借阅数据、销售数据和社交媒体讨论的综合分析,图书馆可以识别出当前和未来的热门主题和领域。这种趋势预测能力使图书馆能够提前安排新书采购和资源更新,确保馆藏能够及时反映读者的最新兴趣和市场需求。例如,如果数据分析显示科幻小说或自我提升书籍的需求在增长,图书馆可以增加这些领域的书籍数量。

二、评估图书市场动态

通过深入分析不同书籍类别和主题的销售情况,以及市场需求的变化,图书馆能够做出更加科学和合理的采购决策,从而提高馆藏资源的使用效率和读者满意度。大数据分析可以提供详细的销售数据和市场需求信息。通过监测各类书籍在不同销售平台的表现,图书馆能够了解到哪些类别和主题的书籍在市场上最受欢迎。例如,分析历史销售数据和当前市场趋势可以揭示哪些书籍类别(如科技、文学、历史等)正在经历销量增长,以及哪些特定主题(如心理学、自我提升、小说等)正受到读者的关注。图书馆可以基于这些数据来调整采购策略,将更多的资源投入需求高的书籍类别和主题中，从而更好地满足读者的需求。

通过分析市场数据，图书馆能够更准确地了解各类书籍的销售周期。这种分析有助于识别图书的生命周期和市场趋势的变化。例如，一些书籍在发布初期可能会有很高的销量，但随着时间的推移，其市场需求量可能会减少。图书馆可以预测这些变化，从而在采购时避免长时间库存积压。图书馆还可以利用这些数据来制订更合理的采购计划，确保新书的采购与市场需求保持同步，减少过期书籍的风险。

大数据分析还能帮助图书馆优化库存管理。通过对销售数据和市场需求的综合分析，图书馆可以动态调整库存水平。例如，对于那些销售稳定且需求持续增长的书籍，图书馆可以增加库存以确保读者能够随时借阅。相反，对于那些销售缓慢或需求下降的书籍，图书馆可以减少采购量或考虑淘汰这些书籍。这种基于数据的库存优化策略不仅能有效减少库存积压，还能提升资源利用效率。

大数据分析还可以帮助图书馆识别市场中的新兴趋势和潜在需求。通过分析社交媒体讨论、读者评价和市场调查数据，图书馆可以发现新兴的书籍类别和主题，这些可能是传统数据中尚未显现的趋势。通过及时调整采购策略，图书馆能够把握市场机会，引入新书籍以吸引更多读者，并维持馆藏的现代性和相关性。

第三节 物联网技术与公共图书馆采购

一、自动化库存盘点

（一）自动化库存盘点

1. 射频识别技术（Radio Frequency Identification，RFID）

通过在书籍上嵌入RFID标签，图书馆能够实现更加高效、准确的库存管理和流通控制。RFID标签是一种嵌入了无线射频识别技术的小型芯片，它可以存储书籍的唯一识别信息，包括书名、作者、ISBN号码等。每个RFID标签都有一个独特的编码，这使得图书馆能够对每本书进行精准标识和追踪。与传统的条形码系统不同，RFID技术允许图书馆在无须逐本人工扫描的情况下，快速读取库存信息，这显著提高了管理效率和准确性。RFID技术极大地简化了盘点过程。传统的库存盘点需要逐本手动扫描条形码，这不仅耗时长，而且容易出错。利用RFID读写器，图书馆可以在短时间内一次性读取大量书籍的RFID标签，实现快速、全面的库存盘点。例如，在进行库存盘点时，RFID读写器能够通过无线射频与书籍上的RFID标签进行通信，迅速获取库存信息并更新到系统中。这种自动化的盘点方式不仅提高了盘点速度，还减少了人工干预的可能性，降低了误差率。

RFID技术在图书馆的另一个重要应用是流通管理。图书馆可以利用RFID系统跟踪书籍的借还情况，确保图书的安全和及时归还。借书和还书过程中的RFID读写器可以自动识别书籍的RFID标签，并将信息传输到图书馆的管理系统中，实现自动化记录。这种方式减少了人工操作，提高了借还书过程的效率，并且降低了书籍丢失的风险。RFID技术还可以改善图书馆的自助服务系统。通过自助借还书机和自助服务终端，读者可以在无须图书馆员协助的情况下，使用RFID技术进行书籍的借还操作。这种自助服务不仅提升了读者的使用体验，还减轻了图书馆员的工作负担。

RFID技术还对图书馆的采购流程产生了积极影响。通过集成RFID技术，图书馆可以更精确地掌握每本书的库存状况和流通情况，提供更加准确的采购数据和需求预测。这使得图书馆能够根据实际使用情况进行更为合理的采购决策，避免库存过剩或短缺，从而优化资源配置和采购预算。

2. 无线传感器

无线传感器能够实时监控图书馆内的库存状态，包括书籍的位置和存储环境（如温度和湿度），并将这些数据通过网络传输到中央系统，从而实现自动化的数据更新和管理。这种技术的应用提升了图书馆的管理效率和资源利用效果。无线传感器在库存状态监控方面的作用非常显著。图书馆内的无线传感器可以安装在书架上、书籍上或其他关键位置，以实时跟踪书籍的移动和位置。通过无线网络，这些传感器将书籍的位置信息传输到中央系统，使图书馆管理人员能够实时获取库存状态。这种实时监控的能力可以有效减少书籍丢失或误放的情况，提升图书馆的管理效率。

无线传感器还能够监测图书馆内的存储环境，如温度和湿度。这对于图书的保护尤为重要，因为图书的质量和寿命往往受到环境因素的影响。例如，过高的温度和湿度可能导致书籍的纸张变黄、发霉或受损，从而影响书籍的保存和使用。通过在图书馆内安装环境传感器，图书馆能够实时监测和记录存储环境的变化。传感器数据会通过无线网络传输到中央系统，系统可以自动生成报告并发出警报，以便管理人员及时采取措施调整环境条件，如调节空调或加湿器，确保图书的长期保存。无线传感器的自动数据更新功能极大地提高了库存管理的准确性和效率。传统的库存管理方法往往需要人工盘点，容易出现遗漏或错误。而无线传感器能够自动收集和传输数据，系统可以实时更新库存信息。这种自动化的数据更新减少了人工操作的复杂性，提升了数据的准确性和及时性，从而帮助图书馆更好地管理馆藏资源，优化采购决策。

无线传感器的应用还能够支持图书馆的智能化管理。例如，通过分析传感器收集到的环境数据和库存信息，图书馆可以识别出存储条件不佳的区域，并进行改进。这种基于数据的管理方法可以帮助图书馆优化空间利用，减少资源浪费，并提高运营效率。

3. 自动化检查

通过在书架上安装RFID读写器，图书馆能够实现自动化的库存检查，减少人工干预，简化管理流程。这种技术不仅提高了库存盘点的速度和准确性，还优化了图书馆的资源管理。RFID技术在库存检查中的应用主要依赖于RFID读写器。RFID读写器能够读取附着在书籍上的RFID标签，这些标签包含了每本书的唯一识别信息。与传统的条形码扫描不同，RFID技术无须逐本扫描，能够通过无线射频技术同时读取多个标签。通过将RFID读写器安装在书架上，图书馆可以实现书架上书籍的自动化扫描，实时监控库存状态。自动化检查的流程通常包括几个关键步骤。RFID读写器会定期对书架上的书籍进行扫描。系统会自动读取每本书的RFID标签信息，并与图书馆的库存数据库进行比对。这种定期扫描的方式确保了库存信息的实时更新，及时发现书籍的遗漏或错放。扫描结果会生成详细的报告，报告中包括缺失书籍的列表、错放的书籍位置以及其他异常信息。

通过这种自动化检查，图书馆能够显著减少人工操作的需求。RFID读写器的应用减少了人工干预的需要，提高了检查的速度和准确性。自动生成的报告可以帮助图书馆管理人员快速定位问题，进行针对性处理，如调整书籍的位置、补充遗漏的书籍或纠正错放的书籍。自动化检查还给图书馆的运营管理带来了许多额外的好处。RFID读写器的自动扫描功能能够在图书馆营业时间之外进行检查，减少对读者服务的干扰。自动化检查可以帮助图书馆维护一个更为准确和高效的库存管理系统，从而提高馆藏资源的利用率，减少书籍丢失或损坏的风险。RFID技术还可以与其他物联网技术集成，进一步提升库存管理的智能化水平。例如，结合无线传感器，图书馆可以实时监测书籍的存储环境，确保书籍的保存条件符合要求。通过数据分析，图书馆能够识别出库存管理中的潜在问题，并进行相应的优化调整。

（二）减少人工干预和错误

1. 高效准确

传统的库存盘点通常依赖人工扫描条形码，这一过程既耗时又容易出错。馆员需要逐本扫描书籍，并记录其状态，这不仅需要大量的人力资源，还常常因操作失误或遗漏而导致数据不准确。与此不同，RFID技术通过无线射频技术，能够在无须逐本扫描的情况下，快速读取书架上的所有书籍信息。RFID标签附着在每本书上，包含了书籍的唯一识别信息，如书名、作者、ISBN等，通过RFID读写器，图书馆可以在短时间内读取大量书籍的RFID标签，自动完成库存信息的更新。RFID技术的高效性体现在其能够实现自动化的库存盘点。RFID读写器安装在书架上，可以定期对书架上的书籍进行扫描。这种自动化的扫描方式减少了人工干预的需求，使得库存盘点的频率和覆盖范围大幅提高。

准确性是自动化盘点技术的另一大优势。RFID标签具有高精度的识别能力，每个标签的唯一编码确保了书籍的精准识别。通过无线射频技术，RFID读写器能够同时读取多个标签的信息，避免了条形码扫描中可能出现的重复或遗漏现象。系统自动生成的库存报告能够提供详细的书籍信息，包括库存状态、缺失书籍的列表、错放的书籍位置等。这种精准的数据更新和报告生成，使图书馆能够及时发现并纠正库存管理中的问题，如书籍的丢失、错放或损坏，确保图书馆的库存信息始终准确可靠

2. 实时数据更新

物联网技术的核心在于通过传感器和RFID标签，将实际的库存状态实时传输到中央系统。这些技术手段的应用使得图书馆能够不断获取最新的库存信息，而不需要人工干预。这种实时数据更新的能力带来了多个方面的管理优势。

实时数据更新使图书馆管理人员能够即时监控库存状态。传统的库存管理方法通常依赖于周期性的人工盘点，这种方法不仅耗时且容易出现数据滞后。与此不同，物联网技术通过安装在书架上的RFID读写器和其他传感器，能够自动实时收集库存数据，并通过无线网络将数据传输到图书馆的管理系统。图书馆管理人员可以在任何时间、任何地点，通过系统界面查看最新的库存状态，及时了解每本书的借阅情况、存储环境和位置。这种实时监控的能力使得库存管理变得更加高效和精准。

实时数据更新有助于及时发现和解决库存问题。图书馆管理人员可以通过系统获取关于库存短缺、过剩或异常的实时警报。例如，当库存中出现借阅频率突然增加的图书，系统可以自动发出补货提醒，促使图书馆快速响应，避免因图书短缺影响读者

服务。同时，对于那些长时间未被借阅的书籍，系统可以提示减少采购量或进行资源优化。

实时数据更新不仅可以避免因库存不准确而导致的图书短缺或过剩，还能够帮助图书馆进行动态调整。实时数据更新支持更智能的采购决策。通过分析实时更新的数据，图书馆管理人员可以获得关于书籍使用频率、需求变化和库存流动的详细信息。这些数据可以用于预测未来的图书需求，制订更为精准的采购计划。例如，如果某类图书的借阅频率在某一时间段内显著增加，图书馆可以基于实时数据进行采购调整，及时补充相关图书，确保读者能够获取到他们需要的资源。这种数据驱动的采购决策可以有效提高图书馆的运营效率。

实时数据更新还能够增强读者的服务体验。通过对图书借阅数据的实时监控，图书馆能够快速响应读者的需求，提供更为精准的服务。例如，系统可以根据实时数据生成个性化的推荐书单，帮助读者发现他们可能感兴趣的图书。同时，管理人员也可以通过实时监控及时调整馆藏布局，优化书籍的摆放位置，提高图书馆的服务质量。

二、实时数据监控

（一）实时监控图书使用情况

1. 标签与传感器

RFID 标签是一种嵌入在图书中的微型无线芯片，内含唯一的识别信息。这些标签能够通过无线电波与 RFID 读写器进行通信，实现数据的远程传输和更新。在图书馆中，RFID 标签通常贴在书籍的封面或内页上，并与图书馆的管理系统进行集成。每次图书借阅或归还时，RFID 读写器能够快速扫描标签，自动记录图书的借阅状态，并将数据实时传输到中央系统中。这种自动化的记录方式不仅减少了人工操作的复杂性，还提高了数据的准确性和更新速度。

传感器技术在图书馆的应用中也起到了重要作用。除了 RFID 标签，其他类型的传感器，如温湿度传感器、位置传感器等，可以用于实时监测图书的存储环境和位置。温湿度传感器可以确保图书在适宜的环境中保存，防止因环境因素导致的书籍损坏。而位置传感器可以跟踪图书在馆内的实际位置，确保图书的定位信息与系统记录得一致。通过这些传感器，图书馆可以实时获取关于图书的综合数据，进行全面的管理和维护。

每当图书被借出或归还时，RFID 读写器和传感器会自动记录这些操作，并更新图书的状态。例如，在借书时，读写器扫描图书上的RFID标签，自动记录借阅时间和借阅者信息，然后将这些信息传输到图书馆的数据库中。归还时，同样的过程会进行，确保图书状态得到及时更新。系统能够实时反映图书的借阅情况，提供最新的数据支持，这对于库存管理、读者服务和数据分析都是至关重要的。实时数据更新的优势在于它能够快速响应图书馆的运营需求。管理人员可以通过系统随时查看图书的借阅和归还情况，及时发现潜在的问题，如图书丢失、错放等。系统会自动生成借阅报告和库存状态报告，帮助管理人员做出数据驱动的决策。例如，如果某本书的归还时间超出了预定期限，系统会自动提醒管理人员进行后续处理。此外，实时数据还可以用于分析图书借阅趋势，帮助图书馆优化馆藏结构和采购策略。传感器和RFID标签的应用不仅提高了图书馆运营的效率，还增强了读者体验。借阅和归还的自动化处理减少了排队等候的时间，提高了服务的便捷性。同时，准确的库存管理确保了图书馆能够提供丰富而可靠的馆藏资源，满足读者的需求。

2. 数据分析

物联网技术通过RFID标签和传感器的应用，使得图书的借阅和归还过程能够被实时监控和记录。RFID标签内含的唯一标识信息允许系统精确跟踪每本书籍的借阅频率、归还情况及其在图书馆内的流动路径。这些实时数据被收集并传输到中央数据库中，形成一个详尽的借阅记录数据集。图书馆利用这些数据进行深度分析，从中挖掘出关于图书使用情况的有价值信息。通过分析借阅频率，图书馆能够识别哪些书籍在读者中更受欢迎。例如，一本畅销书的借阅次数较多，可以说明它在读者中的需求量大。这类书籍往往代表了当前的阅读趋势和读者兴趣，图书馆可以基于这些数据调整采购策略，增加这类书籍的采购量。反之，对于那些借阅频率较低的书籍，图书馆可以考虑减少采购量，甚至淘汰这些书籍，从而腾出空间和预算用于采购更受欢迎的书籍。

数据分析还能够帮助图书馆进行馆藏优化和资源调整。例如，通过分析不同类别书籍的借阅频率，图书馆可以了解到某些书籍类型或主题在不同时间段的受欢迎程度变化。这些信息可以指导图书馆在不同季节或特别时期进行有针对性的采购。例如，在学术考试季节，图书馆可能需要增加相关学科的参考书籍和辅导书的数量，而在假期时段，可能需要增加娱乐类或轻松读物的供应量。数据分析还可以揭示图书馆馆藏中存在的资源冗余或不足。通过对图书借阅数据的分析，图书馆可以识别出那些长期未被借阅的书籍，这些书籍可能已经不再符合当前读者的兴趣或需求。图书馆可以基于这些数据进行库存调整，减少不受欢迎书籍的采购量，将资源集中于读者更感兴趣的书籍上，提升图书馆资源的利用效率。

物联网技术与数据分析的结合不仅提升了图书馆的运营效率，也增强了读者的服务体验。实时的借阅数据分析使图书馆能够做出快速、准确的决策，确保图书馆的馆藏始终与读者的需求保持一致。这种数据驱动的决策方式不仅优化了采购流程，还提高了资源配置的合理性，有助于图书馆更好地服务社区和读者。

（二）设备状态监控

1. 设备管理

物联网技术通过在设备上安装传感器，使得设备的运行状态能够被实时监控。这些传感器可以收集设备的各类数据，包括运行时间、使用频率、故障信息以及维护需求等。这些数据通过无线网络传输到中央管理系统，为图书馆管理人员提供了全面的设备状态信息。例如，自助借还机是图书馆中重要的自助服务设备，用户通过这些设备可以方便地借书和还书。通过物联网技术，图书馆可以实时监控自助借还机的状态。传感器能够检测到设备是否正常运行，如是否有卡纸现象、是否出现了硬件故障等。如果设备出现问题，传感器会立即将故障信息发送到中央系统，管理人员可以即时获得警报，并安排维修人员进行处理。这种实时故障检测和响应机制显著减少了设备停机时间，确保了自助服务的连续性和用户体验。

打印机和复印机也是图书馆常用的设备。物联网技术可以监控这些设备的使用情况和耗材状态。传感器能够跟踪打印机和复印机的打印量，及时报告纸张和墨盒的剩余量。当耗材接近用尽时，系统会自动提醒管理人员进行补充，避免因耗材短缺导致的服务中断。同时，设备的使用频率和故障记录可以帮助图书馆了解设备的使用情况，优化设备的分配和维护策略。例如，某台打印机的使用频率过高，可能需要增加维护频率或考虑购置额外设备以分担负荷。

物联网技术还能帮助图书馆进行预测性维护。通过对设备运行数据的长期监测和分析，图书馆可以识别出设备潜在的故障趋势。例如，设备的温度异常升高、运行噪声增大等可能是故障的前兆。系统能够基于这些数据进行预测，提前安排维护工作，避免设备发生严重故障。这种预测性维护减少了突发故障带来的影响，提高了设备的可靠性和寿命。

设备的自动化管理还可以减少人工检查的需求。传统上，设备状态的监控需要工作人员定期进行检查，而物联网技术的应用使得这些任务可以通过自动化系统完成。设备的实时状态和故障信息会直接反馈到管理系统中，减少了人工干预的需要，提高了管理效率。

2. 预防性维护

预防性维护的核心在于通过设备的使用情况和状态数据，预测潜在的故障，并在故障发生之前进行维护。这种方法不同于传统的维修策略，后者通常是在设备故障发生后才进行修复。预防性维护通过物联网技术的支持，能够实时收集设备的数据，并进行深入分析，从而实现对设备状态的动态监控和故障预测。在实际应用中，物联网技术通过在设备上安装传感器来监测设备的各种运行参数。这些传感器能够实时记录设备的温度、运行时间、使用频率、振动情况等数据。在系统中，这些数据会被分析和处理，以识别设备潜在的故障风险。例如，一个复印机的传感器可能会监测到设备在运行过程中温度的异常升高，这可能是即将发生故障的早期迹象。通过分析历史数据和实时数据，图书馆可以建立设备的运行模型，预测设备的故障趋势。系统能够根据设备的使用情况生成维护预警，提醒管理人员在设备故障发生之前进行必要的检查和维修。例如，如果某台打印机的使用频率异常增加，系统可以预测其墨盒或其他关键部件可能会提前耗尽，从而提前安排更换耗材或进行检修。

预防性维护的实施不仅有助于减少设备故障对图书馆运营的影响，还可以延长设备的使用寿命。通过定期的维护和检修，图书馆能够保持设备在最佳工作状态，避免由于设备故障导致的服务中断。此外，预防性维护还可以减少紧急维修的需求，从而降低维修成本。物联网技术的使用使得预防性维护变得更加高效和精准。传统的维护方法通常依赖于定期的人工检查，这种方法可能会导致维护不及时或遗漏关键问题。而物联网技术通过自动化的数据收集和分析，能够实时监测设备状态，提供准确的维护建议。这种实时反馈机制使得图书馆能够快速响应设备问题，及时安排维护，确保设备的稳定运行。预防性维护还能够帮助图书馆优化资源分配。例如，通过对设备维护数据的分析，图书馆可以识别出哪些设备经常出现问题，是否需要更换或升级设备。系统还可以根据设备的使用情况优化维护计划，避免资源的浪费和不必要的开支。

三、智能书架和归还系统

（一）智能书架

智能书架的RFID读写器可以在书籍被放置到书架上时自动扫描并识别书籍的RFID标签。这些标签包含了书籍的唯一识别信息，系统通过读取这些信息更新库存数据。每本书的入库、借阅或归还情况都会被系统实时记录，确保库存数据的准确性。这种自动化的处理方式极大地减少了人工输入数据的错误，避免了由于人工操作导致的数据不一致问题。智能书架还具有自动分类的功能。通过预设的分类规则，系统能够根据书籍的主题、作者、出版年份等信息自动将书籍归位。这样，书籍的整理工作不仅变得更加高效，还能保证书籍按照既定的分类规则排列，方便读者查找和借阅。这种自动分类的能力不仅提升了图书馆的服务质量，还减少了人工分类的工作量。

实时监测是智能书架的另一项关键功能。书架上的传感器可以持续监控图书的存放状态，包括是否存在缺失或放置不当的情况。当图书被移位或遗失时，传感器能够即时报告，提醒图书馆工作人员进行处理。这样，图书馆能够迅速解决图书摆放问题，确保书架上的书籍始终按照预定位置排列，提高了图书馆的组织效率。基于实时数据，图书馆能够更好地管理书籍的库存。系统不仅能够自动更新库存信息，还可以生成库存报告和分析数据。这些数据帮助图书馆识别借阅频率高的书籍和那些不常借阅的书籍，进而优化采购计划。智能书架的应用还能够提升图书馆的运营效率。传统的库存检查和整理工作通常需要大量的人工操作，而智能书架通过自动化处理减少了这些工作量。工作人员可以将更多的精力投入读者服务和其他重要任务上，从而提升整体服务质量和运营效率。

（二）自助归还系统

自助归还系统的核心功能在于利用RFID技术或二维码扫描来自动识别归还的图书。当读者将图书放入自助归还机时，系统通过RFID读写器或扫描器识别书籍的标识信息。这一过程快速且准确，能够即时记录归还图书的状态，并将其标记为"已归还"。这种自动识别的能力不仅减少了手动输入的工作量，还降低了人为错误的发生率，确保借阅记录的准确更新。除了归还确认，自助归还系统还能检测归还图书的状态是否正常。例如，系统可以检查图书是否有损坏、是否符合图书馆的归还要求。如果系统发现图书存在问题，能够自动生成警报或报告，提醒工作人员进行进一步处理。这种实时检测功能帮助图书馆在图书归还过程中及早发现问题，维护馆藏资源的质量。

自助归还系统还具备自动分类和上架的功能。系统可以根据图书的分类信息，将归还的图书自动分配到指定的书架位置。这一过程不仅大幅减少了人工分类和上架的工作量，还确保了书籍的组织和摆放符合预定的分类规则。这种自动化的管理方式提升了图书馆的运营效率，使得图书能够更快地放回到书架上供其他读者借阅。

自助归还系统通过自动更新库存数据，保持了库存信息的准确性。系统能够实时将归还的图书信息反馈到中央数据库，确保库存记录与实际馆藏情况一致。这种实时更新的能力使得图书馆能够及时了解库存状况，避免由于数据不准确而导致的库存短缺或积压问题。通过对自助归还系统生成的数据进行分析，图书馆能够获取有关图书借阅和归还的详细信息。这些数据可以帮助图书馆识别借阅趋势、优化采购决策，并调整馆藏结构。比如，通过分析归还数据，图书馆可以发现哪些类型的书籍归还频繁，从而更好地了解读者的需求，优化图书采购和馆藏策略。

第四节 人工智能技术在智慧采购中的应用

一、人工智能技术在动态定价、采购成本控制与库存管理中的应用

（一）动态定价

1. 市场变化响应

AI技术能够实时监测市场动态。通过整合来自不同来源的数据，如供应商的价格变动、市场行情和行业报告，AI系统能够提供最新的市场信息。这种实时数据的获取能力使得图书馆能够及时了解市场上的价格趋势和供应情况，从而在采购决策中做出快速反应。例如，如果某类图书的供应价格突然上涨，AI系统可以立即发出警报，提示图书馆考虑调整采购计划或寻找替代供应商。AI技术可以根据市场数据进行动态定价。传统的采购模式往往依赖于固定的价格和条件，而AI系统能够通过数据分析预测价格趋势，并自动调整采购价格。AI可以利用历史数据、供应商的定价记录以及市场需求的变化来预测未来的价格波动。这种动态定价能力确保图书馆在采购过程中能够获得最优惠的价格，避免因市场波动而导致的成本增加。AI系统还能够分析竞争对手的定价策略。通过对竞争对手的价格和促销活动进行监测，AI系统能够帮助图书馆了解市场上同类资源的价格定位。这一信息可以指导图书馆在采购过程中做出更具竞争力的决策。例如，如果竞争对手正在进行价格优惠，AI系统可以建议图书馆调整采购策略，以确保图书馆的资源在市场上具有吸引力，从而提升馆藏的竞争力。

AI技术还可以通过预测分析帮助图书馆优化采购决策。AI系统能够基于历史采购数据和市场趋势预测未来的需求变化。这些预测数据可以帮助图书馆制订更加精准的采购计划，减少库存积压和资源浪费。例如，如果AI系统预测某类图书的需求将会增加，图书馆可以提前进行采购，以确保馆藏能够满足未来的需求。AI技术还可以提供

建议和优化方案。通过对市场数据和采购历史的分析，AI 系统能够提出具体的优化建议，如选择成本更低的供应商、调整采购量或改变采购时机。这些建议有助于图书馆在采购过程中做出更明智的决策，提升整体采购效率。

2. 需求预测驱动定价

AI 技术通过对历史数据的深度分析，能够预测未来的需求趋势。这些数据包括图书的借阅历史、读者的偏好变化、季节性需求波动以及市场上新书的发布情况。AI 系统运用机器学习算法分析这些数据，从中识别出需求模式和趋势。例如，如果历史数据表明某类书籍在学期开始时借阅量大，AI 系统可以预测该类书籍在新学期开始时的需求增加，并建议图书馆提前采购。基于这些需求预测结果，AI 系统可以自动调整资源的采购价格。当系统预测到某类书籍的需求量将增加时，图书馆可以采取提前锁定采购价格的策略。这意味着图书馆可以在需求量尚未真正增长之前，与供应商达成协议，以较低的价格采购这些书籍。这种策略可以有效避免因需求激增而导致的价格上涨，从而节省采购成本。例如，系统预测到某类新兴学科的书籍需求将大幅增加，图书馆可以提前购买并锁定价格，确保在需求高峰期获得更具成本效益的采购条件。当需求预测显示某类书籍的需求量下降时，AI 系统可以建议降低价格以减少库存积压。这种策略有助于图书馆在需求低迷时清理库存，避免因库存过多而导致的资源浪费。系统会监控市场价格的变化，并根据预测调整采购量和价格策略，从而确保图书馆的库存水平与实际需求相匹配。例如，若 AI 系统预测某些书籍的需求将显著减少，图书馆可以与供应商协商降低采购价格，甚至减少采购量，以避免库存积压。AI 技术还能够通过实时数据更新，帮助图书馆灵活调整采购策略。AI 系统会不断跟踪市场上的变化，如供应商的价格调整、竞争对手的定价策略以及读者需求的波动。这些实时数据可以让系统及时调整采购计划和价格策略，确保图书馆能够在动态市场中保持竞争力。

AI 驱动的需求预测和定价策略还能够帮助图书馆优化资源配置。通过准确的需求预测，图书馆可以制订更合理的采购计划，确保在最需要的时刻获得所需资源，同时避免不必要的采购开支。这种精确的资源管理不仅提升了图书馆的运营效率，还增强了其在市场中的响应能力和竞争力。

（二）优化采购成本和库存管理

1. 成本控制

AI 技术使得动态定价成为可能，这一机制极大地改善了成本控制的精准度。动态定价指的是 AI 系统根据实时数据和市场变化，自动调整采购价格。系统可以分析包括供应商价格波动、市场需求变化、竞争对手价格策略等多种因素，从而为图书馆提供最佳的采购价格。例如，当市场上某类书籍的需求激增时，供应商往往会提高价格。AI 系统能够预测这些价格变化，并建议图书馆在价格上涨前进行采购，从而锁定较低的价格，避免因价格上涨带来的额外成本。这种方法不仅帮助图书馆节省了采购费用，还能够确保在需求高峰期获得所需资源。

2. 库存管理

AI 在库存管理方面的优化也显著降低了采购成本。通过分析历史借阅数据、当前库存水平和预测需求，AI 系统可以优化库存配置，避免库存积压。库存积压通常意味着图书馆需要额外的资金和空间来储存不必要的书籍，且这些书籍可能会因为长期未借阅而贬值。AI 系统能够实时监控库存状态，识别那些需求较低或即将过时的书籍，自动生成减少采购量或淘汰这些书籍的建议。这样一来，图书馆能够减少库存积压，降低资源浪费，同时释放资金用于其他更需要的资源采购。

AI 系统的自动化库存管理功能能够减少人工干预，从而减少因人为错误导致的额外开支。AI 系统能够自动更新库存数据，并提供准确的库存报告，减少了错误和资源浪费的可能性。AI 技术还能够通过预测未来的需求，帮助图书馆制订更加精确的采购计划。系统可以利用历史数据和趋势预测未来的需求变化，并根据预测结果调整采购策略。例如，当系统预测某类书籍的需求将增加时，它可以建议图书馆提前采购，并锁定当前的价格。反之，当预测到需求将减少时，系统可以建议减少采购量，从而减少库存积压和过期风险。

二、人工智能技术在风险管理与异常监测中的应用

（一）价格异常监测

AI 系统具备强大的数据处理能力，能够快速而精确地分析大量的历史价格数据。图书馆采购的书籍种类繁多，不同的书籍在不同时期的价格可能受到多种因素影响，包括出版周期、市场需求变化、供应链波动等。AI 系统能够对这些数据进行深度分析，识别出价格的正常波动范围。当系统监测到某一书籍的价格偏离了这个正常范围时，便会发出警报。这种异常价格的识别功能使图书馆能够及时发现并避免可能的价格操控或人为错误。AI 系统通过对市场趋势的实时监测，可以帮助图书馆识别突发的价格变化。例如，某些书籍因市场需求突然增加或供应减少，价格会出现异常波动。AI 系统能够结合市场信息、读者需求变化以及供应商的报价信息，自动识别这些价格异常情况。系

统不仅可以发出警报，还能提供价格变化的原因分析，帮助图书馆了解背后的市场动态。这使得图书馆在面对价格突涨或突降时，能够迅速评估市场状况，做出理性的采购决策。

AI系统的价格异常监测功能还有助于防范市场操控的风险。在图书馆采购过程中，如果某一供应商或出版商操控市场，导致某些书籍价格大幅度上涨或下跌，AI系统可以通过对比历史数据和其他市场数据，及时识别出这些异常波动。系统能够提供详细的异常价格分析报告，图书馆管理者可以根据这些报告采取相应的措施，如暂缓采购、重新评估供应商资质，或者选择其他替代品，从而避免不必要的财务损失。

AI系统的价格异常监测功能还可以帮助图书馆优化其长期采购策略。通过积累和分析多年的价格数据，系统可以识别出某些书籍或类别的长期价格趋势，从而为图书馆的未来采购提供参考。例如，如果系统发现某些类型的书籍在特定时期价格常常波动较大，图书馆可以考虑提前采购或推迟采购，以避开价格高峰，从而实现更具成本效益的采购。AI技术的应用不仅限于实时监测，还包括自动化处理和响应机制。当系统识别到价格异常时，可以自动调整采购计划，如暂时停止高风险书籍的采购，或者通知采购人员进行进一步审核。这种自动化的异常处理流程极大地提高了图书馆采购的效率和响应速度，使其能够更好地应对市场波动和价格风险。

（二）自动化报警与响应

AI系统通过其强大的数据分析能力，能够在海量数据中识别出潜在的风险。例如，当系统监测到某一书籍的价格大幅度上涨或下降，或者某一类书籍的市场需求突然暴增时，AI系统会立即触发预设的异常监测机制。系统自动生成的报警信息不仅包括异常的具体描述，还结合历史数据和市场趋势分析，提供潜在的风险评估。图书馆管理人员无须逐一检查数据，便能快速了解问题所在，并获得系统提供的专业应对建议，如是否需要调整采购策略、变更供应商，或者推迟采购计划等。自动化报警与响应功能显著提高了图书馆在采购决策中的敏捷性。以往识别问题往往需要依赖人工监控和手动分析，这不仅耗时费力，还容易因人为疏忽导致风险延误。而AI系统则通过自动化的流程，在异常发生的第一时间生成报警信息，并将其推送给相关负责人。管理人员收到报警后，可以立即启动系统提供的应对措施，如暂时冻结某一采购订单、通知供应商核查价格，或者根据系统建议重新评估市场行情。这种高效的响应机制确保了图书馆能够在风险未扩大之前迅速采取行动，降低潜在的损失。

AI系统的自动化报警功能还能够根据不同的异常情况，定制化地提供不同的应对建议。例如，对于价格波动，系统可能会建议在市场回稳之前暂停大规模采购，而对于供应链中断，系统则可能建议寻找替代供应商或提前调整采购计划。这种精细化的响应策略，帮助图书馆在复杂多变的市场环境中，始终保持采购决策的准确性和灵活性。自动化报警与响应功能不仅减少了人工干预的时间，还为图书馆管理带来了显著的效益提升。通过减少对人工判断的依赖，图书馆能够更加专注于战略层面的决策，而将日常的监控和应对交给 AI 系统处理。这不仅提高了图书馆运营的效率，还降低了由于人为判断失误可能导致的风险。

AI 系统的自动化报警与响应功能在持续使用中还能进行自我优化。系统通过不断学习和积累数据经验，可以更加精准地识别异常，并优化应对建议的准确性和有效性。随着时间的推移，系统会逐渐熟悉图书馆的采购习惯和市场特点，从而提供更具有针对性的报警和建议，进一步提升图书馆采购管理的智能化水平。

（三）合同违约预警

AI 系统能够自动化地分析和理解合同条款，并将其与供应商的实际履约情况进行对比。传统的合同管理方式通常依赖人工审查，不仅耗时费力，还容易因人为疏忽而错过重要的违约信号。AI 系统则通过对合同条款的深入学习，能够精确地识别合同中的关键义务和交付标准。一旦系统检测到供应商未能按照合同规定的时间、质量或数量交付货物，或者出现其他不符合合同要求的行为，便会立即触发违约预警。AI 系统的实时监控功能使得图书馆能够在合同履约的每一个环节中保持高度的透明度。系统不仅可以监控供应商的交货时间和交货质量，还可以追踪其履约的每个细节，如支付条件、售后服务、纠纷处理等。一旦发现任何与合同条款不符的迹象，AI 系统会立即发出警报，并向相关的管理人员或法律团队发送通知。这种即时的预警机制确保了图书馆可以在问题发生的早期阶段采取措施，而不必等到违约行为导致严重后果后再进行补救。例如，如果某一供应商多次未能按时交货或提供的产品质量不达标，AI 系统可以根据合同中的违约条款，自动建议图书馆采取相应的补救措施，如向供应商发出正式通知、启动合同解除程序，或追讨违约赔偿。通过这种智能化的预警和响应，图书馆能够有效地保护自身的利益，减少因合同违约可能导致的经济损失和法律纠纷。

AI 系统还可以根据历史数据和市场变化，预测未来的违约风险。例如，如果某一行业或地区的供应商频繁出现履约问题，AI 系统能够提前识别这一趋势，并向图书馆发出预警，建议在未来的合同中加强相关条款，或提前寻找替代供应商。通过对市场环境的敏锐感知和对合同履行情况的动态监控，AI 系统帮助图书馆在复杂多变的市场环境中保持采购活动的稳定性和安全性。AI 系统的合同违约预警功能不仅适用于供应商管理，还可以延伸到其他与图书馆有合同关系的第三方，如物流服务提供商、技术支持团队等。通过对这些合作方的履约情况进行全方位监控，AI 系统能够为图书馆提供更加全面和准确的合同管理服务，确保每一项合同都能得到有效执行，从而为图书馆的日常运营提供坚实保障。

AI 系统还具有不断学习和优化的能力。随着系统处理的数据越来越多，它能够逐渐提高违约风险识别的准确性和预警的及时性。这种持续优化的过程不仅提升了系统的智能化水平，还使得图书馆能够在合同管理中始终处于主动地位，及时应对各种潜在的违约风险。

三、人工智能技术在读者体验中的应用

（一）智能推荐系统

1. 个性化推荐

个性化推荐系统的核心在于对读者数据的深度分析。AI 技术可以通过收集和处理读者的借阅记录、搜索行为、书籍评分等信息，建立起每个读者的独特"兴趣画像"。这一过程类似于大数据分析，AI 系统能够识别出读者在特定领域的阅读偏好，如他们更倾向于阅读科幻小说还是历史文献，喜欢哪位作者的作品，或是对哪类主题表现出浓厚兴趣。这些信息都被系统纳入模型中，形成对读者阅读习惯的全面理解。AI 系统可以为读者推荐他们可能感兴趣的书籍和资源。例如，如果某位读者频繁借阅科幻类小说，系统就会优先推荐同类型的最新或评分较高的书籍。同时，系统还能够根据读者的阅读习惯，推荐与其偏好相似但尚未涉足的领域。比如，如果一位读者一直对推理小说情有独钟，系统可能会推荐一些具有推理元素的历史小说，帮助读者扩大阅读范围。这种推荐不仅增加了读者发现新书的机会，还提升了他们的阅读乐趣。AI 个性化推荐系统的应用并不仅限于书籍推荐，还可以扩展到其他资源的推介。例如，系统可以推荐与读者兴趣相关的电子书、期刊文章、音视频资源，甚至是图书馆举办的讲座、读书会等活动。这种多样化的推荐方式，使得读者能够在图书馆内获得更加丰富的资源和服务，进一步增强了图书馆的吸引力。

个性化推荐系统不仅提升了读者的满意度，还对图书馆的采购决策提供了有力支持。通过对读者阅读偏好的分析，图书馆能够更精准地了解不同类型资源的需求，从而在采购中有的放矢。例如，如果系统发现某一类书籍在特定读者群体中需求旺盛，图书馆可以考虑增加该类书籍的采购量，确保库存能够满足读者的需求。同时，对于

那些借阅率低、关注度不高的书籍，图书馆也可以减少采购或将其淘汰。随着读者数据的不断积累，系统的推荐精度也会逐步提高。AI 技术的自我学习能力使得推荐系统能够适应读者兴趣的变化，提供越来越贴合读者需求的建议。这种动态的推荐机制，不仅提升了读者的用户体验，也推动了图书馆资源管理的智能化发展。个性化推荐系统能够帮助图书馆与读者建立更紧密的联系。在传统图书馆中，读者往往需要自己去寻找感兴趣的书籍和资源，耗时且效率低。而有了 AI 技术的支持，读者可以轻松获得系统推荐的优质内容，大大节省了选择的时间。同时，这种主动式的服务也体现了图书馆对读者个性化需求的关注，增强了读者的归属感和忠诚度。

2. 阅读趋势分析

AI 技术通过大数据分析能够准确把握当前的阅读趋势。传统的图书采购往往依赖于馆员的经验和对读者反馈的直觉判断，而 AI 系统则可以通过对全球范围内的大量阅读数据进行分析，识别出哪些书籍正在受到广泛关注。例如，AI 系统可以分析社交媒体平台、在线书店、电子书平台以及各种读书论坛的数据，自动检测出近期哪些书籍或作者成为讨论的焦点，或者哪些主题和类型的书籍正在被广泛阅读和推荐。通过这种全方位的数据分析，图书馆可以在第一时间了解流行的阅读趋势，并根据这些趋势做出更有针对性的采购决策，确保图书馆资源与读者需求的高度匹配。AI 系统能够为图书馆推荐最新的热门书籍和经典读物，满足读者的不同兴趣层次。对于热门书籍，AI 系统不仅可以预测哪些新出版的书籍会成为畅销书，还能分析出哪些书籍会在特定读者群体中引发强烈共鸣。通过这些预测，图书馆可以在热门书籍供不应求之前及时采购，避免由于供货不足而导致的读者失望。同时，AI 系统还能通过对经典书籍的持续关注，识别出哪些经典作品在当前的文化背景下重新获得了读者的青睐，从而及时补充馆藏。这样一来，图书馆既能满足读者对最新潮流的追求，也能满足他们对经典作品的回顾和深度阅读需求。

3. 自动化任务处理

AI 技术正在彻底改变图书馆的运营模式，尤其在自动化任务处理和智慧采购方面展现出巨大的潜力。通过 AI 驱动的自动化系统，读者可以方便快捷地完成一系列日常操作，如申请图书馆卡、预约馆内设施、更新个人信息等，而图书馆也可以利用这些技术优化采购流程，提升服务效率，进一步满足读者需求。AI 技术在自动化任务处理中的应用大大简化了读者的操作流程。传统上，读者在图书馆办理各种手续时，往往需要依赖工作人员的帮助。现在，通过 AI 驱动的聊天机器人，读者可以在任何时间通过智能设备轻松完成一系列任务。例如，读者可以在线申请图书馆卡，只需提供必要的个人信息，系统就能自动验证并生成图书馆卡，无须人工介入。同样，读者也可以通过聊天机器人预约馆内设施，如会议室、研讨室或计算机设备，系统会根据设施的使用情况自动安排合适的时间段，确保高效利用馆内资源。此外，读者如果需要更新个人信息，也可以通过简单的操作在系统中完成，整个过程既快捷又方便，提升了读者的使用体验。

（三）智能反馈分析

1. 读者反馈收集

AI 技术在收集读者反馈方面具有显著优势。传统的读者反馈通常通过问卷调查、建议箱或直接与图书馆员沟通的方式进行，然而这些方式存在信息收集不全面、反馈处理效率低等问题。AI 系统可以通过多种渠道自动收集读者的反馈和评论，无论是通过社交媒体平台、在线评论系统，还是通过图书馆的自助服务终端，读者的意见和建议都可以实时上传至系统。这种自动化的收集方式不仅扩大了反馈的来源和范围，还确保了信息的及时性和全面性，使得图书馆能够更迅速地响应读者的需求。AI 驱动的自然语言处理技术使得反馈分析更加深入和高效。AI 系统通过自然语言处理技术，能够自动分析大量的读者反馈，识别出其中的常见问题和改进建议。例如，系统可以通过语义分析，自动提取反馈中的关键词和主题，帮助图书馆管理人员迅速了解读者关注的焦点问题。无论是关于图书馆设施、服务态度，还是馆藏资源的反馈，AI 系统都能精准识别并分类，生成详细的分析报告。这种精准的分析能力不仅提高了反馈处理的效率，还能帮助图书馆更好地把握读者的实际需求和期望。

通过分析读者反馈，AI 系统能够识别出读者对馆藏资源的具体需求和建议。例如，读者可能反馈某类书籍或资料数量不足，或者特定主题的资源质量不高。AI 系统可以根据这些反馈，自动生成采购建议，帮助图书馆在未来的采购决策中更好地满足读者的需求。此外，AI 系统还能通过反馈数据的积累和分析，识别出资源使用的长期趋势，从而帮助图书馆制订更加科学和合理的采购计划，避免资源浪费或不足。AI 技术在反馈处理中的自动化功能，还能进一步提升图书馆的服务质量。通过实时分析读者反馈，图书馆可以快速识别和解决服务中的问题。例如，如果系统检测到大量读者反馈某项服务存在问题，图书馆可以立即采取措施进行调整和改进，避免问题的扩大化。与此同时，AI 系统还能通过持续监测反馈的变化趋势，帮助图书馆在服务设计和资源配置上做出前瞻性的调整，从而更好地适应读者的变化需求。

2. 服务质量改进

AI 技术在分析读者反馈数据方面的应用，为图书馆提供了强大的工具来识别和解决服务中的不足，从而实现有效的服务质量改进。通过智能化的数据分析，AI 系统不仅可以提供关于图书馆布局、馆员服务态度和开放时间等方面的优化建议，还能为智慧采购提供有价值的支持，确保资源与读者需求的高度契合。AI 系统可以基于读者反馈数据，为图书馆提供关于布局优化的建议。传统的图书馆布局设计往往依据经验和直觉，而 AI 技术通过对读者行为数据的深入分析，能够揭示出布局中的实际问题。例如，通过对读者在馆内移动路径、停留时间以及借阅习惯的分析，AI 系统可以识别出馆内哪些区域人流密集、哪些区域使用频率低。根据这些数据，AI 系统可以建议调整图书馆的布局，优化书籍和设施的摆放位置，提高馆内空间的利用效率，创造更加舒适和便利的阅读环境。这样一来，不仅可以提升读者的使用体验，还能增加馆藏资源的利用率。

AI 技术在改进馆员服务态度方面也发挥着重要作用。通过对读者反馈和服务评价的分析，AI 系统能够识别出服务中存在的问题，例如馆员的服务态度或应对问题的能力。系统可以自动提取出反馈中的具体问题，并结合数据生成详细的分析报告。例如，如果反馈数据中显示读者对某些馆员的服务态度表示不满，AI 系统可以通过分析评论内容，识别出问题的具体表现，并建议开展相关的培训和改进措施。通过这种数据驱动的改进方式，图书馆可以更有针对性地提升馆员的服务质量，增强读者的整体满意度。

AI 系统还能够提供关于调整图书馆开放时间的建议。通过分析读者的使用模式和访问时间数据，AI 系统可以识别出馆内的高峰和低谷时段，从而为图书馆的开放时间调整提供数据支持。例如，如果系统发现某些时段读者需求量较大，而其他时段则相对较少，图书馆可以考虑调整开放时间或增加开放时间段。这样的调整不仅可以提高资源的利用效率，还能为读者提供更灵活的访问选择，提升他们的服务体验。

AI 技术通过对服务质量改进的反馈数据分析，能够为图书馆提供更加精准的采购建议。例如，读者可能会反馈某些类型的书籍或资源使用频率较高，或者对特定领域的资源有较大需求。AI 系统可以根据这些反馈数据，帮助图书馆更好地调整馆藏资源，确保采购决策与读者需求高度契合。这种数据驱动的采购策略不仅优化了资源配置，还能确保读者需求得到及时满足。

四、人工智能技术在提高采购透明度过程中的应用

（一）信息共享与沟通

1. 开放数据接口

开放数据接口可以实现 AI 系统与图书馆其他管理系统之间的无缝对接。例如，图书馆的采购管理系统可以通过开放接口与图书馆的财务系统、库存管理系统以及读者管理系统进行数据共享。这种整合使得各个系统之间的数据流动更加顺畅，避免了重复录入和数据不一致的问题。比如，当 AI 系统在分析读者需求和市场趋势时，可以即时将这些信息传递给财务系统，以便进行预算调整和资金分配。同时，库存管理系统可以实时更新采购数据，确保库存信息的准确性和及时性。这样一来，图书馆的资源配置和采购决策可以基于最新的数据和信息，从而更加精准和高效。开放数据接口提升了采购过程的透明度。传统的采购流程往往涉及多个部门和环节，信息往往被分散在不同的系统和部门中，导致采购过程不够透明，容易出现信息不对称或沟通不畅的问题。AI 系统通过开放数据接口，将采购数据与其他系统的数据进行共享，使得采购过程中的每一个环节都可以被实时监控和审计。比如，采购申请、审批、预算使用等信息可以通过开放接口同步到一个统一的平台，使得所有相关人员都可以随时查看和跟踪采购进展。这种透明度不仅提升了采购过程的可控性，还增强了各部门之间的协作效率，减少了潜在的管理风险。

减少信息孤岛是开放数据接口的一大优势。在传统的信息系统中，不同部门和系统之间的信息往往被孤立在各自的领域，导致数据共享困难和信息流动不畅。AI 系统可以打破信息孤岛，实现数据的集中管理和共享。比如，图书馆的采购数据可以与外部供应商系统、行业数据平台等进行对接，使得采购决策可以基于更广泛的信息和数据来源。这种信息的互联互通不仅提升了采购的准确性和前瞻性，还为图书馆提供了更多的资源和合作机会，进一步优化了采购过程和决策质量。开放数据接口还能够促进图书馆与外部合作伙伴的协作。例如，图书馆可以通过开放数据接口与出版商、书店以及其他相关机构进行数据共享和合作。这种合作可以帮助图书馆及时获取最新的出版信息、市场动态和供应商的库存状况，从而更加准确地制订采购计划和策略。同时，这种开放接口的应用也可以促进图书馆在行业内的合作与交流，推动信息共享和资源整合，提升整个行业的运营效率和服务质量。

2. 实时沟通

集成的实时沟通工具通过即时消息和通知功能，显著提高了信息传递的速度和准确性。传统的采购流程往往涉及多个环节和参与者，包括采购员、财务人员、部门负责人以及供应商等。AI技术通过集成的实时沟通工具，如即时消息应用、视频会议平台以及协作工具，使得所有参与者可以在同一个平台上进行即时交流。无论是采购需求的变更、预算的调整，还是供应商的回复，相关人员都可以通过实时通知和消息迅速获取最新信息。集成的沟通工具使得采购过程中的协作更加高效。AI系统可以将沟通工具与采购管理系统、库存管理系统、财务系统等进行集成，形成一个统一的信息平台。这样，所有的采购信息、进展状态和决策讨论都可以在同一平台上进行记录和追踪。例如，当采购员提交一个新的采购申请时，系统可以自动通知相关的审批人员、财务人员和供应商，所有参与者都可以实时查看采购申请的详细信息，并在平台上进行讨论和审批。这种集成化的沟通方式不仅减少了沟通的障碍，还提高了决策的效率和准确性。AI技术还可以通过智能分析和预测功能，进一步提升实时沟通的效果。例如，系统可以分析历史数据和实时反馈，自动生成采购进展的预测报告，并通过实时沟通工具向相关人员推送。这种预测报告可以帮助参与者提前了解潜在的问题和风险，从而进行及时的调整和干预。比如，如果系统预测到某个供应商可能会延迟交货，相关人员可以通过实时沟通工具迅速协商替代方案，避免因信息延迟而导致的供应链中断。

实时沟通工具的集成还能够提升采购决策的透明度和追踪性。所有的沟通记录和决策过程都可以在系统中进行保存和检索，确保每个环节的操作都可以被追踪和审计。这种透明度不仅增强了采购过程的可控性，还方便了后续的回顾和分析。例如，管理人员可以随时查看某次采购决策的沟通过程，了解各方的意见和决策依据，从而改进未来的采购策略和流程。集成的实时沟通工具有助于提高团队的协作能力和响应速度。AI系统可以通过自动化的任务分配和提醒功能，确保每个团队成员都能清楚自己的职责和任务。例如，系统可以根据采购进度自动提醒相关人员进行跟进，确保每个环节的任务都能按时完成。这样一来，团队的协作效率和响应速度得到显著提升，整个采购流程变得更加高效和顺畅。

（二）实时采购跟踪与记录

1. 完整记录

AI系统在需求提出阶段的记录和跟踪是确保采购流程顺利进行的基础。当图书馆的各部门或用户提出采购需求时，AI 系统可以自动记录这些需求，包括需求的详细描述、提出时间、需求提出者等信息。系统通过智能化的数据录入和分类功能，确保所有需求信息准确无误地保存，并且可以方便地进行检索和分析。这样一来，采购团队可以实时了解需求的来源和内容，从而做出更为精准的采购决策。

在供应商选择阶段，AI 系统同样发挥着重要作用。通过对供应商的资质、信誉、历史表现等数据进行自动化记录和分析，AI 系统可以帮助图书馆评估和选择最合适的供应商。系统会将所有与供应商相关的信息，包括报价、交货期、合同条款等，自动记录在数据库中。图书馆可以确保供应商选择过程的透明性，并且为后续的供应商绩效评估提供详细的数据支持。

AI 系统能够自动化记录合同的签署日期、合同条款、合同金额等关键信息，并将这些信息与采购执行过程中的实际情况进行对比和跟踪。例如，当采购合同签署完成后，系统可以自动跟踪合同的执行情况，包括供应商的交货进度、货物的到达情况以及质量验收等。所有这些信息都被实时记录在系统中，确保采购执行过程中的每一个环节都能够被准确监控和管理。

验收阶段的记录和跟踪同样关键。AI 系统能够自动记录验收过程中的详细信息，包括验收日期、验收人员、验收结果等。如果在验收过程中发现问题，系统还可以记录问题的具体描述、解决方案和处理进度。这样的记录不仅帮助图书馆及时发现和解决问题，还为未来类似的采购活动提供了宝贵的参考数据。

AI 系统生成的详细审计记录对于提升采购过程的透明度和规范性具有重要意义。所有的采购数据和活动都会被系统自动保存和归档，形成完整的审计记录。这些记录不仅包括需求提出、供应商选择、合同签署、采购执行和验收等信息，还涵盖了与采购相关的所有沟通记录和决策依据。这样的审计记录为采购过程提供了全面的回溯和检验能力，确保所有操作均符合规范，避免了潜在的违规行为和管理风险。

2. 实时更新

AI 技术通过实时数据更新，能够即时提供关于采购进度的信息。以往进度更新往往依赖人工报告和手动记录，这种方式不仅效率低下，而且容易出现信息延迟和不准确的问题。而 AI 系统通过与采购管理平台和相关数据源的实时对接，可以自动收集和处理最新的采购信息。例如，当一个采购订单从发出到供应商确认、物流安排、货物到达等每一个环节中，AI 系统能够即时更新订单状态，并将这些更新同步到所有相关人员的终端。这种实时的数据更新确保了每个人都能在第一时间获得最新的采购进展信息，从而提高了对采购状态的掌握和控制能力。

实时数据更新有助于及时识别和应对采购过程中的问题。AI 系统能够实时监控这些情况，并自动更新采购状态。如果系统检测到某个订单出现问题，AI 会立即通知相关人员，并提供问题的详细信息和可能的解决方案。例如，当系统发现供应商未能按时交货时，它会实时更新订单状态为"延迟"，并自动生成一个警报通知采购人员。这种即时的反馈和更新不仅帮助图书馆快速应对问题，还能够减少因信息滞后带来的负面影响。

实时数据更新还能够提高采购决策的灵活性和响应速度。图书馆在采购管理中，需要根据不断变化的市场需求和供应状况做出及时调整。通过 AI 系统的实时数据更新，采购人员可以随时获取最新的市场信息和采购进展，从而做出更加精准和灵活的采购决策。例如，如果系统实时显示某类图书的库存即将耗尽，采购人员可以立即调整采购计划，快速下单以补充库存，确保图书馆的资源能够持续满足读者的需求。

实时数据更新还促进了部门间的协作和信息共享。过去信息的传递往往依赖手动更新和沟通，这可能导致信息的不一致和沟通不畅。AI 系统通过实时更新功能，可以将采购数据自动同步到各个相关部门和人员，如财务部门、库存管理部门、读者服务部门等。这种自动化的信息共享不仅提高了各部门之间的协作效率，还确保了所有参与者都能基于最新的数据做出决策和行动。

第四章 公共图书馆智慧采购的系统建设

第一节 公共图书馆智慧采购平台架构

一、用户界面架构

在现代公共图书馆的智慧采购平台中，图书馆管理员界面的设计是确保采购流程高效、透明且规范的核心组成部分。一个功能齐全的管理员界面不仅需要提供管理采购申请、审批流程、订单跟踪等关键功能，还需具备直观的操作界面和智能化的支持系统，以提升图书馆的采购管理效率和用户体验。

采购申请管理是管理员界面的核心功能之一。该模块允许图书馆管理员查看和处理所有提交的采购申请。管理员界面应提供一个清晰的仪表板，显示所有待处理的采购申请，包括申请的详细信息，如需求描述、提交日期、申请部门等。管理员可以对每个申请进行审查，查看相关的预算信息和需求优先级，并对申请进行分类和排序。界面应支持批量操作，允许管理员对多个申请进行批量审核或操作，以提高处理效率。此外，系统应提供智能化的搜索和筛选功能，帮助管理员快速找到特定的采购申请。

审批流程管理模块允许管理员对采购申请进行审批和处理。管理员界面应提供一个流程图或进度追踪功能，展示采购申请从提交到最终审批的全过程。管理员可以在界面上进行多级审批操作，如初审、复审和最终批准。系统应支持设置审批权限和角色，根据不同的申请类型或金额自动分配审批人员。审批过程中，系统应自动生成审批记录，记录每个审批环节的操作时间、审批意见和审批结果。这些记录不仅有助于确保审批过程的透明性和合规性，还能为未来的审计提供详细的依据。

订单跟踪功能是管理员界面中的另一项重要功能。通过这一模块，管理员可以实时监控采购订单的状态，包括订单的发出、供应商确认、货物配送和到货情况。界面应提供订单状态的动态更新,并支持订单详细信息的查看,如供应商信息、订单金额、预计交货日期等。管理员可以通过系统追踪订单的进展,及时发现和解决订单执行中的问题,如延迟交货或质量问题。此外,系统还应提供与供应商的沟通工具,方便管理员与供应商进行及时的交流和协调。

数据分析和报告生成是管理员界面中不可忽视的功能。该模块允许管理员对采购数据进行综合分析,生成各种统计报表和分析图表。例如,系统可以自动生成采购支出报告、供应商绩效报告和库存使用报告。这些报告能够帮助管理员了解采购趋势、评估供应商表现,并做出数据驱动的采购决策。界面应提供灵活的数据导出和分享功能,支持将报告导出为常见格式(如PDF、Excel)并与其他部门或人员共享。

系统通知和警报功能可以帮助管理员及时获取系统更新和关键事件的提醒。管理员界面应具备通知和警报功能,当有新的采购请求提交、审批操作待处理、订单状态发生变化或出现异常时,系统能够自动发送通知。这些通知可以通过界面弹窗、邮件或短信的形式发送给相关人员,确保他们能够迅速响应和处理。

二、数据库管理系统架构

(一)数据仓库

在公共图书馆的智慧采购平台架构中,数据仓库是一个至关重要的组件,用于存储和分析历史数据、生成报告以及进行数据挖掘。数据仓库的引入使得图书馆能够有效管理和利用海量的数据,支持决策过程,并提升采购和资源管理的精确度。数据仓库在图书馆智慧采购平台中承担着历史数据的存储任务。图书馆日常操作中产生的大量数据,包括采购记录、库存信息、用户借阅记录、供应商信息和财务数据等,都被集中存储在数据仓库中。这些数据经过清洗、整合和转换,确保其质量和一致性。数据仓库的结构通常包括数据集市和数据模型,这些模型优化了数据的查询和分析效率。数据仓库能够存储多年积累的历史数据,为后续的数据分析和挖掘提供坚实的基础。

数据仓库支持生成各种报告,这是图书馆管理的重要功能之一。通过数据仓库,图书馆管理者可以生成多种类型的报告,例如采购报告、库存报告、预算执行报告和用户借阅趋势报告等。这些报告为图书馆提供了清晰的运营状况视图,帮助管理者评估采购效果、优化库存管理、制订预算和调整采购策略。数据仓库通常配备了强大的报表生成工具和可视化仪表板,使得数据分析结果能够以直观的图形和图表形式呈现,增强报告的可读性和实用性。数据仓库还为数据挖掘提供了支持。数据挖掘是从大量数据中提取有价值信息的过程，帮助图书馆发现潜在的模式和趋势。在智慧采购平台中，数据挖掘可以揭示用户的借阅偏好、供应商的绩效、资源的使用频率等信息。这些洞察可以帮助图书馆预测未来的采购需求、优化资源配置、提高采购效率。例如，图书馆可以识别出热门书籍和资料，从而更精准地调整采购计划。

数据仓库的一个重要优势是其支持复杂查询和数据分析的能力。它能够处理大量数据并进行复杂的分析操作，包括趋势分析、关联分析和回归分析等。这些分析能够帮助图书馆深入理解数据背后的业务逻辑和用户行为，从而做出更加科学的决策。

（二）缓存系统

缓存系统通过存储常用数据和查询结果，显著减少数据访问的延迟，提高用户体验，并优化系统的整体效率。有效的缓存策略可以显著提升平台的响应速度和处理能力，从而支持高并发访问和复杂的业务需求。缓存系统通过将常用的数据和计算结果存储在内存中，减少了对后端数据库的直接访问次数。这种方式降低了数据库的负载，减轻了数据检索的压力，从而加快了数据访问速度。例如，在公共图书馆智慧采购平台中，用户经常查询的书籍信息、采购记录或热门供应商的数据可以被缓存。当用户再次查询相同的数据时，系统可以直接从缓存中获取，而无须重复访问数据库，这样可以显著提高响应速度。

缓存系统还可以提高平台的处理性能。对于计算密集型操作或复杂的查询请求，缓存系统可以存储先前计算的结果，以便在相同请求再次出现时快速提供答案。例如，复杂的统计分析结果、动态生成的报告或常用的查询结果可以被缓存。这样，平台无须每次都重新进行复杂的计算，减少了系统的计算负担，提高了处理效率。

在设计缓存系统时，需要考虑多个因素，以确保其有效性和可靠性。缓存策略的选择至关重要。常见的缓存策略包括"缓存穿透""缓存击穿"和"缓存雪崩"的防护措施。

缓存穿透指的是请求绕过缓存直接访问数据库的情况，缓存击穿指的是大量请求同时查询某个过期的缓存数据，缓存雪崩则指的是大量缓存数据同时过期导致系统负载激增。针对这些问题，可以采取如"布隆过滤器""热点数据预热""缓存异步刷新"等策略来优化缓存系统。

缓存系统的"数据一致性"和"失效策略"也是设计时必须重点考虑的方面。数据的更新可能会导致缓存中的数据过时，因此需要设计合理的缓存失效机制。例如，可以设定缓存的有效时间，定期自动刷新缓存，或使用"缓存更新策略"确保缓存与数据库中的数据保持一致。同时，系统还可以实现"缓存回退机制"，在缓存数据失效或不存在时，能够自动回退到数据库查询，确保用户请求能够得到处理。

缓存系统的规模化和分布式支持也是关键考量因素。在高并发场景下，单节点缓存系统可能会成为性能瓶颈。为了应对这种挑战，可以采用"分布式缓存系统"，如"远程字典服务（Remote DictionaryServer, Redis）"或"分布式的高速缓存系统（Memcached）"，将缓存数据分布在多个节点上，实现高可用性和负载均衡。这种方式不仅能提高系统的吞吐量和扩展性，还能增强系统的容错能力，确保在节点故障时依然能保持数据访问的稳定性。

三、集成层架构

（一）系统集成接口

系统集成接口是指不同系统之间通过预定义的协议和数据格式进行数据交换和功能协作的机制。集成接口可以将采购系统与其他管理系统连接，形成一个协调一致、功能互补的综合管理体系。这种集成不仅提高了系统的整体效率，还增强了各系统之间的数据一致性和操作的连贯性。将智慧采购平台与馆藏管理系统集成，可以实现资源的有效管理和优化。馆藏管理系统负责图书馆馆藏的登记、维护和管理，包括图书的基本信息、存储位置、馆藏状态等。

通过集成接口，智慧采购平台可以自动将采购的图书信息同步到馆藏管理系统中，实现实时更新。这种集成可以避免重复录入数据，减少人工操作的错误，提高馆藏管理的准确性和效率。例如，当采购部门确认新书到货时，系统会自动更新馆藏系统中的库存数据，确保馆藏信息始终与实际情况一致。将智慧采购平台与借阅管理系统集成，可以改善用户的借阅体验和服务质量。

借阅管理系统负责图书的借阅、归还、预约等操作，并跟踪借阅记录和用户账户信息。智慧采购平台可以与借阅管理系统共享数据，实现图书的状态更新和用户借阅记录的同步。例如，当图书被采购并上架后，借阅管理系统可以及时反映图书的可借状态，让用户能够方便地进行借阅操作。

此外，集成接口还可以提供用户借阅历史和采购记录的综合视图，帮助图书馆进行数据分析和决策支持。数据一致性和流程自动化是系统集成的另一个重要优势。不同系统之间的数据可以实时同步和共享，避免了数据孤岛和信息不一致的问题。例如，当某一图书的采购状态发生变化时，相关的馆藏管理和借阅管理系统可以立即获得更新，从而保持数据的一致性和准确性。此外，系统集成可以实现业务流程的自动化，如自动生成采购订单、自动更新库存状态等，减少人工操作的需求。

（二）API 接口

在公共图书馆智慧采购平台的架构设计中，API 接口是实现与外部系统集成的关键组件。API 接口能够提供与外部供应商平台、数据源及其他相关系统的集成能力，从而扩展平台的功能，实现数据共享和业务流程的自动化，提高整体运营效率和服务质量。API 接口是一种允许不同软件系统之间进行通信和数据交换的接口，通过定义清晰的请求和响应格式，使得外部系统能够安全、有效地访问平台提供的服务和数据。API 接口可以用于与各种外部系统进行集成，包括供应商平台、数据源、支付网关等，从而实现信息流的无缝连接和业务流程的优化。

通过供应商平台的 API 接口，智慧采购平台能够直接访问供应商提供的产品信息、价格、库存状态等数据。这种集成可以实现自动化的采购流程，提高效率。例如，当图书馆需要采购新书时，智慧采购平台可以通过 API 接口实时获取供应商的最新产品目录和价格信息，自动生成采购订单并发送给供应商。这种自动化流程不仅减少了采购人员的工作量，还能够确保采购决策基于最新的数据，提升采购的准确性和及时性。

数据源的 API 接口可以为智慧采购平台提供丰富的外部数据，如图书的 ISBN 信息、书评、图书馆的统计数据等。通过集成这些数据源，平台可以增强对图书的了解，改进采购决策。例如，通过接入豆瓣、当当、亚马逊或其它书评网站的 API 接口，智慧采购平台可以获取书籍的评分和评价，从而帮助采购人员选择质量更高的图书。同时，外部数据源的集成还可以帮助图书馆进行市场分析和趋势预测，优化图书馆的采购策略和资源配置。

支付网关的 API 接口是实现在线支付和交易处理的关键。通过与支付网关的集成，智慧采购平台可以支持多种支付方式，如信用卡、电子钱包、银行转账等，为用户提供便捷的支付体验。支付网关的 API 接口可以安全地处理支付信息，确保交易过程的安全性和准确性，并在交易完成后返回支付结果。这样的集成不仅简化了支付流程，还能够提高交易的安全性，减少财务风险。

（三）消息队列

消息队列能够有效地解耦系统模块，提升系统的可靠性和可扩展性，同时优化任务的处理效率和数据流动。下面将详细探讨消息队列在智慧采购平台中的应用及其带来的优势。消息队列是一种用于异步通信的中间件，它允许不同的系统或服务通过发送和接收消息进行数据交换。消息队列的核心作用是将消息从生产者发送到消费者，并在此过程中缓冲消息，确保消息的可靠传输。对于公共图书馆智慧采购平台而言，消息队列可以在系统内部和系统之间传递信息，处理任务调度，实现异步数据传输，从而提高系统的整体效率和稳定性。

异步数据传输是消息队列的主要应用场景之一。不同的模块和服务往往需要交换大量的数据，例如采购订单的处理、库存状态的更新、用户通知等。这些数据交换可能涉及多个系统和服务，直接进行同步传输可能会导致系统负荷过重或响应时间延迟。使用消息队列，可以将数据传输任务异步化，即消息被放入队列中，由消费者异步处理。这种方式能够有效减少系统的实时负担，避免由于高并发请求而导致的系统性能下降。例如，当用户提交采购请求时，系统可以将请求消息发送到队列中，后台服务会从队列中异步读取消息并处理，从而保证用户的操作不会因为系统繁忙而受到影响。

定期任务和后台作业（如数据同步、库存更新、报告生成等）通常需要按照一定的时间表进行调度。消息队列可以用作任务调度的中间层，将任务按照设定的时间或条件推送到队列中，由专门的任务处理服务或消费者进行处理。例如，平台可以使用消息队列定时发送库存警报通知，确保库存水平低于阈值时，系统能够及时生成补货请求并通知相关人员。"系统解耦"是消息队列带来的重要好处之一。不同模块或服务之间的耦合度降低有助于提高系统的灵活性和可维护性。使用消息队列可以将各个模块之间的依赖关系减少到最小限度，使得系统中的各个服务可以独立发展和维护。例如，采购模块可以通过消息队列将订单处理消息传递给库存管理模块，而不需要直接调用其接口。这样，任何一个模块的变更或升级都不会直接影响到其他模块，系统的扩展和维护变得更加高效和灵活。

四、安全与权限管理层架构

（一）身份验证与授权

身份验证是验证用户身份的过程，确保用户在访问系统之前是合法的。通常，身份验证需要用户提供凭证，如用户名和密码、身份证件或生物识别信息。公共图书馆智慧采购平台需要设计一个强大的身份验证系统，以防止未授权的用户访问系统。常见的身份验证方法包括：用户名和密码这是最基本的身份验证方法，用户通过输入用户名和密码来登录系统。为了提高安全性，系统应采用密码加密存储，并实施强密码策略，如要求用户使用复杂的密码和定期更换密码。

为了增强身份验证的安全性，智慧采购平台可以引入多因素认证。多因素身份验证（Multi-factor Authentication，MFA）结合了多种验证因素，如密码和一次性验证码（OTP）或生物识别信息（如指纹、面部识别）。这种方法有效地降低了密码被盗取或泄露带来的风险。对于拥有多个系统的图书馆，单点登录可以简化用户体验。用户只需一次登录即可访问所有集成系统。单点登陆（Single Sign On，SSO）通过集中管理身份验证信息，提高了用户的便利性，并减少了密码管理的复杂性。授权是在用户通过身份验证后，管理其对系统资源和功能的访问权限。授权决定了用户能够执行哪些操作和访问哪些数据。有效的授权机制能够防止用户超越其权限范围，确保系统的安全性。

智慧采购平台可以通过角色基于访问控制来管理用户权限。系统将用户分配到不同的角色（如管理员、采购员、库存管理人员等），每个角色具有特定的权限。例如，管理员可以管理系统设置和用户权限，而采购员只能处理采购订单。角色的使用简化了权限管理，并确保用户仅能访问其工作所需的资源。

在更复杂的场景中，基于属性的访问控制可以提供更细粒度的权限管理。基于属性的访问控制（Attribute-Based Access Control，ABAC）基于用户属性（如部门、职位）、资源属性（如数据分类）、环境条件（如访问时间）等动态决定权限。这样可以灵活地控制用户对资源的访问，根据实时需求调整权限。为确保身份验证和授权机制的有效性，系统需要记录用户活动和权限变更的审计日志。通过监控和分析这些日志，图书馆可以及时发现异常行为和潜在的安全威胁。例如，如果发现某个用户访问了不应有的资源，系统管理员可以立即采取措施进行调查和处理。实施强大的身份验证和授权机制不仅能保护系统免受未经授权的访问，还能确保用户能够高效、安全地完成其工作任务。智慧采购平台应根据实际需求选择合适的身份验证和授权策略，并不断优化和更新，以应对不断变化的安全挑战和业务需求。

（二）数据加密

公共图书馆智慧采购平台作为一个连接图书馆、出版商、供应商和其他相关方的重要平台，涉及大量的敏感数据传输和处理，包括采购订单、财务信息、用户数据等。这些数据的安全性直接关系到图书馆运营的稳定性以及用户隐私的保护。因此，在智慧采购平台的架构设计中，数据加密机制不可或缺。数据加密可以确保在数据传输过程中，即使数据包被拦截，未经授权的第三方也无法读取或篡改信息。

智慧采购平台通常涉及跨机构和跨网络的数据传输，敏感数据在传输过程中极易成为攻击目标。通过采用先进的加密算法，如对称加密算法［如高级加密算法（Advanced Encryption Standard, AES）］或非对称加密算法［如非对称加密算法（Rivest Shamir Adleman, RSA）］，可以有效保障数据在传输过程中的安全性。无论是订单信息、支付信息，还是与出版商的版权协议，这些关键数据在传输过程中都应进行加密处理，以防止中间人攻击或数据泄露。

数据加密也能够保障存储数据的安全性。大量的历史交易记录、合同信息和用户数据需要长期保存，这些数据同样需要加密存储，以防止因服务器被入侵或物理硬盘被盗而导致的数据泄露。通过使用加密文件系统或数据库加密技术，可以确保即使数据存储介质被非法获取，数据内容依然无法被直接解读。数据加密应贯穿整个数据生命周期，包括数据的生成、传输、处理、存储以及销毁阶段。特别是在数据销毁时，应采用不可逆的加密算法对数据进行彻底删除，以防止数据恢复技术的滥用。

（三）审计日志

审计日志的核心功能是记录系统的操作和访问历史。每一次用户登录、数据查询、采购订单生成、支付处理、数据导出等操作，都应被详细记录。这些日志记录应包括操作时间、操作用户、具体操作内容、操作结果，以及相关系统组件的状态等信息。这种详细的记录能够为系统管理员提供一个全面的操作视图，便于在事后分析系统运行情况和用户行为。

审计日志在维护系统透明性方面扮演着重要角色。通过审计日志，系统管理员和监管人员可以实时或事后检查系统中每一个关键操作是否符合既定的流程和规定，是否存在违规操作或未授权访问。对于图书馆管理层和监管机构而言，能够清晰地看到所有操作记录，有助于确保平台运作的透明性，减少潜在的内部风险和违规行为。

审计日志还在保障系统合规性方面不可或缺。在公共图书馆智慧采购平台的运营中，平台需遵循各类法律法规和行业标准，确保数据处理和业务操作的合法性。审计日志可以帮助平台证明其操作的合规性，尤其是在接受外部审计或调查时，能够提供详尽的操作记录，证明系统操作的正当性和合法性。例如，涉及用户隐私的数据访问操作，需要符合相关数据保护法律的要求，审计日志可以作为这些操作符合法规的证明材料。

在架构设计上，智慧采购平台的审计日志系统应具备高度的可靠性和安全性。日志数据本身也是一种敏感信息，必须采取适当的保护措施，如数据加密和访问控制，确保只有授权人员才能查看和操作这些日志记录。日志的保存策略也需谨慎设计，通常要求长期保存以便满足合规需求，同时也应具备高效的日志查询和分析功能，帮助快速定位和解决问题。

审计日志应具备实时监控和告警功能。当系统检测到异常操作或潜在的安全威胁时，例如频繁的失败登录尝试、未授权的数据访问或异常的大量数据导出操作，审计日志系统应立即触发告警，通知相关管理人员采取应急措施。这不仅有助于防止潜在的安全事件，还能及时修复漏洞，降低对系统的影响。

审计日志的管理和分析功能应与智慧采购平台的其他安全措施相结合，如用户身份验证、访问权限控制、数据加密等，共同构成一个全面的安全防护体系。这种多层次的安全架构能够确保公共图书馆智慧采购平台在复杂的网络环境中依然能够安全稳定地运行，保障各类敏感数据的安全和系统操作的合规性。

五、基础设施层架构

（一）服务器和网络

服务器是平台的核心处理单元，负责运行应用程序、存储数据以及处理各种用户请求。对于公共图书馆智慧采购平台来说，服务器需要具备足够的计算能力和存储空间，以应对大量用户的并发访问、复杂的数据处理任务以及海量的图书采购信息存储。

通常，平台可以选择云服务器或本地服务器两种方式，或者采用混合模式。云服务具有灵活性和可扩展性强的优势，可以根据平台需求的变化动态调整计算资源。云服务可以提供按需扩展的能力，尤其是在采购高峰期或系统升级期间，云服务能够迅速增加计算和存储资源，确保平台运行的稳定性和流畅性。此外，云服务还可以通过多个数据中心的冗余备份，提高数据存储的可靠性和系统的容灾能力。本地服务器则提供了更高的控制权和数据安全性。对于一些敏感数据较多的图书馆，尤其是涉及用户隐私和财务信息的场景，使用本地服务器可以更好地保障数据的隐私和安全。图书馆可以自行管理和配置服务器，严格控制数据访问权限，并通过内部网络隔离等手段减少外部攻击的风险。然而，本地服务器的维护成本相对较高，需要专门的技术人员进行日常管理和系统更新。

在网络方面，可靠的网络基础设施是确保数据在图书馆、供应商和其他参与方之间快速传输的关键。公共图书馆智慧采购平台的网络架构应包括高带宽的互联网连接、内部网络的优化以及安全的网络协议。例如,平台可以采用虚拟专用网络(Virtual Private Network,VPN)技术,确保图书馆与供应商之间的数据传输安全性。对于涉及敏感信息的数据传输,使用安全套接字层(Secure Sockets Layer,SSL)或传输层安全(Transport Layer Security,TLS)协议进行加密,可以有效防止数据被窃取或篡改。网络架构的可靠性和容错性也是至关重要的。

在设计公共图书馆智慧采购平台的网络架构时,应考虑到可能的网络故障和攻击,采用多层次的安全防护措施,如防火墙、入侵检测系统(Intrusion Detection System,IDS)以及分布式拒绝服务(Distributed Denial of Service,DDoS)防护机制。同时,利用负载均衡器和冗余网络连接,可以有效提升网络的可用性,确保平台在各种网络条件下依然能够正常运行。服务器和网络的管理与监控是保障平台长期稳定运行的关键。

在公共图书馆智慧采购平台的日常运营中,实时监控服务器性能和网络状态,及时发现和处理潜在问题,可以有效避免系统宕机和数据丢失。此外,定期进行服务器和网络的安全检查、漏洞修复和性能优化,能够持续提升平台的运行效率和安全性。

(二)备份和恢复

定期备份系统数据是数据保护的基础。数据包括订单信息、支付记录、供应商合同、用户资料、图书库存信息等,这些数据不仅量大而且至关重要。通过定期备份,可以确保在系统出现故障、数据被误删除或受到恶意攻击时,能够及时恢复关键数据,避免数据丢失对平台运营造成的冲击。备份频率应根据平台数据变化的频率来设定,对于频繁更新的数据,建议每日备份,而对于相对静态的数据,可能每周备份一次即可。

在备份策略方面,公共图书馆智慧采购平台可以采用多种备份方式,包括全量备份、增量备份和差异备份。全量备份是指对所有数据进行完整备份,虽然这种方式耗时较长且占用存储空间较大,但在数据恢复时最为简便。增量备份和差异备份则是在上次备份的基础上,只备份新增或改变的数据,能够节省存储空间和备份时间,但恢复时需要多次操作。因此,平台可以结合使用全量备份和增量备份,例如每周进行一次全量备份,平日进行增量备份,以在备份效率和数据恢复速度之间取得平衡。

数据恢复机制是应对系统故障的关键保障。公共图书馆智慧采购平台必须具备快速有效的数据恢复能力,以应对各种可能的突发事件,如硬件故障、软件错误、人为操作失误或网络攻击等。当系统出现问题时，能够迅速恢复数据，不仅可以降低故障对业务造成的影响，还能迅速恢复图书馆的正常运营。

为了确保数据恢复的有效性，平台应定期进行数据恢复演练，测试备份数据的完整性和恢复过程的可行性。这可以帮助识别潜在的问题，如备份文件损坏、恢复过程中的时间延迟或其他技术问题，进而及时修正和优化数据恢复方案。此外，数据恢复机制还应具备一定的灵活性，以应对不同程度的系统故障。对于轻微故障，可能只需要恢复部分数据或重启系统即可，而对于重大故障，则需要全面恢复系统，并确保所有业务功能的正常运转。

在平台架构设计中，备份与恢复机制应与其他安全措施紧密结合，如数据加密、访问控制和审计日志等，共同构成一个综合的安全防护体系。特别是对于涉及用户隐私和财务信息的数据，备份数据本身也应进行加密处理，以防止在备份和恢复过程中出现数据泄露的风险。随着公共图书馆智慧采购平台的规模不断扩大和数据量的持续增长，备份与恢复机制也需要不断优化和升级。可以考虑引入云备份技术，将备份数据存储在云端，这样不仅可以利用云服务提供的高可用性和弹性资源，还可以在灾难恢复时实现异地恢复，进一步提升平台的容灾能力。

第二节 智慧采购系统的功能模块

一、采购计划管理模块

通过制订年度或季度采购计划，图书馆可以有效地规划资源采购，提升馆藏质量，满足读者需求。采购计划管理模块支持制订详细的年度或季度采购计划。公共图书馆的采购需求往往多样且复杂，包括图书、期刊、电子资源、数据库订阅、设备以及办公用品等。通过采购计划管理模块，图书馆可以根据读者需求、馆藏分析和未来发展方向，制订科学合理的采购计划。系统支持对不同类型的资源设定采购优先级，并为每个资源类别分配相应的预算，这有助于确保重点资源的采购得到优先保障。同时，系统还可以根据历史采购数据和市场变化趋势，提供采购建议，帮助图书馆在制订采购计划时做出更为精准的决策。

(一)预算管理

采购计划管理模块还具备预算管理和调整功能。在制订采购计划的过程中,预算管理是关键环节之一。系统可以帮助图书馆精细化管理采购预算,按照资源类别、供应商、时间段等维度进行预算分配和监控。通过实时跟踪预算执行情况,图书馆可以在采购过程中随时掌握预算使用进度,防止超支或预算不足的情况发生。此外,系统还提供了预算调整功能,允许图书馆在采购计划执行过程中,根据实际情况进行灵活调整。例如,在某一类资源的采购需求突增或预算不足时,系统可以自动或手动调整预算分配,确保整体采购计划的顺利执行。

采购计划管理模块还支持对采购计划的实时监控和动态调整。公共图书馆的需求变化较快,特别是在突发事件、政策调整或市场波动的情况下,原定的采购计划可能需要及时调整。智慧采购系统能够通过数据分析和预测模型,实时监控市场行情、价格波动和供应链状况,及时提醒管理人员对采购计划进行修订。此外,系统还支持与供应商的实时对接,获取最新的产品信息和价格更新,确保图书馆能够及时采购到符合需求的资源。

(二)反馈机制

在采购计划执行过程中,系统提供了完善的跟踪和反馈机制。每一笔采购操作都可以在系统中详细记录,包括采购请求的提出、审批流程、订单生成、供应商确认、货物接收等各个环节。通过这些记录,图书馆管理者可以全面了解采购计划的执行情况,及时发现和解决可能存在的问题,确保采购计划的高效落实。同时,系统还能根据采购执行情况生成各类报表,帮助图书馆总结采购经验、优化未来的采购策略。采购计划管理模块还具备历史数据归档和分析功能。通过对过去的采购计划、预算执行情况、资源使用情况等数据进行系统化的归档和分析,图书馆可以为未来的采购计划提供参考依据。系统可以自动生成采购趋势报告、预算执行效率报告等,为管理者提供决策支持,进一步优化图书馆的采购流程和资源配置。

二、采购申请与审批模块

(一)采购申请

采购申请模块为图书馆员工提供了一个简洁、高效的申请界面。员工可以通过系统登录后，选择相应的资源类别，如图书、期刊、数据库、办公设备等，填写采购申请表单。表单通常包括采购物品的详细信息，如名称、数量、供应商建议、预算金额以及申请理由等。系统支持自动化的输入提示和模板化的申请表单，帮助员工快速、准确地完成申请，同时减少人为错误。此外，系统可以与图书馆的资源管理系统联动，自动检索馆藏数据，避免重复采购和资源浪费。

在申请提交后，采购审批流程随即启动。审批流程的设定是确保采购活动规范运作的重要环节。智慧采购系统允许图书馆根据自身的管理架构和采购政策，自定义审批流程。审批流程通常包括多个层级，如部门主管初审、财务部门审核、采购部门复审，以及图书馆管理层最终批准。各级审核人可以根据自己的权限和职责，在系统中查看采购申请的详细信息，并做出相应的审核决策，如批准、驳回或要求补充信息。审批流程中，系统提供了透明的跟踪和通知功能。每个审批环节的状态、审核意见、时间节点等信息都会被记录在系统中，形成完整的审批日志。图书馆员工和审核人都可以实时查看申请的进展情况，了解当前所处的审批阶段和下一步操作。此外，系统还会通过电子邮件或系统通知的方式，及时提醒相关人员处理审批任务，避免流程中的延误和遗漏，提升整体的审批效率。

（二）采购审批

图书馆可以根据采购项目的金额、物品类别、紧急程度等因素，设定不同的审批流程。例如，对于金额较大的采购项目，可能需要更高级别的审核和多重审批，以防止决策失误和资金浪费。系统还可以设定不同角色的权限，确保只有具备相应权限的人员才能查看和审批特定类型的采购申请，防止信息泄露和越权操作。在审批流程结束后，系统会自动生成审批结果并通知申请人。如果申请通过，系统会进一步将采购申请转化为订单，并进入后续的采购执行流程；如果申请被驳回，申请人可以根据审核意见进行修改后重新提交，或选择取消申请。系统中的历史记录功能使得每一笔采购申请都可以追溯，方便在需要时进行审计和监督，确保每一项采购活动都符合图书馆的规章制度和预算要求。采购申请与审批模块还具备数据分析和报表生成功能。系统能够自动汇总和分析所有采购申请和审批数据，生成各类统计报表，如申请数量、审批通过率、平均审批时间等。这些数据不仅有助于图书馆管理层了解采购工作的整体情况，还可以作为优化采购流程、提升审批效率的依据。

三、订单管理模块

订单管理模块支持自动生成采购订单。在采购申请通过审批后,系统会根据申请内容自动生成相应的采购订单。订单信息通常包括采购物品的详细描述、供应商信息、数量、价格、交货期限等。同时,系统还支持订单的手动调整功能,允许采购人员根据实际情况修改订单信息,如更改供应商、调整数量或修改交货日期。生成的采购订单不仅可以在线保存,还可以导出为PDF或其他格式,以便记录或发送给供应商。在订单生成后,订单管理模块将订单状态管理作为核心功能。

采购订单的生命周期通常包括多个状态节点,如"已下单""已发货""在途""已到货"和"已验收"等。系统会自动跟踪每个订单的状态变化,并在状态发生变化时更新系统记录。采购人员可以通过系统实时查看订单的当前状态,了解采购进展。例如,当供应商确认发货后,订单状态会自动更新为"已发货",并显示预计的到货时间。这一功能使采购过程中的各个环节透明化,便于管理者掌控全局,及时应对突发情况。

系统中的通知和提醒功能也是订单管理模块的重要组成部分。对于关键的订单状态变更,如订单发货、到货或验收异常,系统会通过电子邮件或内部信息提醒相关人员。这种自动化的通知机制能够有效减少人工操作失误或遗漏,确保每一步骤都得到及时处理。例如,当订单到货后,系统会通知相关部门安排验收,避免因延误导致的供应链中断或资源缺失。

订单管理模块还支持供应商信息和物流信息的集成管理。系统可以记录每个订单对应的供应商详细信息,包括联系信息、过往合作记录、供应商评级等。同时,系统支持与供应商的直接对接,自动获取和更新订单的物流信息,如快递单号、运输状态等。这使得图书馆可以实时监控物品的运输过程,确保采购物品能够按时到达。如果在运输过程中出现问题,如延误或丢失,系统也可以及时提醒采购人员采取应对措施。

到货后的验收管理也是订单管理模块的重要功能之一。当采购物品到达图书馆后,系统会根据订单信息生成验收任务,指导相关人员对到货物品进行检查。验收过程通常包括核对数量、检查质量、确认是否与订单信息一致等步骤。系统支持记录验收结果,并在发现问题时,生成相应的验收报告或退货单,方便进一步处理。验收完成后,系统会更新订单状态为"已验收",并将订单归档,供日后查询和审计使用。

订单管理模块还具有数据分析和报表生成功能。系统能够根据历史订单数据,生成各种统计报表,如采购成本分析、供应商表现评估、订单交货准时率等。这些数据分析功能为图书馆的采购决策提供了有力支持,帮助管理层优化采购策略、改进供应商选择，并提升整体采购效率。

四、采购合同管理模块

（一）集中化的合同存储

采购合同管理是公共图书馆智慧采购系统中的关键功能模块，旨在有效地存储、管理和跟踪所有与采购相关的合同。图书馆能够确保合同条款的遵守，提升合同履行的透明度，并优化采购管理流程，避免合同纠纷和资源浪费。采购合同管理模块提供了一个集中化的合同存储和管理平台。每当签署新的采购合同时，系统允许用户将合同电子文档上传并存储在安全的数据库中。系统支持各种合同格式的存储，如PDF、Word等，并提供清晰的文件分类和检索功能，使用户能够快速找到所需的合同文档。此外，系统可以自动生成合同编号，并根据合同类型、供应商、合同日期等信息进行标签和分类，进一步优化合同管理的效率。

在合同管理过程中，跟踪合同条款和履行情况是模块的核心功能之一。系统允许用户详细记录合同的关键条款，包括价格、交货时间、质量标准、支付条件以及违约条款等。在合同执行过程中，系统能够实时跟踪这些条款的履行情况。例如，系统会自动监控交货时间，提醒相关人员及时确认货物是否按时到达；同时，系统也会跟踪付款进度，确保供应商按照合同约定收到款项。这种自动化的跟踪机制不仅有助于确保合同的顺利履行，还可以及时发现和解决履行过程中出现的问题。

采购合同管理模块还提供了合同到期和续签提醒功能。系统可以设定合同到期日的自动提醒，并在合同接近到期时，通过电子邮件或系统通知的方式提醒相关人员进行续签或重新谈判。这一功能有助于避免合同到期后出现服务中断或供应商关系中断的风险，并为图书馆提供了足够的时间来处理合同续签事务，确保业务的连续性。

（二）合同变更和履约

为了支持合同履行和纠纷处理，系统还包括合同变更和履约记录功能。合同在执行过程中，可能会因需求变化、市场条件变化或其他原因需要进行变更。系统允许用户记录所有的合同变更请求和变更历史，包括变更的原因、内容和批准情况。此外，系统还能够记录合同履行过程中的问题和解决措施，如延迟交货、质量问题等，形成完整的履约记录。这些记录为后续的合同评估、纠纷处理和审计提供了重要依据。

合同管理模块还具有报告生成和数据分析功能。系统能够根据合同的执行情况生成各类统计报表，如合同履行率、违约情况统计、供应商表现分析等。这些数据分析不仅有助于评估合同执行的整体效果，还能够为未来的采购决策提供参考。图书馆管理层可以通过这些报表了解合同履行情况，发现潜在的问题，并优化合同管理策略。采购合同管理模块注重合同数据的安全性和隐私保护。系统采用加密技术对合同数据进行保护，确保只有授权人员才能访问和操作合同信息。此外，系统还支持权限管理，允许根据不同的用户角色设定访问权限，防止未经授权的操作和数据泄露。

五、预算控制模块

（一）实时的预算监控

图书馆在制订年度或季度采购预算时，系统会将预算信息输入到系统中，并根据预算的分配情况自动生成预算目标。每当产生采购申请或生成采购订单时，系统会实时更新支出数据，与预算进行对比。这种实时监控功能使得管理人员可以随时查看当前的采购支出情况，了解各项支出的预算执行情况，确保采购活动不超出预算限制。系统具备预算超支警报功能。当采购支出接近或超出预算时，系统会自动触发超预算警报。警报信息会以系统通知或电子邮件的形式及时发送给相关负责人，提醒他们注意预算控制情况。系统还可以设定不同的警报阈值，如警告、注意、紧急等，针对不同程度的预算超支问题采取相应的措施。通过这种预警机制，图书馆能够在预算超支发生之前及时采取行动，避免不必要的财务风险。

预算控制模块还提供了详细的报告生成和分析功能。系统能够根据预算执行情况生成各类财务报表，如预算执行报告、支出分析报告、超预算情况报告等。这些报表不仅详细记录了每项支出的预算和实际情况，还提供了对预算执行的综合分析，帮助管理人员识别支出的异常情况和潜在的预算问题。通过对这些报告的分析，图书馆可以优化预算编制，提升整体的财务管理水平。

（二）历史预算数据

系统支持历史数据的归档和对比分析。预算控制模块能够保存历史预算数据和支出记录，方便图书馆进行长期的预算分析和比较。通过对历年的预算执行情况进行对比，图书馆可以识别预算编制中的趋势和规律，改进未来的预算制订过程。例如，如果某类资源的支出持续超出预算，图书馆可以分析原因，调整未来的预算分配或采购策略，从而提高预算编制的准确性和合理性。为了确保预算控制的有效性，系统还支持多级审批和权限管理功能。在预算控制过程中，系统可以设定不同的审批流程，如采购申请需经过预算审核、部门主管审批等。只有经过各级审核的采购申请才能进入实际执行阶段，这一机制可以有效避免预算超支的情况发生。同时，系统的权限管理功能允许设定不同用户角色的预算权限，确保只有具备相应权限的人员才能进行预算调整和超支处理，防止越权操作。预算控制模块注重数据的安全性和准确性。系统采用加密技术对预算数据进行保护，确保数据在存储和传输过程中的安全。同时，系统的自动化计算和数据更新功能能够减少人为错误，提升预算数据的准确性和可靠性。

第三节 公共图书馆智慧采购系统实施方案

一、项目背景与需求分析

（一）现状分析

在当前公共图书馆的采购管理中，普遍存在着缺乏智能化的数据分析和预测功能的问题。这一现状导致了采购过程中频繁发生过度采购或采购不足的现象，给图书馆的资源管理和服务质量带来了不少挑战。

过度采购是一个主要问题。由于现有采购系统缺乏有效的数据分析能力，图书馆往往依赖于历史数据或人为的经验判断来进行采购决策。这种方法无法准确预测读者的实际需求，容易导致采购数量超过实际需求。过多的库存积压不仅占用了图书馆的财务资源，还可能导致书籍的物理存储问题，如过期、损坏或变质。某些类型的书籍可能因为采购过多而被长期闲置，这不仅降低了图书馆的资源利用效率，还可能浪费了宝贵的预算。

采购不足同样是一个严重问题。由于缺乏智能化的需求预测工具，图书馆在采购时难以准确把握读者的最新需求趋势。图书馆可能会面临某些书籍的短缺，进而影响到服务的连续性和质量。例如，如果某类书籍在特定时期突然受到读者的高度关注，但图书馆的采购计划未能及时调整，就会导致该类书籍的短缺，进而影响到读者的借阅体验和图书馆的服务水平。这种情况不仅可能导致读者的流失，还可能影响到图书馆的声誉。

现有采购系统的不足还表现在对市场动态和用户行为的反应迟缓。传统的采购系统往往无法实时追踪市场的变化和用户需求的波动，这使得图书馆在调整采购策略时缺乏灵活性和前瞻性。例如，季节性阅读趋势、新兴热门书籍的迅速崛起等都可能在传统系统中未能得到及时反应，导致图书馆无法迅速做出采购调整。

（二）需求分析

1. 便捷申请和查询

系统应提供一个友好的用户界面，使得用户能够轻松提交书籍采购申请。在传统的图书馆采购流程中，用户可能需要通过复杂的纸质表单或烦琐的内部流程来申请新书，这不仅耗时，而且容易导致信息传递得不准确或延误。一个智能化的系统应当通过直观的在线界面，简化这一过程。用户可以在系统中直接填写采购申请表，输入所需书籍的标题、作者、ISBN 编号等信息，并附上必要的说明或备注。界面的设计应简洁明了，确保用户能够快速完成申请，而不必担心操作复杂或出错。系统应支持实时查询功能，使用户能够方便地跟踪其申请的状态和进展。用户提交申请后，系统应提供一个清晰的状态追踪界面，允许用户随时查看申请的处理情况。这包括申请的审批进度、采购的状态、预期的到货时间等信息。实时查询功能不仅可以帮助用户了解其申请的当前状态，还能减少因信息不对称而产生的焦虑或不满，提高用户的参与感和满意度。

为了进一步提升用户体验，系统应通过通知功能自动更新申请的审批状态及进展情况。当申请被接受、审核或采购完成时，系统应通过电子邮件、短信或系统内通知的形式，及时将相关信息发送给用户。这样，用户无须主动查询或等待长时间的反馈，就能够获得最新的申请处理信息。通知功能应支持定制化设置，使用户能够根据个人偏好选择接收的通知方式和内容，从而提高信息传递的有效性和用户的便利性。在实现这些功能时，系统应注重数据的安全性和隐私保护。用户的个人信息和采购申请内容应通过加密和安全认证措施进行保护，确保信息在传输和存储过程中不会被泄露或篡改。此外，系统应提供用户数据管理功能，允许用户查看和更新自己的申请历史记录，确保信息的准确性和完整性。

2. 反馈机制

通过提供一个全面的反馈渠道，图书馆能够收集和处理用户对书籍资源的建议和意见，从而优化资源配置和采购决策，增强读者的满意度和参与感。

系统应设计一个简便而直观的反馈渠道，使用户能够轻松地提交他们的建议和意见。该反馈渠道可以通过在线表单、邮件反馈或集成到图书馆管理系统中的意见箱等多种方式实现。用户在提交反馈时，可以选择提供书籍标题、作者、ISBN 编号等信息，并附上详细的建议或意见。系统应确保反馈表单设计简洁明了，避免复杂的操作步骤，以鼓励更多用户参与。

系统应具备自动化的反馈收集和分类功能。所有用户提交的反馈信息应自动汇总到中央数据库中，并进行分类处理。系统可以通过关键词分析和数据挖掘技术，将反馈信息按主题、优先级和紧急程度进行分类。例如，反馈可以分为"书籍推荐""服务改进建议""技术问题报告"等类别。这样，图书馆能够更高效地管理和处理用户反馈，确保每一条建议都得到适当的关注。

在反馈处理过程中，系统应提供透明的处理流程和状态跟踪功能。用户提交反馈后，系统应自动生成处理记录，并将处理进展及时通知用户。反馈处理的状态可以包括"已接收""处理中""已解决"等阶段，用户能够实时查看反馈的进展情况。这样，用户不仅能看到他们的建议被认真对待，还能对图书馆的响应速度和处理能力有清晰了解。

系统还应提供数据分析和报告功能，以帮助图书馆管理人员分析和总结用户反馈的趋势和模式。通过对反馈数据的定期分析，图书馆可以识别出常见的问题和改进点，制订针对性改进措施。例如，如果发现多条反馈集中在某一类型书籍的采购需求上，图书馆可以考虑优先采购这类书籍，或调整采购策略以满足读者的需求。为了进一步提升反馈机制的效果，图书馆应定期向用户公开反馈处理结果和改进措施。通过发布反馈总结报告或改进公告，图书馆能够向读者展示其对用户建议的重视程度和改进成果。这种透明度不仅能够增强用户对图书馆的信任，还能鼓励更多读者参与反馈，形成良性循环。

二、系统目标

在当今信息化时代，公共图书馆面临着诸多挑战，其中最显著的是如何有效管理和优化图书馆资源，以满足不断变化的读者需求。为此，实施智慧采购系统成为提升图书馆服务质量的关键一步。系统的主要目标是通过自动化流程减少人工干预，提高采购速度，同时利用大数据分析用户借阅行为，优化图书馆资源配置。智慧采购系统旨在通过自动化流程显著减少人工干预。传统的图书采购过程通常依赖人工操作，包括手动选择图书、编制采购清单、审核采购申请等。智慧采购系统通过集成先进的自动化技术，可以将这些繁琐的操作流程转化为自动化任务。系统可以根据设定的参数自动生成采购计划，并自动向供应商发送采购订单。这样，不仅提高了采购的效率，还减少了人工干预可能带来的错误，确保了采购过程的准确性和及时性。

智慧采购系统将大数据分析技术应用于用户借阅行为的分析，以优化图书馆资源配置。通过收集和分析大量的用户借阅数据，系统能够识别出读者的阅读偏好和借阅趋势。这些数据可以帮助图书馆了解哪些书籍最受欢迎，哪些领域的书籍需求增长最快，从而有针对性地进行采购。例如，如果系统分析发现某一类书籍的借阅量显著上升，图书馆可以优先采购这类书籍，确保资源配置的有效性和及时性。图书馆能够更加精准地满足读者的需求，提升图书馆的服务质量和用户满意度。

智慧采购系统还具有智能推荐和动态调整功能。系统可以根据实时的借阅数据和市场动态。例如，如果系统检测到某些图书在特定时间段内借阅量大幅增加，它可以自动调整采购计划，以应对突发的需求变化。这样，图书馆不仅能更好地适应市场变化，还能在资源有限的情况下，最大限度地满足读者的需求。

三、效益评估

（一）实施效果评估

1. 制订优化计划

根据评估结果和用户反馈，制订详细的系统优化计划。优化计划应包括改进系统功能、调整流程、提高性能等方面。优化计划应明确具体的改进措施、实施步骤和预期效果。

2. 实施优化措施

按照优化计划实施具体的优化措施。这可能包括系统功能的升级、界面设计的调整、性能的提升等。优化实施过程中应进行充分的测试，确保改进措施不会引入新的问题，并且能够达到预期的效果。

（二）投资回报分析

1. 投资回报率计算

投资回报率（Return on Investment，ROI）是评估项目经济性的关键指标。通过将系统实施后的成本节约和效益提升进行量化，计算投资回报率。ROI=（总收益-总成本）/总成本。通过计算投资回报率，可以评估系统实施的经济效益，并为未来的投资决策提供参考。

2. 长期经济效益

考虑到系统的长期运行和维护成本，评估系统的长期经济效益。长期效益分析可以包括系统的升级维护费用、持续的成本节约和效益提升等因素，以全面评估系统的经济性。

四、未来展望

（一）功能扩展

1. 适应需求变化

随着技术的迅猛发展和用户需求的不断变化，图书馆的服务和管理方式也在不断演进。现代公共图书馆不仅需要提供传统的书籍借阅服务，还需要顺应数字化、智能化的趋势，提供电子资源和智能服务。因此，图书馆采购系统的升级与调整变得尤为重要，以应对这些不断变化的需求。数字图书馆的建设是一个重要的发展方向。随着电子书和数字资源的普及，图书馆需要采购和管理大量的电子书籍和数字化文献。传统的采购系统通常侧重于纸质图书的采购，而数字图书馆的建设要求采购系统能够处理电子资源的购买、许可管理、内容更新等复杂任务。因此，采购系统必须具备强大的数字资源管理能力，包括与各大电子书供应商的接口对接、自动更新数字资源、支持多种数字格式等功能。智能推荐系统的应用成为提高用户服务水平的一个重要方面。通过分析用户的借阅历史和兴趣爱好，智能推荐系统可以为用户提供个性化的书籍推荐和资源推送。这需要采购系统能够与智能推荐系统进行无缝对接，以便及时获取和处理用户数据，并根据推荐算法进行相应的采购和资源调整。采购系统应具备数据分析功能，能够实时监测用户需求变化，支持自动化的采购决策，并确保图书馆资源的合理配置。

2. 提升系统竞争力

随着科技的进步，新技术和功能不断涌现，图书馆需要持续引入和集成这些新技术，以优化系统功能、提高效率，并满足用户不断变化的需求。这种技术进步不仅有助于提升采购系统的操作性能，还能够强化图书馆在资源管理和服务创新方面的竞争优势。

人工智能（AI）技术的引入是提升系统竞争力的一个重要方向。通过集成人工智能技术，智慧采购系统可以实现智能数据分析和决策支持。AI能够快速处理和分析大数据，识别复杂的模式和趋势，为图书馆的采购决策提供精准的数据支持。例如，AI可以通过对历史采购数据的分析，预测未来资源需求的变化，帮助图书馆在预算管理和采购规划方面做出更科学的决策。此外，AI还可以自动化处理日常的采购操作，如自动生成采购订单、跟踪供应商的交货情况、评估供应商的绩效等，从而大幅度提高系统的运营效率，减少人工操作的误差和延迟。区块链技术的应用为智慧采购系统在合同管理和供应链安全性方面提供了全新的解决方案。

区块链的透明性和不可篡改性，使其成为管理复杂合同和交易记录的理想技术。通过引入区块链，图书馆可以实现合同的智能化管理，确保每一笔交易的透明和可追溯性。例如，智慧采购系统可以利用区块链技术记录所有的采购合同和交易条款，并通过智能合约自动执行合同中的关键步骤，减少人工干预的风险。此举不仅能够提升合同执行的效率，还能增强合同履行的安全性和可靠性，防止合同纠纷的发生，确保图书馆的合法权益。

云计算技术的集成也是提升系统竞争力的重要组成部分。随着图书馆采购需求的增加和数据量的膨胀，传统的本地存储和处理方式难以满足现代图书馆的需求。通过采用云计算技术，智慧采购系统可以实现数据的集中存储和灵活调配，极大地提升系统的处理能力和扩展性。云计算的引入不仅能够降低硬件维护和升级的成本，还可以根据实际需求动态调整计算资源的分配，确保系统在高负载情况下依然能够平稳运行。此外，云计算技术还支持跨平台协作，使得不同图书馆之间可以更方便地共享采购数据和资源，从而形成更为广泛的资源网络，提升图书馆整体的服务水平和资源获取能力。

提升系统竞争力还需要关注用户体验的优化。随着智慧采购系统功能的不断扩展，确保系统的易用性和用户友好性变得尤为重要。通过引入先进的用户界面设计技术和人机交互技术，图书馆可以提供更为直观和便捷的操作界面，减少用户的学习曲线，提高系统的使用效率。同时，系统还可以利用大数据和 AI 技术提供个性化的服务，如根据用户的历史操作行为推荐合适的采购选项或资源，增强用户的参与感和满意度。

（二）技术升级

1. 提高系统性能

技术的进步为图书馆的采购管理带来了更高效的计算能力和快速的数据处理技术，通过定期进行技术升级，可以充分利用最新的硬件和软件技术，显著提升系统的运行速度和处理能力。这不仅能够优化采购流程，提高采购效率，还能为图书馆提供更加稳定和可靠的服务保障。

硬件升级是提升系统性能的基础。公共图书馆智慧采购系统依赖于强大的服务器和计算设备来处理大量的数据和复杂的运算任务。随着采购业务量的增长，系统对硬件的要求也不断提升。通过定期升级服务器，采用更高性能的处理器、更大容量的内存和更快的存储设备，图书馆能够显著提升系统的计算速度和数据存储能力。例如，图书馆采用最新一代的多核处理器和固态硬盘（Solid State Disk,SSD），可以大幅减少数据读取和写入的时间，加快系统响应速度，确保系统在高负载下依然能够稳定运行。此外，高性能的服务器还能够支持更多的并发用户访问，提升系统的扩展性和稳定性，满足图书馆不断扩大的采购需求。

软件优化是提升系统性能的重要手段。在公共图书馆智慧采购系统中，数据库引擎和算法的优化对于提升系统性能具有关键作用。数据库是系统的数据管理核心，处理着大量的采购订单、供应商信息和资源目录等数据。通过优化数据库引擎，例如选择更高效的数据库管理系统（Database Management System,DBMS），调整数据库结构和索引，实施数据库分区和缓存机制，图书馆可以加快数据查询和更新的速度，减少数据库操作的延迟时间。此外，引入更高效的算法，如优化的排序、搜索和匹配算法，可以在数据处理和分析过程中显著提升系统的运算效率。例如，在采购决策支持系统中，采用智能算法可以更快速地分析供应商的历史表现、市场价格波动和资源需求变化，从而为图书馆提供更准确和及时的采购建议。

除了硬件和软件的升级，系统架构的优化也是提升性能的重要措施。在智慧采购系统实施方案中，合理的系统架构设计可以最大化利用硬件和软件资源，提高系统的整体性能。例如，采用分布式架构将不同的系统功能模块部署在独立的服务器上，可以有效分担系统负载，避免单点故障带来的性能瓶颈。此外，采用云计算和虚拟化技术，可以动态调整计算资源的分配，根据系统的实时需求灵活增加或减少计算资源，从而提高系统的运行效率和资源利用率。

公共图书馆智慧采购系统的性能提升不仅仅体现在系统运行速度的加快和处理能力的增强，还体现在系统的可靠性和用户体验的提升上。高性能的系统能够提供更加稳定的服务，减少系统崩溃和数据丢失的风险，确保采购流程的顺利进行。此外，系统性能的提升还能够为图书馆的工作人员和读者提供更加流畅和快捷的操作体验，缩短系统响应时间，提高工作效率和用户满意度。公共图书馆智慧采购系统的性能提升需要一个长期的规划和持续投入。

技术的不断发展意味着图书馆需要定期对系统进行评估和升级，跟进最新的技术趋势，确保系统始终处于最佳运行状态。通过制订系统性能提升的实施方案，明确升级目标、时间表和预算，图书馆可以稳步推进技术升级，持续优化系统性能，为智慧采购系统的高效运行提供有力支持。

2. 支持新功能的实现

随着新技术的不断发展，公共图书馆可以通过技术升级来集成最新的功能和服务，进一步提升采购系统的功能和服务水平,从而更好地满足图书馆日益复杂的采购需求。技术升级为引入人工智能驱动的数据分析功能提供了可能性。

在智慧采购系统中,AI技术可以用于处理和分析大量的采购数据,以生成有价值的洞察。例如,AI可以通过分析图书馆的历史采购数据、供应商的表现以及市场趋势,帮助图书馆制订更为精准的采购策略。AI还能自动识别供应链中的潜在风险,如供应商延迟交货或质量问题,及时发出预警,避免图书馆在资源采购中遭受损失。通过技术升级将AI功能集成到智慧采购系统中,图书馆可以实现更智能化的采购管理,提升系统的智能化水平。区块链技术的发展为智慧采购系统的合同管理带来了革命性的变化。

区块链技术因其透明性和不可篡改性,被广泛认为是解决合同管理问题的有效工具。通过技术升级引入区块链,图书馆可以实现采购合同的自动化管理与智能合约的应用。智能合约可以预先设定合同条款,并在条件满足时自动执行,从而减少人工干预,降低合同执行中的风险。例如,图书馆与供应商之间的采购合同可以通过区块链技术记录和管理,每次合同变更和执行都将被记录在区块链上,确保信息的透明和可信。同时,区块链技术还能防止合同被篡改或伪造,增强合同的安全性和法律效力,从而更好地保护图书馆的权益。

技术升级还能帮助智慧采购系统支持更多先进的功能,如云计算技术的应用。在现代图书馆的运营中,采购数据和资源管理需求日益增长,传统的本地存储方式难以满足这些需求。通过技术升级引入云计算技术,图书馆可以实现数据的云端存储与处理,不仅提升了系统的数据处理能力,还确保了数据的安全性与可访问性。云计算的引入使得图书馆能够更灵活地应对采购需求的变化,实时共享和管理采购数据,减少了信息孤岛的产生。此外,云计算技术还为智慧采购系统的扩展性提供了保障,图书馆可以根据需求随时扩展系统功能和存储空间,提升系统的适应能力。

技术升级在支持新功能实现的同时,也有助于提升图书馆整体服务水平。随着用户需求的多样化,图书馆不仅需要提供更多元化的资源,还需要不断优化用户体验。通过技术升级,图书馆可以实现智慧采购系统的功能集成与用户界面的优化,提升系统的易用性和用户友好度。例如,采用新的界面设计技术,使系统界面更加直观和易于操作;引入用户行为分析技术,提供个性化推荐和定制化采购服务,满足不同用户的需求。

3. 适应技术变革

随着云计算、大数据、人工智能等新兴技术的快速发展,传统的系统架构和处理方式已经难以应对日益复杂的数据需求和处理要求。因此,公共图书馆在智慧采购系统的建设和升级过程中,必须积极适应这些技术变革,以确保系统能够高效、灵活地满足未来的需求。

　　云计算技术的引入是应对技术变革的重要手段之一。传统的采购系统通常依赖于本地服务器进行数据存储和处理，这种方式在面对庞大的数据量和复杂的处理任务时，往往显得力不从心。通过技术升级将云计算技术集成到智慧采购系统中，图书馆可以实现数据的集中存储和动态分配。这不仅大幅提高了系统的数据处理能力，还增强了系统的扩展性和灵活性。云计算允许系统根据实际需求动态调整计算资源的分配，从而有效应对采购高峰期的负载压力，确保系统的稳定运行。此外，云计算还为系统的跨平台协作提供了便利，使得不同图书馆之间可以更轻松地共享和访问采购数据，从而构建一个更加紧密和高效的资源网络。

　　大数据技术的兴起为智慧采购系统的数据分析能力带来了前所未有的机遇。图书馆在采购过程中产生了大量的数据，包括采购订单、供应商信息、市场价格趋势等。传统的数据处理技术难以高效地处理和分析这些数据，导致信息利用率低、决策效率低下。通过引入大数据技术，智慧采购系统可以快速处理海量数据，并从中提取有价值的信息。例如，系统可以利用大数据分析技术对历史采购数据进行深度挖掘，识别出采购需求的变化趋势和潜在的市场机会，从而帮助图书馆制订更为精准的采购策略。此外，大数据还可以用于供应商绩效评估、风险预测等领域，提高采购决策的科学性和精准性，降低采购过程中的风险。

　　人工智能技术的应用进一步增强了系统的自动化和智能化水平。AI 技术不仅可以用于数据分析，还可以通过机器学习和自然语言处理等技术，实现采购流程的自动化管理。例如，AI 可以自动分析市场趋势和用户需求，生成采购建议，甚至可以自动生成采购订单和合同草案，减少人工操作的错误和延迟。此外，AI 还可以通过对供应商的历史表现和市场动态的分析，预测未来可能的供应链风险，帮助图书馆提前作好应对准备。这种智能化的采购管理方式，不仅提高了系统的运行效率，还为图书馆的采购决策提供了强有力的技术支持。

　　适应技术变革的能力还要求系统具有良好的兼容性和可扩展性。新技术、新工具的引入将成为常态。因此，智慧采购系统在设计和实施过程中，必须考虑到未来可能的技术更新和功能扩展。例如，系统架构应采用模块化设计，方便日后功能模块的更新和替换；数据库应支持大规模数据的扩展和高效检索，确保在数据量急剧增长时依然能够保持良好的性能。此外，系统还应具备良好的开放性，能够与其他系统和平台进行无缝对接，支持不同数据格式和通信协议的转换，从而实现与外部资源的高效整合。

第四节　系统建设中的安全与隐私保护

一、公共图书馆智慧采购系统建设中的安全

（一）数据保护与隐私

在当今数字化时代，数据安全成为各类系统建设中的重中之重，尤其是涉及公共资源和敏感信息的系统，如公共图书馆的智慧采购系统。智慧采购系统的核心功能之一是管理与处理大量涉及图书采购、供应商信息、用户数据以及财务数据的敏感信息。因此，保护这些数据的安全性不仅是维护系统完整性的必要手段，更是保障用户隐私和公共资源安全的关键所在。对敏感数据进行加密可以有效防止数据泄露和未授权访问。敏感数据包括但不限于用户信息、采购订单和财务数据。用户信息可能包含个人身份信息（Personally Identifiable Information，PII），如姓名、联系方式、借阅记录等，这些数据一旦泄露，可能导致严重的隐私侵害。采购订单和财务数据则涉及图书采购的具体细节和交易金额等信息，这些数据的安全对于图书馆的运营至关重要。为了保障数据在传输和存储过程中的安全性，先进的加密算法是必不可少的。256位密钥长度（AES-256）是一种目前广泛使用的对称加密算法，其以高强度的加密能力和较好的性能表现成为保护敏感数据的主流选择。AES-256加密算法采用对称密钥，即同一密钥用于加密和解密数据，这种方法的加密强度高且计算效率较好，能够有效防止数据在传输过程中被窃取或篡改。

数据传输通常通过互联网或内网进行，因而加密传输是确保数据不被非法截取的必要措施。通过SSL/TLS（Secure Sockets Layer/Transport Layer Security）协议为数据传输通道提供加密保护，结合AES-256加密算法，可以进一步增强数据在网络传输过程中的安全性，确保只有合法用户才能解密和读取数据。

数据在存储过程中的加密同样至关重要。数据库加密技术可以保护存储在服务器或云端的敏感数据，即使物理介质被盗或系统被非法入侵，加密的数据也难以被解读。通过对数据库中的关键字段（如用户信息、财务记录等）进行AES-256加密处理，能够最大限度地降低数据泄露的风险。然而，数据加密并非万能的安全解决方案，还需要结合其他安全措施来构建一个完整的安全体系。例如，权限管理可以确保只有经过授权的用户才能访问特定的敏感数据；审计日志可以记录用户对数据的访问和操作，

便于安全事件的追溯；定期的数据备份和灾难恢复计划则确保在发生意外时，数据能够及时恢复。

作为一个依赖于大量数据处理的系统，智慧采购系统管理着图书采购、供应商信息、用户数据以及财务记录等关键数据。

定期备份是防范数据丢失的基础措施。备份策略应根据数据的重要性、变化频率和系统的业务需求来制定。对于智慧采购系统而言，关键数据如采购订单、用户信息和财务数据等，应当进行每日备份，确保任何新增或更新的信息都能及时记录在备份中。完整的备份方案通常包括全量备份和增量备份相结合的方式。全量备份是指对所有数据进行一次性备份，通常安排在业务负载较轻的时段，例如夜间或周末；而增量备份则是在全量备份的基础上，只备份自上次备份以来发生变化的数据，这样可以节省备份时间和存储空间。

备份数据的存储位置选择同样关键。为了应对多种潜在风险，备份数据应当存储在不同的物理位置或云端存储服务中。此举可以有效防止因自然灾害、硬件故障或人为错误导致的备份数据丢失。例如，可以将备份数据同时存储在本地服务器和异地的数据中心，或者利用云存储服务提供商的分布式存储功能，以增强数据备份的安全性和可靠性。

在备份数据的同时，还需要制订详细的数据恢复计划，以确保在发生数据丢失或系统故障时能够快速恢复数据。数据恢复计划是应对意外事件的关键步骤，涵盖了从灾难识别到数据恢复的所有操作流程。明确关键数据和业务流程的优先级，确保在恢复过程中，能够优先恢复最重要的数据和服务。数据恢复计划应包括数据恢复的步骤和所需工具，以及负责恢复操作的团队和人员。数据恢复计划应定期进行演练，以验证其可行性和有效性。通过模拟数据丢失或系统故障的场景，测试数据恢复的速度和准确性，确保团队成员能够熟练操作，并在实际事件发生时迅速反应。演练还能够帮助发现数据恢复计划中的潜在问题，例如恢复时间过长、步骤不明确或缺乏必要的资源等，并在演练后及时调整和优化恢复方案。

为了进一步提升数据备份与恢复的可靠性，公共图书馆智慧采购系统还应引入自动化备份和监控机制。自动化备份工具可以根据预设的计划，定期进行备份操作，并在备份完成后生成报告，供系统管理员审查。监控机制则可以实时监控备份和恢复过程中的异常情况，例如备份失败或数据损坏等，并通过预警系统及时通知相关人员，确保问题能够在第一时间得到解决。

（二）用户身份验证与权限控制

1. 多因素认证（MFA）

多因素认证（MFAn）是一种加强信息系统安全性的关键技术，通过要求用户在登录时提供多种验证方式，显著提高了账户的安全性。与单一的密码验证相比，MFA 能够有效防止未经授权的访问，降低因密码泄露或被破解而带来的风险。在公共图书馆智慧采购系统的建设中，引入 MFA 对于保护敏感数据、保障系统的整体安全至关重要。在公共图书馆的智慧采购系统中，涉及大量的敏感数据和操作权限，包括采购订单、供应商信息、预算管理以及审计记录等。这些信息对于图书馆的正常运作至关重要，一旦遭到未经授权的访问，不仅会给图书馆带来经济损失，还可能影响图书馆的声誉和公众信任。因此，确保系统的登录过程安全可靠是防止信息泄露的第一道防线。

多因素认证通过要求用户在登录时提供两种或更多的验证因素，增强了系统的安全性。通常，MFA 结合了以下三类验证因素中的至少两种：知识因素（用户知道的东西）：如密码或 PIN 码。持有因素（用户拥有的东西）：如手机、智能卡或安全令牌。固有因素（用户本身的东西）：如指纹、人脸识别或语音识别。常见的 MFA 实现方式包括密码加短信验证码、密码加身份验证应用（如 Google Authenticator）、密码加生物识别等。例如，当采购员或管理员登录系统时，除了输入正确的密码外，还需要通过手机接收短信验证码，或通过身份验证应用生成的动态验证码进行进一步验证。这种双重验证的机制，即使密码被泄露，也难以在没有手机或验证应用的情况下进行非法登录。引入 MFA 不仅有效提升了系统的安全性，还能够防范社会工程学攻击、密码猜测和钓鱼攻击等常见的安全威胁。密码可能因用户使用弱密码、重复使用密码或被钓鱼邮件欺骗而被破解或窃取。MFA 的多层验证机制确保了即使攻击者获得了密码，也无法轻易进入系统，从而有效减少了安全风险。MFA 的实施对于提升用户的安全意识也有积极作用。

通过使用多因素认证，用户会更加意识到信息安全的重要性，养成良好的安全习惯，如使用强密码、定期更新密码等。公共图书馆在推广智慧采购系统的过程中，可以通过培训和教育，提高员工对 MFA 的认识和接受度，确保这一安全措施能够得到广泛有效应用。

2. 角色基础访问控制（RBAC）

角色基础访问控制（Role-Based Access Control，RBAC）是一种广泛应用的安全机制，通过根据用户的角色和权限来控制对系统资源的访问。它确保了只有具有适当授权的用户才能访问特定的功能和数据，从而有效保护系统中的敏感信息，防止未经授权的访问。

在公共图书馆的智慧采购系统建设中，RBAC 的应用至关重要，因为它能够保障系统的安全性和管理的高效性。不同的用户群体，如采购员、管理员、财务人员以及审计人员等，在系统中承担着不同的职责。他们需要访问不同的数据和功能，例如书籍采购请求、供应商管理、资金使用情况以及审计报告等。然而，这些操作和数据往往涉及敏感信息，若不加以适当的权限控制，可能会导致信息泄露或系统被恶意利用。RBAC 通过定义一系列角色，每个角色对应一组特定的权限，从而确保用户只能访问与其职责相关的资源。例如，采购员的角色可能仅限于查看和提交采购订单，而不允许访问财务数据或审计报告。财务人员则可以管理和审核资金使用情况，但无法修改采购订单。管理员角色则负责管理系统的用户和角色配置，但不参与具体的采购或财务操作。这种基于角色的权限划分，不仅简化了权限管理流程，还降低了人为操作失误的风险。

RBAC 还有助于应对用户角色的变更和权限调整。在图书馆的日常运营中，人员角色可能会因工作职责的变化而调整。RBAC 使得管理员可以轻松地调整用户的角色和权限，而不必逐个修改权限，从而提高了系统管理的灵活性和可操作性。例如，当一名采购员升任为采购主管时，只需将其角色从"采购员"更改为"采购主管"，即可自动赋予其更高的权限，而不必重新配置其个人权限。RBAC 的应用还可以与其他安全措施结合使用，如双重身份验证（Two-factor authentication，2FA）和日志审计，以进一步提升系统的安全性。通过双重身份验证，系统能够确保用户身份的真实性。而日志审计功能则能够记录用户的操作行为，方便事后追溯和分析，及时发现潜在的安全问题。

3. 定期审计

定期审计和更新用户权限，不仅可以避免权限滥用和数据泄露，还能确保系统始终符合最新的安全要求，为图书馆的运营提供可靠的保障。用户的角色和职责可能会发生变化，例如员工的职位调动、部门重组或新的业务需求等，这些都可能影响到他们在系统中的权限。为了避免因权限配置不当导致的安全隐患，定期审计权限显得尤为必要。

定期审计的首要任务是检查当前用户权限配置的合理性和必要性。这包括核实每个用户是否仍然需要其现有权限，权限的范围是否与其当前的职责相匹配，以及是否存在权限过度或不足的情况。例如，一个曾经负责采购的员工调任到另一个部门后，可能不再需要访问采购系统的数据和功能。通过审计，这类不再必要的权限可以被及时收回。

定期审计还包括更新和优化权限配置，以应对新出现的安全威胁和业务需求。随着新功能的上线或安全策略的调整，某些权限可能需要重新分配或增加。例如，随着网络攻击手段的不断升级，系统可能需要引入更加严格的访问控制策略，如基于风险的动态权限调整。这些变化需要在定期审计过程中得到及时反映和执行，以确保系统始终处于最佳安全状态。

定期审计的另一个关键作用是发现和修正系统中的权限配置错误或异常情况。通过审计日志和权限使用记录，管理员可以识别出可能存在的问题，如某些用户的权限被意外扩展或某些重要功能缺少必要的权限保护。系统管理员可以采取措施进行修正，并根据审计结果优化权限管理流程，减少类似问题的发生概率。

定期审计还可以增强合规性管理。公共图书馆作为公共服务机构，往往需要遵守一系列法律法规和行业标准，这些法规和标准对数据保护和隐私管理提出了严格的要求。通过定期审计，图书馆可以确保其权限管理策略和实践符合相关法规要求，从而避免因合规性问题带来的法律风险。

为了确保定期审计的有效性，公共图书馆应制订详细的审计计划和流程，明确审计的频率、范围和责任分工。审计工作应覆盖系统的所有用户和权限配置，确保没有遗漏。同时，审计结果应得到充分记录和分析，并根据审计发现及时采取纠正措施。

（三）网络安全

1. 防火墙和入侵检测系统（IDS）

在现代信息技术环境中，确保系统的安全性是任何组织不可或缺的一部分。对于公共图书馆这样的机构，尤其重要的是保护其智慧采购系统的安全性。为了达到这一目标，部署防火墙和入侵检测系统（IDS）是关键的安全措施。

防火墙是一种网络安全设备，用于监控和控制进出网络的流量。它通过制定一系列规则来决定哪些流量可以通过，哪些流量应该被阻止。这些规则通常基于源IP地址、目标IP地址、端口号以及协议类型等因素。防火墙的主要功能是防止未经授权的访问，保护内部网络不受外部攻击。对于公共图书馆的智慧采购系统，防火墙可以有效地阻挡潜在的黑客攻击和恶意软件入侵，确保系统的正常运行和数据的安全。

入侵检测系统（IDS）则是一种监测系统，用于实时分析网络流量和系统活动，监测是否存在异常或恶意行为。IDS通常通过分析数据包、监测系统日志和识别已知的攻击模式来发现潜在的安全威胁。与防火墙不同，IDS 主要关注于发现和记录潜在的攻击，而不是直接阻止它们。因此，IDS 可以作为防火墙的有力补充，通过实时监控和警报功能，帮助安全团队快速响应并采取相应的措施，防止数据泄露或系统被破坏。防火墙和 IDS 的部署尤为重要。智慧采购系统涉及大量的采购数据、用户信息和财务记录，这些都是潜在的攻击目标。有效的防火墙可以确保只有授权的用户才能访问系统，防止恶意软件和网络攻击。而 IDS 可以及时检测系统中的异常活动，比如异常的数据传输或未授权的访问尝试，从而提供额外的安全保障。

2. 安全传输协议

使用安全传输协议，尤其是 HTTPS 协议，是保护数据安全和防止中间人攻击的有效手段。HTTPS（Hypertext Transfer Protocol Secure）是一种在 HTTP 协议基础上通过 SSL/TLS 协议进行加密的数据传输协议，旨在提高网络通信的安全性。

HTTPS 通过加密通信来防止数据在传输过程中被窃取或篡改。具体而言，它使用 SSL（Secure Sockets Layer）或 TLS（Transport Layer Security）协议对传输的数据进行加密处理。数据加密能够确保数据在客户端与服务器之间传输时，第三方无法解读数据内容，即使数据在传输过程中被截获，也无法被破解。对于公共图书馆智慧采购系统而言，这意味着采购数据、用户信息、财务记录等敏感信息在网络传输时能够得到有效保护，避免数据泄露和非法访问。

HTTPS 还能够有效防止中间人攻击（Man-in-the-Middle Attack）。中间人攻击是指攻击者通过拦截和篡改网络通信来获取或修改数据。在未加密的 HTTPS 协议中，攻击者可以轻易地在数据传输过程中插入恶意代码或篡改数据，造成信息泄露或系统损坏。HTTPS 协议通过在数据传输前建立加密通道和进行身份验证，有效防止了这种攻击。SSL/TLS 协议使用公钥和私钥加密技术，确保只有合法的通信双方能够解密和访问数据。

HTTPS 还提供了身份验证功能。SSL/TLS 证书用于验证服务器的真实性，确保用户与合法的服务器进行通信。公共图书馆智慧采购系统可以通过安装有效的 SSL/TLS 证书，向用户证明系统的真实性和安全性。这种身份验证机制防止了假冒网站和钓鱼攻击，提升了用户对系统的信任度。

实施 HTTPS 协议不仅是保护数据安全的必要措施，也是合规要求的一部分。许多行业标准和法规（如 GDPR、PCI-DSS）要求敏感数据在传输过程中必须加密，以保护用户隐私和数据安全。因此，确保智慧采购系统使用 HTTPS 协议，可以帮助图书馆满足这些安全合规要求，降低潜在的法律风险。

3.DDoS 保护

分布式拒绝服务攻击（Distributed Denial of Service，DDoS）是网络攻击中的一种常见且具有破坏性的威胁，旨在通过大量的虚假流量淹没目标系统，从而导致系统瘫痪或服务中断。因此，实施有效的 DDoS 保护措施，对于确保系统在受到攻击时能够保持稳定运行是非常必要的。DDoS 通过利用大量的受控设备（通常是被恶意软件感染的计算机）同时向目标系统发送大量的请求或数据流量，超出目标系统的处理能力，进而使系统无法正常提供服务。这种攻击不仅会导致系统性能下降，还可能引发服务中断，影响用户的正常访问和操作。对于公共图书馆智慧采购系统而言，DDoS 可能会导致采购系统瘫痪，影响图书馆的日常运营，损害用户体验，甚至影响图书馆的声誉和信用。

许多云服务提供商和安全公司提供专业的 DDoS 防护解决方案，这些服务可以实时监控流量，自动识别并过滤掉恶意流量，确保合法流量的正常传输。这些防护服务通常使用分布式架构，将流量分散到多个数据中心，降低单一节点的压力，从而有效缓解攻击的影响。实施流量清洗和负载均衡技术也是有效的防护措施。流量清洗技术通过对流量进行分析和过滤，将恶意流量从正常流量中分离出来，从而减少对目标系统的压力。而负载均衡技术则通过将流量分配到多个服务器上，确保系统不会因单一服务器的过载而瘫痪。这些技术不仅能提升系统的承载能力，还能增强系统的抗 DDoS 能力。

增强网络基础设施的弹性和可扩展性也是一种有效的防护手段。公共图书馆可以通过增加带宽容量、扩展服务器资源以及使用内容分发网络（CDN）来提升系统的处理能力和抗攻击能力。CDN 通过将内容缓存到多个地理位置的服务器上，可以有效分散流量负载，减轻源站点的压力，提高系统的稳定性。加强监控和响应能力是应对 DDoS 的重要环节。通过部署实时监控系统，可以及时发现异常流量并采取相应措施，快速响应和处理 DDoS。此外，定期进行安全演练和攻击模拟，可以帮助团队熟悉应对 DDoS 的流程和策略，提升应对能力。

（四）应用程序安全

1.代码审查与测试

随着系统功能的复杂化和对数据安全要求的提升，定期进行代码审查和安全测试，能够有效识别和修复潜在的安全漏洞，保障系统的稳定运行和数据的安全性。"代码审查"是一种系统性的方法，旨在通过对源代码的详细检查，发现潜在的编程错误和安全漏洞。代码审查通常由开发团队内部的专业人员或外部的安全专家进行，他们会对代码的逻辑、结构和安全性进行全面的评估。代码审查可以帮助识别那些可能被忽视的安全隐患，例如不安全的代码实践、潜在的代码注入点或错误的权限管理。代码审查的好处不仅在于发现安全漏洞，还包括提升代码质量和可维护性。通过代码审查，开发团队可以共同分享编程经验，发现并纠正编码规范的偏差，从而提高整体的代码质量。此外，代码审查也有助于发现系统中潜在的性能瓶颈和逻辑错误，优化系统的运行效率。

漏洞扫描是通过自动化工具对系统进行扫描，识别已知的安全漏洞。这些工具可以检测系统中存在的安全弱点，如未打补丁的软件、配置错误或已知的安全漏洞。定期进行漏洞扫描可以及时发现并修复安全隐患，防止攻击者利用这些漏洞进行非法入侵。

渗透测试则是一种模拟攻击的方法，旨在评估系统的安全性和防护能力。渗透测试通常由专业的安全测试人员进行，他们会使用各种攻击技术和工具，尝试突破系统的防护措施，识别可能的攻击路径和弱点。通过渗透测试，公共图书馆能够发现系统中潜在的安全漏洞，评估现有防护措施的有效性，并根据测试结果进行必要的安全加固。定期进行代码审查和安全测试还需要配合及时的漏洞修复和更新机制。在发现安全漏洞后，开发团队应迅速修复问题，并进行系统的重新测试，确保修复措施的有效性。同时，保持系统的补丁更新和安全性补丁的应用，也是防止新型攻击和漏洞利用的重要措施。

2. 安全更新与补丁管理

公共图书馆智慧采购系统通常涉及大量的敏感数据，包括读者的个人信息、图书馆的采购记录、供应商信息等。这些数据一旦泄露或遭受攻击，可能会带来严重的后果。因此，及时更新系统和应用程序，安装安全补丁，以修复已知的漏洞和安全问题，是防止安全事件发生的重要手段。漏洞和安全问题是黑客入侵系统的主要途径，而这些问题往往在系统或应用程序发布后被发现。因此，软件厂商通常会定期发布安全更新和补丁，以修复这些漏洞。如果公共图书馆的智慧采购系统没有及时进行更新，系统将暴露在潜在的风险之中，可能会被恶意攻击者利用，导致数据泄露或系统瘫痪。

随着系统的复杂性增加，安全更新与补丁管理的挑战也随之增大。由于该系统可能涉及多种不同的软件组件、第三方应用程序以及不同的操作系统平台，每个组件都有可能存在各自的安全漏洞。因此，系统管理员必须对整个系统的安全状况进行全面监控，及时获取各个组件的安全更新和补丁信息，并确保这些更新和补丁能够快速、准确地部署到系统中。

在进行安全更新和补丁管理时，公共图书馆还需要考虑系统的稳定性和可用性问题。安全更新和补丁的安装可能会导致系统短暂的停机或功能不稳定，因此在部署之前，需要进行充分的测试和评估，以确保更新不会对系统的正常运行造成不利影响。公共图书馆在进行智慧采购系统的安全更新与补丁管理时，还应建立完善的管理流程和应急预案。管理流程应包括漏洞检测、补丁评估、测试部署、更新实施以及更新后监控等环节，以确保每个更新操作都是经过审慎评估和测试的。同时，应急预案则可以帮助系统在更新过程中或更新后出现意外问题时，能够迅速采取有效措施，恢复系统的正常运行，减少对业务的影响。

3. 输入验证与过滤

通过对用户输入进行严格的验证和过滤，可以有效防止 SQL 注入、跨站脚本（XSS）等攻击，从而保障系统的整体安全性和数据的完整性。公共图书馆智慧采购系统作为一个面向多方的复杂应用，涉及读者、图书馆管理员、供应商等多种用户群体。这些用户在与系统交互时，往往需要输入大量的数据，如采购请求、读者信息、供应商报价等。这些输入数据如果未经严格验证和过滤，就有可能成为攻击者入侵系统的入口。比如，SQL 注入攻击就是通过在输入中插入恶意的 SQL 代码，来操控数据库执行未授权的操作，从而窃取敏感信息或破坏数据完整性。同样，跨站脚本（XSS）攻击则是通过注入恶意的脚本代码，使其在其他用户的浏览器中执行，从而窃取用户信息或劫持用户会话。为了防止这些安全威胁，公共图书馆智慧采购系统必须对所有用户输入的数据进行严格的验证和过滤。输入验证的首要目的是确保用户输入的数据符合预期的格式和范围。例如，在表单输入中，必须验证字段的类型、长度、范围以及内容的合法性。针对 SQL 注入攻击，系统应采取措施避免直接将用户输入的数据拼接到 SQL 查询中，应使用参数化查询或预编译语句，以确保用户输入的数据不会被解析为 SQL 命令。对于 XSS 攻击，则需要对所有用户输入的文本进行编码处理，以防止恶意脚本代码的执行。同时，系统还应严格限制上传文件的类型和大小，防止恶意文件通过上传功能进入系统。

公共图书馆智慧采购系统还应对输入验证和过滤的策略进行持续评估和改进。随着攻击技术的不断演进，新的漏洞和威胁可能不断出现，因此输入验证和过滤机制也需要定期更新和优化。系统管理员应及时关注安全领域的最新发展，更新系统的输入验证规则，补充新的过滤策略，以应对不断变化的安全威胁。同时，应加强系统的日志记录和监控，对用户的异常输入行为进行实时监控和记录，以便在遭遇攻击时能够及时发现问题并采取措施。除了技术层面的防护，公共图书馆还应加强对系统用户的安全意识教育。即便系统具备了强大的输入验证与过滤机制，用户的安全意识仍然至关重要。通过定期开展安全培训和宣传，帮助用户了解输入数据的正确规范，避免无意中触发安全警报或造成数据损坏。

二、公共图书馆智慧采购系统建设中的第三方数据保护

（一）供应商管理

由于智慧采购系统通常涉及多个第三方供应商或合作伙伴，如技术提供商、数据处理公司和云服务供应商等，因此必须确保这些第三方也遵守同样的隐私保护标准。通过在合同中明确第三方的隐私保护责任，公共图书馆能够有效管理和降低潜在的风险，确保系统的整体安全性和合规性。公共图书馆智慧采购系统的供应商管理应从选择合适的供应商开始。在选择供应商时，图书馆应评估供应商的隐私保护和数据安全能力，确保其具备符合要求的隐私保护措施和技术能力。供应商的选择过程应包括对其隐私政策、数据保护实践、过往合规记录等方面的审核。供应商的隐私保护能力直接影响到系统的数据安全，因此，在选定供应商时，应优先考虑那些在隐私保护领域有良好声誉和经验的公司。

在合同中明确第三方的隐私保护责任是供应商管理的重要组成部分。合同应详细规定供应商在数据处理过程中应遵守的隐私保护标准和要求，包括但不限于数据收集、存储、处理、传输和销毁的具体措施。合同中应包括以下几个方面的内容：应制订详细的数据处理协议（DPA），规定供应商在处理公共图书馆的数据时的具体责任和义务。这包括数据的处理目的、数据类型、数据主体的权利、数据保留期限等。合同应要求供应商采取适当的技术和组织措施来保护数据安全。例如，加密技术、访问控制、定期安全审计和漏洞管理等，以防止数据泄露或未经授权的访问。合同中应规定数据泄露的报告义务，供应商在发生数据泄露事件时，必须立即通知公共图书馆，并提供详细的泄露情况和补救措施，以便图书馆能够及时采取应对措施。合同应赋予公共图书馆对供应商的隐私保护实践进行审计的权利。图书馆可以定期或不定期对供应商的隐私保护措施进行检查，以确保其持续符合合同要求。公共图书馆应建立与供应商的持续监控和评估机制。在合同签署后，图书馆应定期对供应商的隐私保护措施进行审查，确保其遵守合同条款和隐私保护标准。通过定期的安全审计、绩效评估和数据保护培训，可以进一步确保供应商在实际操作中严格遵循隐私保护规定。

(二）数据共享控制

在现代信息化社会中，数据共享控制成为确保用户隐私和数据安全的核心问题。特别是在涉及公共图书馆智慧采购系统的建设过程中，如何有效地限制与第三方共享用户数据，除非得到用户明确同意或法律要求，是保护用户隐私的关键措施。数据共享控制的基本原则应当是尊重用户隐私，确保其数据的安全性。用户的数据包括借阅记录、个人信息、浏览历史等，这些数据若被不当处理或泄露，可能会对用户造成潜在的隐私侵犯。因此，系统设计必须严格控制数据的共享权限，确保只有在用户授权的情况下，才能将其数据传递给第三方。在系统的实际操作中，首先需要建立明确的数据共享政策。公共图书馆应制订详细的隐私保护政策，并明确告知用户其数据如何被收集、存储和使用。用户在注册或使用服务时，应被要求同意这些政策，并明确是否同意其数据被共享给第三方。例如，在用户注册或登录时，系统可以通过弹出窗口或专门的隐私设置页面，向用户说明数据共享的具体情况，并让用户选择是否同意。

对于第三方的数据请求，公共图书馆应建立严格的审批机制。在接到第三方的数据请求时，系统应检查该请求是否符合隐私保护政策，并在必要时要求第三方提供合法的使用证明。只有在确认第三方请求符合法律法规和用户同意的情况下，才能进行数据共享。此举不仅保护了用户的隐私，还避免了因数据泄露而引发的法律风险。公共图书馆智慧采购系统应建立完善的数据保护技术措施。系统应采用加密技术保护用户数据，在传输和存储过程中确保数据的安全。同时，应定期进行安全审计，检查系统的安全漏洞，并及时修复，以防止数据泄露或被非法访问。公共图书馆应向用户提供便捷的数据管理和撤销同意的机制。用户应能够随时查看、修改或删除其个人数据，并在需要时撤回对数据共享的同意。系统应确保用户能够轻松访问这些功能，并在撤回同意后，立即停止数据的进一步共享。

第五章 公共图书馆智慧采购的流程优化

第一节 传统采购流程的弊端

一、人工操作过程烦琐

（一）消耗时间

传统的采购流程往往依赖人工操作，包括需求收集、供应商沟通、报价比对、订单处理等多个环节，这些步骤不仅复杂且耗时，极大地降低了采购效率，影响了公共图书馆的资源配置和服务水平。

需求收集阶段通常需要图书馆工作人员对各个部门的需求进行详细了解和汇总。这一过程往往涉及与各个部门的频繁沟通和会议，收集信息的效率低且容易遗漏重要细节。例如，图书、期刊、设备等需求可能来自不同的部门或职能，而这些需求的收集和整合过程需要较长时间，且容易受到各部门优先级不同的影响。

供应商沟通是传统采购流程中的另一个耗时环节。采购人员需要与多个供应商进行接洽，获取报价和产品信息。这一过程不仅需要时间，还可能涉及多次的往返沟通，以确认产品规格、价格和交货时间等。特别是在涉及复杂的设备或特殊要求时，供应商的反馈速度和沟通效率直接影响到采购的整体进度。传统的沟通方式往往是通过电话、传真或邮件，这些方式可能存在延迟和信息传递不准确的风险。

报价比对也是传统采购流程中的一个时间消耗点。采购人员需要将不同供应商的报价进行详细比对，以确定最优的采购方案。这个过程不仅烦琐且易出错，特别是当涉及多种规格和不同价格时，手工比对的工作量非常庞大。常常需要采购人员花费大量时间来核对报价单，并对价格和条款进行详细分析，这个环节容易出现计算错误或遗漏。

订单处理则是传统采购流程中的最后一步，涉及订单的生成、审批、确认以及后续的跟踪。这一过程通常需要手动填写和处理订单文件，并将其传递给供应商和相关部门进行审批和确认。传统的订单处理方式不仅耗时，而且容易受到人工操作的影响，可能出现订单信息错误、审核延迟等问题。这些问题会进一步导致采购过程的延误，影响图书馆的正常运营。

传统采购流程还存在信息孤岛的问题。各个环节的数据和信息往往分散在不同的系统和文件中，缺乏有效整合和共享。这不仅增加了数据管理的复杂性，还容易导致信息的不一致性和重复工作。采购人员在处理信息时，常常需要从多个来源中提取数据，进行整合和分析，这进一步加大了时间消耗和出错的风险。

（二）出错率高

在传统的采购流程中，特别是在公共图书馆的采购过程中，人工操作导致的出错率高是一个显著的问题。这些错误可能包括数据录入错误、遗漏采购需求、文件丢失等，最终会影响采购结果的准确性和整体效率。下面我们将详细探讨这些问题如何影响采购流程，并提出相应的解决思路。

数据录入错误是人工操作中最常见的问题之一。在传统采购流程中，采购人员通常需要手动输入大量数据，如供应商信息、产品规格、价格等。这一过程中，任何细微的错误都可能导致数据不准确。例如，价格输入错误可能导致采购成本预算偏差，而产品规格错误则可能影响最终采购的物品是否符合实际需求。这种错误往往难以在初期被发现，直到后续阶段才可能暴露，从而对采购决策产生负面影响。

遗漏采购需求是另一个常见的问题。需求收集阶段往往涉及多个部门的协作。由于沟通不畅或信息传递不及时，采购人员可能遗漏某些部门的采购需求。例如，某个部门可能有紧急的图书需求，但由于未能及时传达给采购部门，导致其需求在采购计划中被遗漏。这样不仅可能导致图书馆无法及时满足实际需要，还可能影响到其他部门的工作进展，进而影响到整个图书馆的运营效率。

文件丢失也是传统采购流程中的一个严重问题。在传统操作中，采购人员往往需要处理大量的纸质文件和电子文件。这些文件包括需求报告、报价单、订单确认书等。如果这些文件在传递或存储过程中出现丢失或损坏，可能会导致信息不完整，影响到后续的采购决策。例如，某个重要的报价单丢失可能使得采购人员无法进行准确的报价比对，导致选择不合适的供应商。人工操作还容易导致信息传递不一致和沟通障碍。由于采购过程涉及多个环节和人员，信息的传递往往依赖于电话、传真、邮件等传统方式。这些方式不仅速度较慢，还容易出现信息不一致的情况。例如，供应商可能在电话中确认了某个细节，但在邮件中却存在不同的表述，这样的沟通不一致可能导致最终的采购结果与实际需求不符。

二、信息孤岛现象

（一）信息不共享

在传统的公共图书馆采购流程中，各部门之间的信息不共享是一个显著的问题，这种信息流通不畅会对采购决策的准确性和图书馆资源的有效配置产生负面影响。特别是采购部门无法及时获取读者需求和借阅数据，导致采购决策与实际需求脱节，影响了图书馆的运营效率和服务质量。

各部门之间的信息不共享使得采购部门无法全面了解读者的实际需求。在传统的图书馆运营中，读者需求的信息通常由图书馆服务部门或信息咨询部门收集。然而，这些需求信息往往没有及时被传递给采购部门，使得采购人员在制订采购计划时无法准确把握读者的具体需求。例如，如果图书馆没有系统地收集和分析读者的借阅数据和需求反馈，采购部门可能会采购大量的热门书籍，而忽视了那些较少借阅但实际需要的专业书籍或文献。这种脱节不仅浪费了图书馆的预算，还无法满足读者的真实需求，从而影响了图书馆的服务质量和读者满意度。信息不共享还可能导致图书馆资源的重复采购和资源浪费。

各部门的需求常常以独立的方式进行收集和处理，这容易导致采购计划中的资源重复。例如，某个部门可能在独立进行采购时购买了一些书籍，而另一个部门则在其需求报告中也列出了相同的书籍。由于缺乏信息共享和协调，这种重复采购不仅浪费了资金，还增加了图书馆资源管理的复杂性。此外，重复采购还可能导致图书馆馆藏的冗余，降低了图书馆资源的使用效率。

信息不共享使得图书馆的采购决策缺乏数据支持。在现代图书馆运营中，借阅数据、读者反馈、图书流通情况等信息是制订科学采购决策的基础。没有完整的数据支持，采购部门可能会根据主观判断或不完整的信息做出决策，导致采购计划的实施效果不佳。例如，如果图书馆没有实时跟踪借阅趋势和读者反馈，可能会错过某些新兴的热门书籍或领域，从而影响图书馆资源的更新和优化。

信息不共享还可能造成采购部门与其他部门之间的沟通障碍。由于各部门信息流通不畅，采购部门在执行采购任务时，常常需要反复联系和确认相关信息，这不仅浪费时间，还可能导致信息的误解和遗漏。特别是在处理复杂的采购需求时，这种沟通障碍可能导致延误和错误，使得采购流程更加低效。

（二）数据分析不足

数据分析不足是一个显著的问题，这主要体现在难以整合和分析来自多渠道的信息，导致无法通过数据驱动采购决策，从而造成资源配置的不合理。数据分析在现代采购决策中扮演着重要角色，但传统的流程中信息孤岛、手动处理以及数据整合能力的不足，导致采购决策依赖于主观判断，影响了图书馆资源的优化配置和服务效果。传统流程中信息的整合和分析能力较弱。图书馆的需求信息、借阅数据、用户反馈等往往来自多个渠道和系统。例如，读者的借阅记录可能存在于一个系统中，而各部门的采购需求则可能记录在不同的文件和表格中。这些信息往往分散在不同的地方，缺乏有效的整合机制。由于无法将这些数据集中管理和分析，采购部门难以获得全面和准确的需求信息，从而使得采购决策缺乏数据支持。

传统流程中的数据处理方式通常是手动操作，这不仅费时且容易出错。采购人员往往需要通过人工统计和汇总来自不同渠道的信息，这一过程不仅效率低下，而且容易出现数据遗漏和错误。例如，在统计借阅数据时，手动记录和计算可能导致数据的准确性和完整性受到影响。此外，手动处理的数据也难以进行深入分析，如趋势分析和需求预测，无法为采购决策提供科学依据。

传统流程中的数据分析能力有限，无法进行有效的趋势预测和需求预测。数据分析能够帮助识别读者的借阅趋势、了解热门书籍的变化、预测未来的需求。然而，传统的采购流程往往缺乏数据分析工具和技术支持，无法对数据进行深入分析。这使得采购部门只能依赖于历史数据和经验判断进行采购决策，无法准确预测未来的需求变化和读者偏好，从而导致资源配置的局限性和不合理性。

传统的采购流程往往缺乏数据驱动的决策机制。决策的制订通常依赖于主观判断和经验，而非基于数据分析的科学依据。例如，采购人员可能根据自身的经验和对市场的了解来选择书籍和其他资源，但这种主观判断无法完全反映读者的实际需求和市场的变化。缺乏数据驱动的决策机制容易导致资源配置的不合理，例如采购过多的某类书籍而忽视了其他类别的需求，导致资源浪费和服务不均衡。

三、响应速度慢

（一）采购周期长

传统的采购流程虽然为图书馆采购提供了规范化的管理，但其复杂性和效率问题却不可忽视。公共图书馆的传统采购流程通常始于需求提出阶段。图书馆的各个部门或个别读者会提交对书籍、期刊或其他资源的需求申请。这个过程虽然看似简单，但往往涉及众多的审批步骤。每个需求都需要经过图书馆内多个相关部门的审核，包括图书馆馆员、采购部门以及预算管理部门等。这些环节的存在本意是为了确保采购的书籍符合图书馆的需求和预算，但实际上却导致了流程的拖延。审批环节的延迟是造成采购周期长的主要原因之一。每个部门需要对需求进行仔细审查和批准，而这些审批往往需要经过反复沟通和讨论。各部门之间的沟通不畅或信息传递的滞后，导致审批过程频繁出现延误。此外，部门之间的信息交流也可能因为沟通渠道的不畅而变得更加复杂，进一步拉长了整个采购周期。

接下来是采购阶段，图书馆会与书商或供应商进行联系，确认订单并完成采购。由于这些环节需要时间进行市场调研、价格谈判和合同审批，因此也容易出现采购进度缓慢的问题。尤其是在采购大量书籍或特殊资源时，这些流程会显得更加烦琐和耗时。库存管理也是传统采购流程中的一个问题。由于采购周期较长，图书馆在制订库存计划时往往需要预估未来的需求量。然而，由于读者需求的变化具有不可预测性，图书馆的库存计划很可能与实际需求存在差距。这不仅导致图书馆库存积压或缺货，还可能影响读者的借阅体验和图书馆的服务质量。

另一个值得关注的问题是预算的限制。图书馆在进行采购时需要严格控制预算，而传统的采购流程中，预算审批的环节也往往导致延误。每次采购都需要经过预算审批部门的批准，预算调整和审核的周期也会影响整体采购进度。在预算限制的压力下，图书馆有时不得不放弃一些有潜力的资源，这进一步限制了读者的选择和馆藏的丰富性。传统采购流程中的数据管理和记录保存问题也影响了效率。大量的纸质文件和烦琐的记录保存方式使得数据查询和处理变得不够高效。图书馆需要花费大量时间处理和维护这些记录，进而影响了整体采购效率。

（二）灵活性差

面对突发的采购需求或市场变化，传统的采购流程往往显得反应迟缓，难以快速调整采购策略。这种情况不仅影响了图书馆的运营效率，还可能影响到读者的服务体验。传统采购流程的各个环节都经过了精细的规划和严格的审批，这在一定程度上保证了采购的规范性和预算控制。然而，这种高度的规范化和严格的审批程序却使得传统采购流程在面对突发需求时显得不灵活。例如，当出现紧急的读者需求或市场上突然出现了热门书籍时，传统的采购流程往往无法及时响应。需求的提出和审批环节通常需要经过多个部门的审核和批准，这个过程往往耗时较长。如果图书馆无法快速调整采购策略，就可能错失市场机会，导致读者无法及时获取他们所需的资源。市场变化也是影响采购灵活性的一个重要因素。图书馆通常需要进行详细的市场调研和供应商评估。这些步骤虽然有助于确保采购的质量和性价比，却使得采购过程变得烦琐和耗时。当市场上出现新的趋势或出版行业发生重大变化时，图书馆可能需要较长时间才能调整采购计划，以适应新的市场条件。这种迟缓的速度可能导致图书馆无法及时采购到符合市场需求的资源，从而影响到馆藏的丰富性和时效性。

库存管理也是传统采购流程中灵活性差的一个方面。图书馆在进行采购时需要考虑库存的现状和未来的需求预测。然而，由于传统的库存管理方式往往依赖于手动记录和静态数据分析，这使得库存调整变得不够灵活。当出现突发的需求变化或市场上出现热门书籍时，图书馆可能需要时间进行库存调整和资源补充。这个过程中的滞后性可能导致库存积压或资源短缺，从而影响图书馆的服务质量。

预算限制也是影响采购灵活性的一个因素。图书馆在制订采购计划时需要严格控制预算，而传统采购流程中的预算审批环节往往烦琐且耗时。当出现突发的采购需求或市场变化时，图书馆可能需要额外的预算调整才能满足新的需求。然而，预算调整的过程通常需要经过层层审批，这进一步延缓了采购的灵活性。如果图书馆无法迅速调整预算，就可能无法及时采购到所需的资源，从而影响馆藏的更新和读者的需求满足。

面对这些问题，许多公共图书馆开始探索提高采购灵活性的新方法。例如，引入自动化采购系统和灵活的预算管理工具可以帮助图书馆更快地响应市场变化。通过实时数据分析和动态需求预测，图书馆能够更好地调整采购策略。此外，与供应商建立更加紧密的合作关系和信息共享机制，也有助于图书馆提高采购的灵活性和响应速度。

四、预算管理困难

（一）预算监控不严

在公共图书馆的传统采购流程中，预算监控不严是一个严重的问题。这种问题主要体现在预算管理过程中对手工记录的过度依赖，这不仅增加了预算超支或使用不当的风险，也使得精细化的预算控制变得困难。传统预算管理往往依赖手工记录和纸质文档，这种方式存在诸多弊端。手工记录容易出现误差和遗漏，尤其是在预算金额的计算和记录过程中。由于记录和计算的过程缺乏自动化工具的支持，人工操作的错误率相对较高。这些错误可能导致预算数据的不准确，从而影响预算的执行和监控。例如，图书馆在编制采购预算时，如果出现记录错误或计算失误，就可能导致实际支出超出预算，进而引发预算超支问题。手工记录的预算管理方式缺乏实时监控和动态调整的能力。传统的预算管理通常采用静态的预算计划和报告，这使得图书馆在执行过程中难以获得实时的预算数据。当实际支出情况发生变化时，图书馆需要通过人工计算和核对才能调整预算计划。这种过程往往耗时较长，难以快速响应预算变化和调整。结果，预算超支和资源使用不当的问题可能在预算执行的后期才被发现，造成了不必要的财务风险和资源浪费。

预算监控不严还影响了预算的精细化管理。传统的预算管理方法往往无法提供详细的支出分析和预算跟踪，这使得图书馆难以对预算进行精细化控制。例如，图书馆需要对各类书籍和资源的采购费用进行详细的预算规划和控制。然而，由于手工记录的局限性，预算数据往往无法提供足够的细节信息，这使得预算控制变得粗放，难以实现精准的支出管理。结果，图书馆可能在某些领域的预算支出过多，而在其他领域则出现预算不足，从而影响了整体采购的效果和资源的合理配置。

手工记录的预算管理还缺乏有效的预算监控和分析工具。在传统的预算管理中，图书馆通常依赖于纸质报表和手工编制的预算报告，这使得预算数据的分析和处理变得烦琐且低效。图书馆在面对复杂的预算数据时，难以进行有效的数据分析和趋势预测，从而影响了预算决策的科学性和合理性。例如，图书馆可能无法及时识别出预算支出的异常情况或趋势变化，从而错失预算调整和优化的机会。

预算监控不严的问题还可能导致图书馆在采购决策中的失误。由于缺乏实时和准确的预算数据，图书馆在制订采购决策时可能无法充分了解预算的实际情况。这可能导致采购决策不够科学和合理，例如在预算有限的情况下进行不必要的采购，或在预算不足的情况下忽视关键资源的采购。这些决策失误不仅影响了图书馆的财务健康，还可能影响读者的服务质量和图书馆的整体运营效果。

（二）财务透明度低

财务透明度低使得采购资金的流向变得不清晰。传统采购流程中的财务管理往往依赖手工记录和纸质文档,这种方式缺乏对资金流动的实时监控和跟踪。图书馆在进行采购时,通常需要处理大量的发票、收据和付款记录。如果这些记录没有得到有效电子化和系统化管理,就可能出现资金流向不明确的问题。缺乏透明度的财务数据使得图书馆难以全面了解采购资金的实际使用情况,从而增加了财务管理上的风险。

财务透明度低可能导致财务管理上的漏洞和不合理支出。由于资金流向的不透明,可能出现以下几种问题:一是采购过程中的资金使用未经过严格审查,导致一些不合理支出无法被及时发现和纠正。例如,采购项目的支出可能超出预算或存在重复采购的情况,但由于缺乏透明的资金流动记录,这些问题可能不会被及时识别和解决。二是资金的管理和分配缺乏有效的监督,可能导致个别人员利用职务之便进行不当操作或腐败行为。例如,在没有透明财务记录的情况下,一些供应商可能通过不正当手段获得不应得的资金,影响图书馆的财务安全和采购公正性。

财务透明度低还影响了图书馆的财务决策和预算编制。图书馆的财务管理通常缺乏系统化的数据支持,导致预算编制和财务决策的基础不够可靠。图书馆在编制预算时需要依赖历史支出数据和财务报告,但如果这些数据缺乏透明度,图书馆的预算编制和财务预测可能会出现偏差。例如,预算编制人员可能无法准确了解过去的支出情况,导致预算安排不科学,影响未来的采购决策和资源分配。

财务透明度低也影响了图书馆的财务审计和监督。传统的财务管理方式通常缺乏有效的审计和监督机制,审计人员很难获取准确和全面的财务数据进行审查。这使得图书馆在进行内部或外部审计时,难以发现财务管理中的潜在问题和风险。例如,在审计过程中,审计人员可能无法追踪到具体的资金流动和支出记录,从而影响审计结果的准确性和可靠性。这种情况不仅影响了财务审计的效果,还可能导致审计结果的真实性和公正性受到质疑。

面对财务透明度低的问题,许多公共图书馆已经开始采取措施改善财务管理。例如,实施电子化财务管理系统可以提高财务数据的透明度和准确性。现代化的财务管理系统能够提供实时的资金流动记录和详细的支出分析,帮助图书馆实现对采购资金的全面跟踪和监督。此外,引入有效的审计和监督机制,建立透明的采购流程和资金管理制度,也有助于提高财务透明度,防范财务管理中的风险和漏洞。

五、缺乏现代化技术支持

(一)技术手段落后

传统流程过度依赖手工操作和纸质文件，缺乏信息化和自动化的支持，这使得图书馆在应对日益增长的采购需求和复杂的资源管理时面临着诸多挑战。传统采购流程中的手工操作和纸质文档使得信息管理变得低效和容易出错。传统的采购流程通常依赖纸质申请单、发票和合同等手工记录，这些文档不仅难以存储和管理，还容易造成数据的丢失或错误。每一次的手工输入和纸质传递都可能带来误差，导致采购信息的不准确，从而影响整体采购的效率和效果。传统流程中缺乏信息化和自动化的支持，导致采购过程的每个环节都需要大量的人力资源。手工操作的烦琐性使得图书馆在处理采购请求、合同管理、供应商沟通等方面需要投入大量的时间和人力。图书馆的工作人员往往需要处理大量的文档和记录，增加了工作的复杂性和劳动强度。随着采购需求的不断增长，传统的手工操作方式难以满足高效和及时的需求，导致采购流程变得更加缓慢和低效。

图书馆的资源管理不仅包括采购新的书籍和期刊，还涉及现有资源的维护、库存管理和更新。传统的手工记录方式使得这些管理任务变得复杂且不易被掌握。例如，图书馆需要手动跟踪和记录每本书籍的借阅和归还情况，这不仅需要耗费大量的时间，还可能导致数据的不一致和遗漏。此外，传统的库存管理方式通常依赖于纸质报表和手动计算，这使得库存信息的更新和查询变得不够及时和准确，影响了资源的有效利用和管理。

另一个问题是传统采购流程中的数据分析和决策支持不足。由于缺乏信息化和自动化工具，图书馆在进行数据分析和决策时往往依赖于手工整理的数据和报告。这种方法不仅效率低下，还难以提供实时和准确的分析结果。例如，在进行采购决策时，图书馆需要分析历史数据和市场趋势，但由于缺乏自动化的数据处理工具，这些分析工作往往需要耗费大量的时间和精力。结果，图书馆可能无法及时获取关键的决策信息，从而影响采购决策的科学性和准确性。在面对日益增长的采购需求时，传统的技术手段显得尤为不足。

随着图书馆服务范围的扩展和读者需求的增加，采购流程的复杂性和工作量也在不断增加。传统的手工操作和纸质文档已经难以应对这种变化，图书馆需要不断提升采购流程的效率和自动化水平。例如，在处理大量的采购申请和订单时，传统的手工操作往往难以应对快速增长的需求，导致采购过程变得烦琐且耗时。

（二）数据管理薄弱

数据管理薄弱是一个显著的弊端。这种情况主要表现为数据管理效率低，难以对大量采购数据进行有效整理和利用，从而限制了采购工作的科学性和前瞻性。传统的采购流程往往依赖手工记录和纸质文档，这种方式导致数据管理的效率低下。在传统流程中，图书馆需要处理大量的采购申请、发票、合同和库存记录等。这些数据通常以纸质文档的形式存在，缺乏系统化的管理和自动化的支持。这使得数据的整理、存储和检索变得烦琐且耗时。例如，图书馆工作人员需要手动记录每一个采购交易，并将相关文件进行分类和存档。积累的大量数据很容易导致信息的混乱和管理上的困难，进而影响到采购工作的效率。

传统数据管理方式下的数据整合和利用能力较弱。由于数据存储在不同的纸质文件和手工记录中，这使得对数据进行整合和分析变得困难。图书馆在进行采购决策时需要依赖于历史数据和市场趋势分析，但由于缺乏有效的数据整合工具，往往难以获得全面和准确的数据视图。例如，图书馆可能需要汇总多个供应商的报价信息来选择最佳供应商，但由于数据分散在不同的文件中，这一过程不仅耗时，而且容易出现错误。图书馆无法充分利用数据资源来支持采购决策，限制了采购工作的科学性和前瞻性。

传统的数据管理方式也缺乏对数据变化的实时跟踪和更新能力。采购过程中的数据，如库存情况、供应商的表现和采购趋势，通常需要实时更新和监控。然而，传统的手工记录方式无法提供实时的数据更新，导致图书馆在采购决策时使用的是过时的数据。这种滞后的数据管理方式使得图书馆难以快速响应市场变化和调整采购策略，从而影响了采购工作的灵活性和适应性。

传统的数据管理方式还影响了采购工作的分析和预测能力。现代采购管理需要对大量的历史数据进行分析，以预测未来的采购需求和趋势。然而，数据的整理和分析往往依赖于手工计算和静态报告，这使得数据分析的深度和广度受到限制。例如，图书馆可能需要分析过去一年的采购数据来预测未来的需求，但由于数据缺乏系统化的管理，分析过程往往无法深入挖掘数据背后的趋势和规律。这限制了图书馆在进行采购规划和预算编制时的科学性和准确性。

传统的数据管理方式还影响了对数据安全和隐私的保护。手工记录和纸质文档容易被损坏、丢失或未经授权访问，这对数据的安全性构成威胁。例如，纸质文件可能因火灾、水灾等自然灾害而受损，导致数据丢失或无法恢复。相比之下，现代化的电子数据管理系统能够更好地提供数据备份和安全保障，确保数据的完整性和保密性。

第二节 智慧采购流程的优化方案

一、物流与交付优化

(一) 智能物流管理

通过与物流服务提供商对接，实现物流信息的实时跟踪和自动化管理，可以显著提高图书运输和入库过程的效率，确保按时交付，并提升整体采购流程的智能化水平。与物流服务提供商的对接是实现智能物流管理的基础。传统的图书采购流程中，图书从供应商到达图书馆的过程中，信息传递往往依赖于纸质单据和手工记录。这种方式不仅效率低，而且容易出现信息滞后和错误。图书馆可以实时获取物流信息，实现信息的即时更新和共享。例如，物流服务提供商可以通过电子数据交换（EDI）系统向图书馆提供实时的运输状态更新，包括货物的当前位置、预计到达时间以及可能的延误情况。这种实时信息的共享可以帮助图书馆更好地掌握物流进度，做出及时的调整和安排。

智能物流管理系统能够实现对图书运输和入库过程的自动化管理。智能物流管理系统通过自动化的技术手段，可以大大提高管理效率。例如，在图书运输过程中，该系统可以自动生成运输单据，并与物流服务提供商的系统进行对接，实现运输过程的自动跟踪和记录。当图书到达图书馆时，该系统可以自动生成入库单，并进行库存更新。这种自动化管理不仅减少了人工操作的错误，还提高了整个物流管理的速度和准确性。

智能物流管理系统能够优化物流路线和运输计划。通过分析历史数据和实时交通信息，智能物流管理系统可以为图书的运输提供最佳路线和计划。这不仅可以减少运输时间，还可以降低运输成本。例如，智能物流管理系统可以根据图书馆的实际需求和物流服务提供商的运力情况，自动调整运输计划，避免高峰期的交通拥堵或其他潜在的运输问题。这样，图书馆能够更有效地管理物流资源，确保图书按时到达。

智能物流管理系统还能够提供详细的物流数据分析和报告。通过对物流数据的收集和分析，图书馆可以获得关于运输效率、成本控制和供应商绩效等方面的有价值信息。例如，智能物流管理系统可以生成运输时间分析报告，帮助图书馆识别和解决运输过程中可能存在的问题。此外，通过对物流成本的分析，图书馆可以评估不同供应商的性价比，优化供应商选择和采购决策。这种数据驱动的决策支持能够提升图书馆的采购管理水平，实现更高效的资源利用和成本控制。

（二）自动化入库与分配

传统的图书入库和分配过程通常依赖人工操作，效率低且容易出错。自动化入库系统可以显著提高图书入库的效率。在传统的入库过程中，图书馆工作人员需要手动检查每本书籍的状态、记录相关信息、将其分类存放。这一过程不仅烦琐，而且容易出现遗漏或错误。引入自动化设备，如自动化扫描系统和输送带，可以大大简化入库过程。例如，自动化扫描系统可以快速读取书籍上的条形码或RFID标签，自动记录书籍的详细信息，并将数据上传到图书馆的管理系统中。同时，自动化输送带可以将书籍从入库区输送到指定的存储区域，减少人工搬运和分配的工作量。自动化分配系统可以优化图书的分配和调度过程。传统的图书分配通常依赖人工安排和手动记录，这可能导致分配不及时或错误。通过引入自动化分配设备，如自动化堆垛机和分拣系统，图书馆可以实现快速、高效的图书分配。例如，自动化堆垛机可以根据预设的分配计划，将图书按类别或馆藏区域进行堆放，并进行智能调度。自动化分拣系统则能够根据读者的借阅需求，将图书快速分类并准备好待发区域。这种自动化分配系统能够减少人工干预，提高分配的准确性和效率，从而缩短图书的处理时间。

自动化设备还能够提供实时的库存管理和监控功能。通过集成自动化入库与分配系统，图书馆可以实时监控库存情况，了解每本图书的存储位置和状态。例如，该系统可以自动更新图书的库存数据，实时反映图书的入库、借阅和归还情况。通过这些实时数据，图书馆能够及时发现和解决库存管理中的问题，如库存不足或过剩。此外，实时监控功能还能够提高对图书馆资源的利用效率，确保图书的高效流通和管理。

智能化的自动化系统还能够提供详细的操作记录和数据分析。这些记录和分析结果可以帮助图书馆评估自动化设备的运行效果，并进行持续改进。例如，该系统可以生成图书入库和分配的操作报告，包括处理时间、错误率和设备使用情况。这些报告可以为图书馆提供关于操作效率和设备性能的有价值信息，帮助识别和解决潜在的问题。此外，图书馆还可以了解图书的借阅趋势和需求变化，从而优化图书采购和库存管理策略。

二、人员培训与变革管理优化

(一) 员工培训

1. 分析培训需求

在开始培训之前，图书馆需要对员工的培训需求进行详细分析。应评估现有员工的技术水平和对新系统的了解程度。不同的员工可能在技术背景和操作能力上存在差异，因此图书馆需要根据他们的实际情况制订针对性培训计划。可以通过问卷调查、面谈或技能评估等方式搜集相关信息，了解员工的培训需求和期望。这种需求分析能够帮助培训部门制订合适的培训内容和方法，确保培训的有效性和针对性。

2. 制订培训计划

基于培训需求分析的结果，图书馆应制订详细的培训计划。培训计划应包括培训目标、内容、时间安排、培训方式等。培训目标应明确，涵盖员工需要掌握的系统功能和操作流程。培训内容应详细，包括系统的基本功能、操作步骤、常见问题的解决方法以及系统的维护和更新等。时间安排应合理，确保员工有足够的时间进行学习和实践。培训方式可以包括课堂讲解、实操演练、视频教程和在线学习等，以适应不同员工的学习需求和风格。

3. 提供系统培训

图书馆需要为员工提供全面的系统培训。可以邀请系统供应商的技术支持团队或专业培训机构进行现场培训，确保培训内容的准确性和权威性。在培训中，培训师应重点讲解系统的主要功能和操作流程，如采购申请的提交、图书入库和分配的自动化操作、库存管理和数据分析等。结合实际操作进行演示，使员工能够直观地了解系统的使用方法。此外，还应提供详细的操作手册和培训资料，供员工在培训后参考和复习。

4. 开展实操演练

实际操作是培训的重要组成部分。通过实操演练，员工能够将理论知识应用于实际操作中，加深对系统功能的理解。培训中培训师应设置模拟场景和实际操作任务，让员工在模拟环境中进行系统操作。例如，可以模拟图书采购的整个流程，包括申请、审核、订单生成、物流跟踪、入库和分配等环节。在实操演练中，培训师应对员工的操作进行指导和纠正，帮助他们熟练掌握系统操作技能。

5. 提供持续支持

培训不仅仅是一次性的活动，还需要持续支持和跟进。在系统培训结束后，图书馆应提供持续的技术支持和帮助。可以设立专门的技术支持团队或培训热线，解答员工在使用系统过程中遇到的问题。此外，还应定期组织系统使用的复习培训和更新培训，确保员工能够跟上系统的升级和功能变化。通过持续支持，图书馆可以帮助员工解决使用中的问题，提高系统应用的稳定性和效率。

6.评估培训效果

培训结束后，图书馆应对培训效果进行评估。可以通过问卷调查、员工反馈、操作测试等方式，了解员工对培训内容和方式的满意度，以及他们在实际工作中对系统的掌握情况。评估结果可以帮助图书馆识别培训中的不足之处。同时，通过评估可以了解培训对工作效率和服务质量的实际影响，为未来的培训提供参考。

7.培养培训文化

为了确保员工培训的长期有效性，图书馆应培养培训文化。鼓励员工主动学习新技术、分享经验和知识，创建一个持续学习和改进的氛围。例如，可以组织技术分享会、培训研讨会和学习小组，让员工互相交流和学习。通过培养培训文化，图书馆能够保持员工的技术水平和系统使用能力的持续提升，推动智慧采购流程的不断优化。

（二）变革管理

智慧采购流程不仅能够提升采购效率，还能改善资源利用效率和服务质量。然而，变革的实施往往会引发员工的不安和抵触情绪。明确变革目标和愿景是成功实施变革管理的关键。图书馆管理层需要清晰地定义智慧采购流程的目标，如提高采购透明度、优化资源配置和减少成本等。同时，要将这些目标与图书馆的整体战略和愿景看齐，使员工理解变革的重要性和必要性。通过定期的沟通会议和内部宣传，管理层可以确保每一位员工都清楚变革的方向和预期成果。建立变革支持体系是促进顺利过渡的另一重要措施。图书馆应设立专门的变革管理团队，其负责制订详细的实施计划，并在整个变革过程中提供支持。这支团队可以包括采购部门的骨干员工、IT支持人员以及外部专家。团队的职责包括培训员工、解决实际问题和收集反馈。特别是在智慧采购系统的培训方面，这支团队需制订个性化的培训计划，确保每位员工都能掌握新系统的使用方法。积极应对员工的心理反应也是变革管理的核心环节。变革往往会引发员工的焦虑和抵触情绪，因此，这支团队需要通过多种渠道了解员工的顾虑，并给予充分的回应。可以通过开展座谈会、发放问卷等形式，收集员工的意见和建议。管理层应对这些反馈进行认真分析，并在可能的范围内进行调整。同时，要强调变革带来的个人和团队的长远利益，如职业技能的提升和工作效率的改善。

第三节 采购流程的智能化管理

一、合同管理

（一）合同智能生成

1. 需求自动识别与分析

图书馆在采购时，首先需要对各类资源的需求进行识别和分析。这一过程传统上依赖人工操作，需要工作人员根据借阅记录、馆藏统计、读者建议等多种信息来源进行综合分析。然而，这种方式不仅费时费力，而且容易出现人为疏漏或误判。引入智能合同生成工具成为一种有效的解决方案。这种工具可以与图书馆的管理系统深度集成，通过数据分析功能自动识别图书馆的采购需求。具体来说，系统可以从图书馆的借阅数据、库存情况、读者反馈和历史采购记录中提取关键信息，识别出哪些资源（如书籍、期刊、电子资源等）存在较高的需求或者需要补充。通过对这些数据的智能分析，系统能够准确判断采购需求的优先级，并将分析结果转化为具体的采购建议。在需求识别之后，智能合同生成工具会根据分析结果自动生成采购合同草稿。系统不仅能够在合同中准确反映出实际的采购需求，还可以根据不同供应商的条款自动匹配合同模板，确保合同内容的规范性和合法性。

同时，系统还可以加入自动审核和修订功能，允许相关工作人员在合同定稿前进行快速审查和调整，进一步减少了人工操作的错误风险。通过这一智能化管理流程，公共图书馆的采购过程变得更加高效和精准。借助自动化的需求识别、合同生成和审核工具，图书馆不仅能够更快地响应读者的需求，还能够优化资源分配。此外，智能化管理还减少了采购流程中的人为干预，提高了图书馆运营的透明度和规范性，为公共文化服务的持续提升奠定了坚实基础。

2. 智能合同模板

为了提高效率、确保合同的合法性和合规性，越来越多的图书馆正在引入智能化管理工具，其中智能合同生成工具便是其中的核心组件。该工具不仅能够帮助图书馆自动生成符合实际需求的合同，还能够提供多种定制化的合同模板，适用于各种采购场景。智能合同生成工具针对公共图书馆的不同采购项目特点，设计了多种合同模板。这些模板涵盖了图书采购、设备采购、服务合同等各类常见的采购场景。

对于图书采购，模板可能包括与书籍供应商的合同，明确了图书的品类、数量、交货时间、价格、质量标准以及售后服务条款等内容。设备采购模板则适用于采购图书馆所需的硬件设施，如计算机、打印机、电子阅览设备等，详细规定了设备的技术规格、安装调试、保修期、维护服务等条款。服务合同模板则涵盖了诸如数字资源订阅、信息技术支持、数据管理等服务采购的具体要求。这些智能合同模板不仅经过专业律师的审核，确保了每一个合同条款的合法性和合规性，而且具有高度的灵活性，可以根据不同的采购需求进行调整。例如，系统可以根据图书馆的预算限制、供应商的具体情况或项目的时间要求，自动调整合同中的付款条款、交货时间或违约责任等内容，确保合同的制订过程既符合实际需求，又不违背法律规定。

在智能化管理的背景下，这些合同模板极大地简化了公共图书馆的采购流程。传统的采购合同通常需要工作人员手动填写大量的内容，容易出现错误或遗漏，导致合同条款不清晰，甚至可能带来法律风险。而智能合同生成工具通过预先设定的条款和条件，能够快速适应不同的采购需求，自动填充合同中的关键内容，减少了人工操作的复杂性和错误率。每当图书馆发起一个新的采购项目时，系统会根据项目的具体情况自动选择最合适的合同模板，并根据数据分析结果进行定制化的调整，从而生成一份完整的合同草稿。

智能合同生成工具还具备合同管理功能。生成的合同草稿可以通过系统进行自动审核，确保所有条款符合相关法规和图书馆的内部规章制度。审核通过后，合同可以直接通过电子签名方式签署，大幅度缩短了合同签订的时间，提高了采购流程的整体效率。

3. 自动化条款填充

传统上，制订合同条款需要耗费大量时间和人力，特别是像支付条款、违约责任和保密条款这样的内容，往往需要根据具体的采购项目进行仔细调整。这种过程不仅复杂，而且容易出现疏漏，给后续的合同履行带来潜在风险。为此，智能合同生成工具的自动化条款填充功能应运而生，显著提升了合同管理的效率和准确性。智能合同生成工具能够根据图书馆采购项目的具体需求，自动填充合同中的各项关键条款。对于支付条款，系统可以根据采购的规模、供应商的条款、项目预算等因素，自动生成最合适的付款计划。比如，对于大额图书采购，系统可能会建议分期付款的方式，并自动填充付款时间表、每期付款的金额以及对应的发票要求。这不仅确保了支付条款的合理性，还能有效管理图书馆的现金流。

违约责任条款是合同中的另一重要组成部分，涉及采购过程中可能出现的违约情况以及相应的处理方式。智能工具能够根据采购项目的性质自动填充违约责任条款。例如，在设备采购合同中，如果供应商未能按时交付设备或设备质量不达标，系统会自动生成相应的赔偿条款，明确供应商的责任和图书馆的索赔权利。这些条款的自动生成减少了人为因素导致的法律风险，确保合同的严谨性和公正性。保密条款在现代合同中越来越重要，尤其是在涉及数字资源采购或技术服务的合同中。智能合同生成工具能够根据项目的敏感性自动填充保密条款，确保供应商在合同履行过程中对图书馆的敏感信息予以保密。例如，在数字资源订阅合同中，系统可能会自动加入条款，规定供应商不得未经许可共享或使用图书馆的用户数据，保障读者隐私和图书馆的知识产权。

这些自动化条款填充功能的核心优势在于减少了人工调整的时间和成本。过去，工作人员需要逐条审阅并手动调整合同条款，确保它们符合项目的具体需求。这不仅需要法律知识和合同管理经验，还可能由操作不当或信息疏漏导致条款内容不完善。而智能工具通过对输入的信息进行分析，自动生成符合要求的条款，不仅提高了工作效率，还大幅降低了错误发生的可能性。

4. 智能审核与调整

传统的合同审核通常需要依赖法律专业人员逐条检查合同条款，寻找潜在的法律问题和不一致之处。然而，这一过程耗时且容易出现人为疏漏。智能合同生成工具的智能审核与调整功能应运而生，通过自动化的技术手段，极大提升了合同审核的效率和准确性。智能合同生成工具不仅能够自动生成合同草稿，还能够在生成后对合同进行初步审核。通过智能审核功能，该工具可以自动检查合同条款的完整性和合法性，确保每一项条款都符合相关法律法规以及公共图书馆的内部规章制度。例如，系统能够自动识别合同中是否遗漏了关键条款，如支付条款、保密条款或违约责任条款等，并在必要时提示用户添加这些条款。这种全面的审核过程能够有效避免因合同内容不完整而引发的法律风险。

智能审核功能还具备检测条款冲突和信息不一致的功能。在合同中，不同条款之间有时可能存在逻辑上的冲突，或是在不同部分引用的信息存在不一致的情况。举例来说，支付条款中的付款日期可能与交货日期产生冲突，或者在合同的不同部分对于服务内容的描述存在不一致。智能合同生成工具能够通过自然语言处理和逻辑分析技术，自动检测这些问题并及时向用户发出警告。对于发现的冲突或不一致之处，系统会提供相应的修改建议，帮助用户快速调整合同内容，确保条款之间的协调性。这种智能审核功能不仅提高了合同的质量，还显著减少了法律风险。通过提前发现和解决合同中的潜在问题，图书馆可以避免因合同条款不完善或存在争议而导致的法律纠纷。

此外，智能合同生成工具能够在合同签署之前对合同内容进行全面评估，确保所有条款都符合法律要求，避免了可能的法律漏洞。这对于公共图书馆而言，尤其是在处理复杂的采购项目时，具有重要的保障作用。在公共图书馆采购流程的智能化管理中，智能审核与调整功能为合同管理带来了显著的优势。它大幅减少了合同审核所需的时间和人力资源投入，使得合同生成与审核的过程更加高效。智能合同生成工具能够通过自动化技术减少人为疏漏，提升合同的准确性和可靠性。通过智能化的审核与调整，图书馆能够有效降低法律风险，确保合同的合法性和可执行性，从而保障图书馆的利益。

5. 文档存储与管理

合同不仅是采购活动的重要法律依据，还涉及大量的敏感信息和历史记录。因此，如何有效地存储、分类和管理这些合同文档，确保它们的安全性和可追溯性，成为图书馆管理中的一个关键问题。智能合同生成工具的文档存储与管理功能，为公共图书馆提供了一个高效、安全的解决方案。智能合同生成工具通常集成了先进的合同管理功能，能够在合同生成后，自动将合同文档存储在电子档案库中。相比于传统的纸质档案管理，电子档案库不仅大大节省了物理空间，还提高了合同存储的安全性。通过加密技术和访问控制，系统能够确保只有得到授权的工作人员才能访问这些合同文档，从而有效防止未经授权的访问和信息泄露。同时，电子存储也减少了合同文档因自然灾害或人为疏忽而丢失的风险。

除了安全存储，智能合同生成工具还提供了强大的分类和管理功能。系统能够根据合同的类型、供应商、签订日期、项目性质等多种维度，自动将合同文档进行分类整理。这种分类整理不仅使得合同文档的组织更加有序，还大大简化了合同的查找和检索过程。公共图书馆的工作人员只需输入相关的关键词或使用过滤器，就能快速找到所需的合同文档。这种高效的检索功能，特别适用于需要频繁查阅和调取历史合同记录的情况，极大地提高了工作效率。

智能合同生成工具还具备合同文档的版本管理功能。在合同的生命周期内，可能会因各种情况对合同内容进行修改或更新。传统的纸质管理模式下，合同的多次修改容易导致版本混乱，甚至无法准确追溯到每次修改的具体内容。而智能合同生成工具通过版本控制系统，可以自动记录每次修改的时间、修改内容以及修改人，并保存所有的历史版本。这样，图书馆在需要时可以轻松追溯到合同的任何一个版本，确保合同内容的透明性和可追溯性。例如，系统可以与图书馆的财务管理系统、项目管理系统等进行对接，自动同步相关数据，形成一个统一的管理平台。这不仅提高了信息的共享和协作效率，也减少了因信息孤岛导致的数据不一致问题。

通过智能化的合同管理，图书馆不仅能够更好地保护合同文档的安全性，还能提高合同管理的效率和透明度。同时，系统的自动化存储和分类功能，也为图书馆工作人员减轻了大量的手动操作负担，使他们能够将更多的精力投入图书馆的核心业务中。

（二）合同履行监控

1. 减少法律风险

合同履行中的问题，如履约不及时、质量不达标等，往往会导致法律纠纷，影响图书馆的运营和声誉。为此，智能化管理工具中的智能合同履行监控系统，特别是其自动提醒和警报功能，发挥了至关重要的作用。这些功能能够帮助图书馆及时发现和处理合同履行中的问题，从而有效降低法律风险，保护图书馆的合法权益。智能合同履行监控系统通过实时跟踪合同的执行情况，确保所有条款都得到遵守。系统会根据合同的关键条款和约定，自动生成监控指标，并持续跟踪供应商的履约进展。例如，对于设备采购合同，系统可以设置设备交付时间的提醒，并在接近或超过预定交货日期时自动发出警报。如果供应商未能按时交付设备，系统会立即通知相关工作人员，以便采取措施，例如联系供应商，了解延迟原因，并催促其尽快履约。这样，图书馆能够及时采取行动，防止因供应商的延迟导致的服务中断或其他不利影响。

智能合同履行监控系统还能够针对合同中的质量标准进行监控。系统可以根据合同约定的质量标准，设置相关的质量检查和验收指标。例如，在图书采购合同中，系统可以监控图书的到货质量，自动生成检查报告，并根据报告中的结果发出警报。如果发现图书的质量不符合标准，系统会通知图书馆的采购部门，并提供进一步的处理建议，如要求供应商退换货或提供补偿。这种自动化的质量监控功能，能够确保图书馆获得符合要求的采购资源，避免因质量问题引发的纠纷。

智能合同履行监控系统的自动提醒和警报功能还可以用于合同履行的各个阶段，包括合同变更、续签和终止等。系统会在合同变更需要审批时自动发出提醒，确保所有变更都经过合法的审批流程，并记录变更的详细信息。对于即将到期的合同，系统会提前发出续签提醒，帮助图书馆及时处理合同续签事宜，避免因合同到期未续签而产生的服务中断。对于合同终止，系统会自动处理相关的终止手续，确保所有条款得到履行，维护图书馆的合法权益。

通过这些智能化的监控和提醒功能，公共图书馆能够显著降低法律风险。系统提供的实时数据和预警机制，使得图书馆能够及时识别和解决合同履行中的问题，避免由履约不及时或质量不达标引发的法律纠纷。这不仅保护了图书馆的合法权益，也提升了图书馆的运营效率和服务质量。

2. 优化合同管理流程

合同管理的优化不仅关乎合同履行的效率，还直接影响到采购决策的质量和图书馆的整体运营效率。智能合同生成工具的履行数据分析功能，为图书馆提供了强大的数据支持，使得合同管理流程可以更加科学、精准地进行优化。系统提供的履行数据分析功能能够全面收集和分析合同执行过程中的各类数据。这些数据包括合同履行的时间节点、质量检查结果、供应商的履约情况、付款记录等。通过对这些数据的深入分析，图书馆能够全面评估合同执行的效果。例如，系统可以生成详细的履行报告，显示每个合同条款的履行情况、延迟记录及其原因、质量合格率等。这种数据驱动的报告不仅帮助图书馆及时发现履行中的问题，还能为未来的采购决策提供有价值的参考。

利用履行数据分析功能，图书馆能够识别合同管理中的瓶颈和问题。例如，通过分析履约延迟的记录，图书馆可以发现某些供应商的交付时间不稳定，进而针对性地进行供应商评估和选择。此外，系统还可以通过分析质量检测结果，识别常见的质量问题，从而改进采购标准或与供应商重新协商质量要求。这种基于数据的改进措施，使得合同管理过程更加精准，减少了经验和主观判断带来的误差。数据分析功能还能够帮助图书馆进行合同管理流程的整体优化。通过对历史合同数据的总结，图书馆可以了解合同管理的最佳实践和常见问题。例如，系统可以分析不同类型合同的履行效果，帮助图书馆确定哪些合同类型在特定情况下表现更好，哪些合同类型则存在较多问题。这种分析结果可以指导图书馆在制订未来的采购策略时，选择更为合适的合同模式和供应商，提升采购决策的科学性和准确性。履行数据分析功能还支持趋势分析和预测。图书馆可以根据历史数据预测未来的合同履行趋势，例如，预估未来某类采购的可能问题，提前作好应对准备。系统还可以识别合同履行中的潜在风险，例如，预测某供应商可能面临的履约风险，从而提前采取风险管理措施。这样的预测和趋势分析能力，使得图书馆能够在合同管理过程中做到未雨绸缪，提高管理的前瞻性和主动性。

二、智能预算管理

（一）预算自动分配

根据采购需求和历史数据，智能预算系统能够自动分配采购预算，并实时监控预算使用情况。这种智能化管理方式不仅提高了预算分配的准确性，还优化了资金的使用效率，为图书馆的采购管理带来了显著的提升。预算自动分配的核心在于数据驱动。系统通过分析历史采购数据、需求预测和预算限制，能够智能地分配采购预算。例如，公共图书馆可以通过系统获取过去几年的采购数据，包括书籍、期刊、电子资源等的开支情况。系统利用这些数据来预测未来的需求趋势，并基于预测结果自动分配相应的预算。这种基于数据的分配方法不仅提高了预算的合理性，还确保了图书馆能够有效地满足各部门的实际需求。

系统的自动化预算分配能够减少人为干预，降低分配错误的风险。传统的预算分配过程往往需要人工计算和调整，容易出现误差或偏差。而自动化系统通过智能算法，根据设定的规则和条件，能够精准地完成预算分配任务。系统能够考虑到不同部门或项目的优先级，并根据实际需求和预算限制进行调整。这种自动化处理方式不仅提升了预算分配的效率，还减少了人工操作带来的误差，提高了预算管理的精确性。实时监控预算使用情况是预算自动分配系统的重要功能之一。系统能够实时跟踪每一笔采购的开支，并将其与预算进行比较。一旦发现预算超支或未使用的情况，系统会自动发出警报，提醒相关人员进行调整。

这种实时监控功能不仅能够及时发现预算使用中的问题，还可以帮助图书馆进行预算的动态调整。例如，如果某一部门的预算接近用尽，系统可以自动调整其他部门的预算，确保整体预算的合理使用。系统还提供了详细的预算分析和报告功能。通过自动生成的预算报告，图书馆能够了解各项采购开支的详细情况，包括预算分配的合理性、使用情况以及剩余预算。这些报告为图书馆提供了重要的决策依据，帮助其制订未来的预算规划和采购策略。同时，系统的分析功能还能够揭示预算使用中的潜在问题，如某一类别的开支过高或不合理，从而为改进预算管理提供了有力的数据支持。

（二）实时财务监控

实时财务监控在公共图书馆采购流程中的应用，通过实时财务监控系统的引入，极大地提升了财务管理的效率和准确性。

该系统能够实时跟踪采购支出，自动生成预算超支警报和财务报告，从而帮助图书馆实现精细化的预算控制和财务管理。实时财务监控系统的核心功能是跟踪采购支出。系统能够自动记录每一笔采购支出的详细信息，包括采购日期、供应商、商品或服务类别、金额等。这些信息通过系统与预算数据进行实时对比，确保采购支出的透明化和可追溯性。工作人员可以随时查看支出明细，了解预算的实际使用情况。系统的自动化记录和更新功能，避免了人工记录的烦琐和可能的错误，确保了财务数据的准确性。

系统能够实时生成预算超支警报。当采购支出接近或超过预算限额时，实时财务监控系统会自动发出警报，提醒相关人员及时采取措施。警报功能基于设定的预算规则和限制，当系统检测到异常支出时，会立即触发通知。这种实时的警报机制能够有效防止预算超支现象的发生，避免了传统财务管理中可能存在的延迟反馈问题。通过及时调整采购计划或重新分配预算，图书馆能够保持财务管理的稳定性和可靠性。

实时财务监控系统还具备自动生成财务报告的功能。系统可以根据实时数据生成各种财务报告，包括支出分析报告、预算执行情况报告、部门开支报告等。这些报告不仅提供了清晰的财务概况，还能够帮助图书馆了解预算执行的具体情况。通过报告中的图表和数据分析，图书馆能够发现财务管理中的问题，如某一部门的支出超出预期或某一类别的采购费用过高。这些报告为决策提供了重要的依据，有助于图书馆制订未来的预算和采购策略。

进一步来说，系统还提供了数据分析功能，能够识别长期支出趋势和模式。通过对历史财务数据的分析，系统能够预测未来的支出趋势，并提供优化建议。这种预测能力帮助图书馆提前做好财务规划，避免由预算不准确导致的资金短缺问题。数据分析还可以揭示采购流程中的潜在问题，如某些供应商的费用过高，或某些采购类别的预算分配不合理，从而为改进财务管理提供了依据。

三、高效的库存管理

（一）实时库存监控

通过实时更新库存数据、监控库存状态，实时库存监控系统能够及时发现库存不足或过剩的情况，并自动生成补货建议。这种智能化管理方式不仅提高了图书馆的运营效率，还确保了资源的合理配置和利用。实时库存监控系统的核心功能在于库存数据的实时更新。每当有新的书籍、期刊、电子资源等物品入库或借出时，系统会自动更新库存数据。这种实时更新的能力确保了库存信息的准确性和及时性，避免了手动记录可能带来的延迟或错误。例如：当图书馆购入新书时，系统会立即反映库存的增加；当图书借出时，库存数量也会相应减少。图书馆工作人员能够随时了解最新的库存情况，确保资源管理的透明度。

实时监控库存状态是系统的另一重要功能。系统能够持续跟踪库存变化，及时发现库存不足或过剩的情况。例如，当某一类书籍库存接近最低限额时，系统会提醒工作人员进行补货操作。相反，如果某些资源库存过多，系统也会发出提醒，避免不必要的积压。这种监控机制不仅有助于维护适当的库存水平，还能防止由库存不足导致的资源短缺，或者由库存过剩造成的资金浪费。

系统的智能化还体现在自动生成补货建议上。基于历史借阅数据、季节性需求变化以及库存状态，系统能够智能预测未来的需求，并生成相应的补货建议。例如，系统可以分析过去几年的借阅趋势，预测未来哪些书籍可能会有较高的需求，从而建议提前补货。这种预测和建议功能不仅帮助图书馆更好地规划采购计划，还提高了资源的利用效率，确保读者能够及时获得所需的资源。

实时库存监控系统还提供了详细的库存分析报告。通过分析库存数据，图书馆可以了解哪些资源的周转率较高，哪些资源的需求相对较低。系统可以根据这些数据生成库存优化建议，帮助图书馆进行资源调配。例如，对于周转率较低的书籍，图书馆可以考虑减少采购或转移至其他需求较高的领域。这样的库存优化策略不仅有助于节约资金，还能提高资源的利用率。

实时库存监控系统还具备与其他管理系统的集成功能。系统可以与财务管理系统、采购管理系统无缝连接，实现数据的共享和联动。例如，当系统发现某类书籍库存不足时，可以自动生成采购申请，并与财务系统核对预算情况。这种集成化管理方式不仅简化了操作流程，还提高了工作效率，避免了重复工作和信息孤岛。

（二）自动补货

自动补货系统是现代公共图书馆采购流程智能化管理中的一项关键技术，它根据库存水平和需求预测，自动生成补货订单，极大地减少了人工干预，并显著提高了补货效率。这种智能化补货方式不仅优化了图书馆的库存管理，还确保了资源的及时供应和有效利用。自动补货系统通过实时监控库存水平，能够在库存达到预设的最低限额时，自动触发补货流程。对于公共图书馆来说，库存管理涉及的物品种类繁多，包括书籍、期刊、电子资源、文具和其他相关物品。传统的人工管理方式往往存在滞后和误差，可能导致资源短缺或积压。而自动补货系统则依靠准确的数据和智能算法，实时跟踪每一种资源的库存变化，确保在库存不足时，及时启动补货流程，避免资源短缺对读者服务的影响。系统不仅依据当前库存水平，还结合历史借阅数据和需求预测来生成补货订单。公共图书馆的资源需求具有一定的季节性和周期性，如特定时间段内某类书籍的借阅量可能会显著增加。系统通过分析历史数据，能够识别这些需求模式，并在预期需求高峰到来之前，自动调整补货策略。例如，系统可以在某些热门图书的库存接近最低限额时，根据过去的借阅趋势预测未来的需求，从而提前生成补货订单，确保热门资源的充足供应。自动补货系统的引入，极大地减少了人工干预和操作错误。在传统的补货流程中，工作人员需要定期手动检查库存，评估需求，然后手动生成订单。而通过自动补货系统，图书馆能够实现全天候、无间断的库存监控和补货操作。

系统的智能化管理还表现在与供应商的对接上。自动补货系统可以与供应商的系统直接对接，确保补货订单能够快速传递和处理。一旦系统生成补货订单，它会自动发送给相应的供应商，并追踪订单的执行情况。这种无缝对接的操作，不仅缩短了订单处理时间，还提高了图书馆的整体运营效率。供应商接收到订单后，能够快速响应并安排发货，确保资源能够及时补充到位。自动补货系统还具备财务管理功能。系统在生成补货订单的同时，自动与预算数据进行对比，确保每一笔补货操作都在预算范围内进行。这种智能化的预算控制功能，能够有效避免预算超支的风险，确保图书馆的资金使用更加合理和透明。

通过与财务管理系统的集成，自动补货系统还可以生成详细的财务报告，帮助管理层了解资金的使用情况，并为未来的预算规划提供数据支持。自动补货系统的应用不仅限于图书和期刊的采购，还可以扩展到其他日常运营物资的管理，如办公用品、设备耗材等。这种全方位的库存管理和自动补货策略，能够确保公共图书馆的各项资源始终处于最佳供应状态，为读者和工作人员提供了更加高效和便利的服务。

（三）库存分析

通过对库存数据的深入分析，图书馆可以全面了解图书的流动情况，优化库存结构，并有效降低库存成本。这种数据驱动的库存管理方式，不仅提升了图书馆的运营效率，还增强了资源配置的合理性和精准性。库存分析的核心在于对图书流动情况的全面了解。图书馆拥有大量的图书、期刊和其他资源，这些资源的借阅频率、流通速度和滞留时间各不相同。通过库存分析，系统可以精确统计和追踪每一本图书的借阅次数、借阅周期、归还情况等关键数据。这些数据为图书馆管理者提供了直观的图书流动信息，使他们能够清晰地了解哪些书籍是热门书籍，哪些书籍的借阅率较低甚至长期滞留在馆内。图书馆可以对库存进行分类管理，确保高需求的资源能够得到优先补充，而低需求的资源则可以考虑减少采购或进行调整。

库存分析不仅帮助图书馆了解资源的流动情况，还在优化库存结构方面发挥了重要作用。图书馆的库存不仅仅是数量的积累，更重要的是资源的合理配置和利用。通过分析图书流动数据，图书馆可以识别出库存中的冗余部分，如长期未被借阅的书籍、重复采购的资源等。图书馆可以对库存结构进行优化，例如减少不必要的重复采购，淘汰长期未使用的资源，或将低借阅率的图书转移到其他需求较高的区域。优化后的库存结构不仅提升了资源的利用效率，还减少了不必要的占用空间和资金浪费。

库存分析在降低库存成本方面具有显著的优势。库存成本不仅包括图书的采购成本，还涉及存储、管理、维护等方面的费用。通过优化库存结构，图书馆可以有效减少冗余库存，降低存储和管理成本。同时，库存分析还可以帮助图书馆制订更加精准的采购计划，避免过度采购导致的资金浪费。例如，通过分析历史数据和需求预测，系统可以建议图书馆在特定时期减少某些类别的图书采购，而将更多的资金用于采购热门书籍或新出版的资源。这种基于数据分析的采购决策，不仅优化了资金使用，还确保了图书馆的资源始终能够满足读者的实际需求。

库存分析还为图书馆的长期规划和资源配置提供了重要的参考依据。通过对多年的库存数据进行趋势分析，图书馆可以识别出借阅需求的变化趋势。这种趋势分析不仅有助于制订更为科学的采购策略，还可以为图书馆的空间规划、资源分配等提供数据支持。例如，如果分析显示某类图书的需求呈现下降趋势，图书馆可以考虑逐步减少此类资源的采购量，并将更多的空间和资金用于其他增长领域。反之，如果某类资源的需求持续增长，图书馆则可以提前做好采购和存储的准备，确保资源供应的及时性。

库存分析还可以促进图书馆与读者之间的互动。图书馆可以了解读者的兴趣偏好和借阅习惯，进而为读者提供更加个性化的推荐服务。这种基于数据的读者服务，不仅提升了读者的满意度，还提高了图书馆的服务质量和吸引力。

第六章 公共图书馆智慧采购的数据管理

第一节 数据采集与处理技术

一、公共图书馆智慧采购的数据采集

（一）读者需求数据采集

1. 读者借阅记录

在当今信息爆炸的时代，公共图书馆作为知识传播的重要载体，其图书资源的配置直接影响到读者的学习与文化需求的满足。读者借阅记录作为一种直接反映读者需求的数据资源，日益成为图书馆进行智慧采购的重要依据。通过系统地采集和分析读者的借阅习惯、偏好和借阅频率，图书馆能够更加精准地了解读者的需求，从而提高图书资源的利用效率。读者借阅记录是反映读者兴趣和需求的第一手资料。图书馆通过数据采集系统，可以全面捕捉到读者的借阅行为。这些数据包括读者在特定时间段内借阅了哪些书籍、借阅频率如何、是否有重复借阅的情况，以及读者群体的年龄、性别等基本信息。这些数据的积累和分析，有助于图书馆了解哪些类别的书籍最受读者欢迎。例如，某类书籍的借阅次数频繁，借阅周期较短，说明该类书籍有较高的需求和使用价值。相反，如果某类书籍借阅次数较少，甚至长期无人问津，则可能说明该类书籍的内容已经过时或不符合当前读者的需求。

读者借阅记录的数据分析不仅有助于识别受欢迎的书籍，还能帮助图书馆制订更加科学的采购策略。通过对借阅数据的长期跟踪和分析，图书馆可以发现读者需求的变化趋势。例如，在某一时期内，科技类书籍的借阅量显著增加，这可能反映出读者对科技发展或某些新兴技术的兴趣逐渐提升。图书馆可以有针对性地增加相关领域的新书采购。

此外，图书馆还可以通过分析不同类型书籍的借阅情况来优化馆藏资源的配置，

减少不必要的采购。在智慧采购的框架下，数据采集和分析工具的应用极大地提升了图书馆的采购决策能力。传统的图书采购通常依赖于图书馆员的经验和市场调研，但这种方式难以全面、准确地反映读者的真实需求。如今，随着大数据技术的发展，图书馆可以通过整合各种数据源，实现对读者行为的全方位跟踪和分析。例如，图书馆可以将读者借阅记录与在线搜索行为、书籍评分和评论等数据结合起来，形成一个完整的读者需求"画像"。这种多维度的数据分析方法，不仅能够帮助图书馆更好地理解读者的偏好，还可以预测未来的阅读趋势，从而制订更具前瞻性的采购计划。

2. 读者建议与反馈

除了依赖读者借阅记录等直接反映读者需求的量化数据，图书馆还需要重视读者的主观意见与反馈。这些信息不仅可以揭示读者的潜在需求，还能为图书馆的采购决策提供更为全面和精确的参考，从而优化馆藏资源。读者的建议与反馈能够补充借阅记录数据的不足。读者借阅记录固然能直观地反映出某类书籍的受欢迎程度，但它无法全面捕捉读者对新兴主题或特定作者作品的兴趣。例如，某些主题可能是读者新近产生的兴趣，尚未在借阅数据中得到体现，这时候读者通过意见箱、在线反馈系统或读者问卷调查所提供的建议就显得尤为重要。这些主观反馈往往能够揭示出读者的未来需求，尤其是那些尚未成为主流但具有增长潜力的兴趣点。通过对这些反馈的分析，图书馆可以采购相关书籍，从而更好地满足读者的多样化需求。

读者的建议与反馈在识别未被充分满足的需求方面具有独特的优势。借阅数据虽然可以揭示出哪些书籍是读者借阅频率较高的，但它却无法解释某些特定书籍的缺失是否导致了读者需求未被满足。例如，读者可能在反馈中提到某些特定作者的作品在馆藏中缺乏，或是某一特定领域的书籍数量不足，这些信息都可以为图书馆的采购工作提供有价值的参考。通过采集和分析这些反馈信息，图书馆能够更好地识别馆藏中的不足之处，填补这些空白。在智慧采购的背景下，数据采集技术的发展为读者建议与反馈的系统化分析提供了可能。传统的读者意见收集方式如意见箱和读者问卷，虽然在一定程度上能够反映读者的需求，但其数据处理往往较为费时费力，且难以形成系统性的分析结果。随着信息技术的发展，公共图书馆可以利用在线反馈系统、社交媒体平台及智能问卷工具，快速、广泛地收集读者的意见与建议。通过这些数字化渠道，读者能够随时随地提交他们的反馈，极大提高了反馈的即时性与覆盖面。图书馆在收集这些反馈后，可以通过数据分析工具进行整理和分类，将这些信息与借阅记录等数据结合起来，形成更为全面的读者需求"画像"。例如，通过对反馈数据的文本分析，图书馆可以识别出读者频繁提及的主题、作者或书籍类型，从而发现哪些需求尚未得到满足。同时，图书馆还可以将这些反馈信息与借阅记录进行对比，评估读者需求的变化趋势，制订更加符合实际需求的采购计划。

读者的反馈信息还能够为图书馆的服务优化提供直接的指导。除了书籍采购，读者的建议还可能涉及图书馆的开放时间、阅读环境、服务态度等方面。通过对这些反馈的认真分析和处理，图书馆可以发现自身在服务方面的不足，并及时进行改进，从而提升读者的满意度和忠诚度。这种以读者为中心的服务理念，不仅有助于提高图书馆的服务质量，也能够增强图书馆在社区中的影响力和吸引力。

在实践中，公共图书馆可以通过以下几个步骤来有效整合读者的建议与反馈，优化智慧采购决策。一是图书馆需要建立多渠道的反馈采集系统，确保读者能够方便地提交他们的意见与建议。在线反馈系统和社交媒体平台的应用，可以显著提高反馈的收集效率和覆盖面。二是图书馆需要引入先进的数据分析工具，对收集到的反馈进行分类和整理，并与其他数据如借阅记录进行关联分析。通过这种综合分析，图书馆能够更全面地了解读者的需求，制订更加科学的采购策略。三是图书馆应当定期对读者反馈进行回顾和总结，评估已实施的采购和服务改进措施的效果，并根据实际情况进行持续优化。

3. 馆藏利用率数据

通过对馆藏书籍的利用率进行采集和分析，图书馆能够有效评估馆藏资源的使用情况，从而实现资源配置的优化和馆藏结构的精减。在现代图书馆管理中，利用率数据成为图书馆决策的重要依据。随着技术的发展，公共图书馆逐步引入智慧采购系统，这些系统通过大数据、人工智能等技术手段，对书籍的利用率进行精确分析，从而帮助图书馆在采购和馆藏管理上做出更加科学的决策。馆藏书籍的利用率数据能够直观地反映书籍的使用情况。通过对图书借阅记录、书籍上架时间等数据的分析，图书馆可以了解哪些书籍长时间未被借阅或利用率较低。这些可能是由于内容陈旧、不符合读者需求或市场兴趣变化所致。图书馆能够识别出可能需要淘汰或减少采购的书籍类别，从而为馆藏的优化提供依据。

智慧采购系统的引入使得馆藏利用率数据的采集更加高效和准确。传统的采购模式依赖人工经验和历史数据，而智慧采购系统则通过对大量数据的实时分析，提供了更加科学的决策支持。智慧采购系统能够自动采集和分析馆藏书籍的利用率数据，并结合市场趋势、读者偏好等多维度信息，帮助图书馆做出更加精准的采购决策。例如，系统可以通过分析读者的借阅行为和兴趣变化，建议图书馆采购那些更有可能被广泛借阅的新书，避免采购那些可能利用率较低的书籍，从而提高资源的利用效率。智慧采购系统还可以通过利用率数据的动态监控，帮助图书馆进行馆藏结构的调整。利用率较低的书籍可能会占据宝贵的馆藏空间，影响新书的引进和馆藏的整体更新。通过定期对这些数据进行分析，图书馆可以及时淘汰或转移那些利用率低的书籍，为新的馆藏资源腾出空间。这不仅提高了馆藏资源的利用效率，还提升了图书馆的整体服务水平和读者满意度。

（二）市场与出版物数据采集

1. 新书出版信息

通过精准的数据采集和分析，图书馆能够实时掌握新书上市的动态，迅速了解市场趋势和读者需求。这不仅提升了馆藏的时效性和相关性，也显著提高了图书馆资源的利用率和读者满意度。智慧采购系统通过与出版商、书店及在线书籍平台的数据对接，实现了对新书出版信息的实时获取。传统的图书采购往往依赖出版商定期提供的目录或图书展销会等渠道，而智慧采购系统则可以通过数据接口，直接从出版商、书店及电子书平台获取最新的书籍信息。这包括新书的出版日期、主题内容、市场预期销量、读者评价等关键数据。这种实时数据的获取，使图书馆能够在新书刚刚上市时就做出采购决策，确保读者能够在第一时间借阅到最新出版的热门书籍。

智慧采购系统还能够通过大数据分析，评估新书在市场上的受欢迎程度和潜在价值。通过分析图书在在线平台上的预购情况、读者评分、社交媒体讨论度等数据，图书馆可以判断哪些新书可能会成为畅销书，从而优先采购这些书籍。这种基于数据的决策方法，有效避免了传统采购中可能存在的主观判断和经验不足问题，使采购决策更加科学和精准。此外，系统还可以结合馆藏利用率数据，分析哪些主题或类型的书籍在馆内具有较高的借阅需求，从而针对性地采购符合读者需求的新书。

智慧采购系统还提供了自动化的采购建议功能，帮助图书馆在面对海量新书信息时做出最佳决策。通过智能算法，系统能够根据新书的市场表现、馆藏情况以及预算限制，生成采购建议清单。这一功能不仅减轻了图书馆员的工作负担，还提升了采购流程的效率和准确性。对于不同类型的图书，如文学作品、学术专著、儿童读物等，系统可以根据各自的特性和读者群体的需求进行分类采购，确保馆藏的多样性和全面性。智慧采购系统还支持个性化的采购策略。例如，对于那些市场上反响较好但馆内借阅需求暂时不高的书籍，图书馆可以选择少量采购或通过馆际合作共享资源的方式进行获取，从而在满足读者需求的同时控制采购成本。而对于市场上热度较高且与图书馆重点服务领域相关的新书，系统则可以建议优先采购并增加库存数量，确保在读者需求高峰期时能够提供充足的借阅资源。

2. 图书销售数据

通过实时获取和分析市场上的图书销售数据，图书馆能够深入了解哪些书籍在市场上销售火爆，哪些书籍则不太受欢迎。这些数据为图书馆提供了科学的依据，使其在采购过程中能够做出更有针对性的选择，避免采购冷门书籍，从而显著提高馆藏书籍的利用率和资源配置的效率。销售数据能够揭示图书在市场上的受欢迎程度。通过采集图书在各大书店、在线书籍平台及电子书市场的销售数据，图书馆能够了解哪些书籍销量高，哪些书籍销售疲软。销售数据包括图书的销量、销售增长率、销售排名等信息，这些数据反映了读者的购买意愿和市场需求。通过对这些数据的分析，图书馆可以识别出市场上的畅销书和热门书籍，确保读者能够借阅到符合市场需求的最新图书。销售数据还可以帮助图书馆避免采购冷门书籍。市场上存在大量书籍，其中一些书籍可能因内容、作者、出版时间等销量较低。通过分析这些冷门书籍的销售数据，图书馆可以判断这些书籍在读者中的受欢迎程度有限，从而避免将资源投入这些书籍的采购中。这种数据驱动的决策方法能够有效减少馆藏中不受欢迎书籍的数量。

智慧采购系统通过集成销售数据分析功能，使得数据采集和处理更加高效。系统可以实时从书店、在线平台等多个渠道获取销售数据，并进行综合分析。利用数据挖掘和预测模型，系统能够识别出销售趋势和市场热点。例如，系统可以根据历史销售数据和市场动态预测某本书籍的未来销售情况，帮助图书馆提前做出采购决策。此外，系统还可以对销售数据进行细分分析，例如按地区、读者群体、书籍类别等进行分析，从而为图书馆提供更为精准的采购建议。智慧采购系统的引入还提高了图书馆在采购过程中的灵活性和反应速度。传统的图书采购往往依赖年度预算和固定采购清单，而智慧采购系统可以根据实时销售数据调整采购策略。例如，当某类书籍在市场上突然走俏时，系统可以快速调整采购计划，增加该类书籍的采购数量，满足读者的即时需求。反之，对于销售疲软的书籍，系统可以建议减少采购或调整采购计划，从而避免资源浪费。销售数据还可以帮助图书馆优化预算分配。在进行馆藏规划和预算编制时，图书馆可以参考销售数据，将预算更多地投入市场需求高的书籍类别中，从而提高资金的使用效率。通过对销售数据的深入分析，图书馆可以更好地了解读者的兴趣变化和市场趋势，从而制订出符合实际需求的采购策略。

3. 图书评价与排名

市场上各类书籍的读者评价和排行榜数据为图书馆提供了有关图书质量和受欢迎程度的重要参考信息。这些数据帮助图书馆筛选出高质量、受读者欢迎的书籍，优化馆藏资源，提高采购决策的科学性和有效性。读者评价数据反映了书籍的实际阅读体验和质量。图书馆可以通过分析图书在各大书店、在线书籍平台和读者社区中的评分、评论和反馈，了解读者对书籍的真实看法。这些评价通常涵盖了书籍的内容、写作风格、信息准确性等多个方面，能够帮助图书馆评估书籍的整体质量和适用性。例如，某本书籍在多个平台上获得高分评价和积极反馈，表明其在内容和写作上受到读者的广泛认可。这些书籍通常具备较高的采购价值，图书馆可以优先考虑将其纳入馆藏。

排行榜数据提供了图书在市场上的流行程度和受欢迎程度的直观指标。图书馆可以通过跟踪各种排行榜，如畅销书榜、读者推荐榜和专业书评榜单，获取有关书籍受欢迎程度的实时信息。这些排行榜通常由市场销量、读者投票和专家评价等因素综合得出，能够反映出哪些书籍在当前市场上具有较高的关注度和影响力。图书馆可以根据排行榜数据，及时引进那些在市场上畅销的书籍，确保馆藏中包含热门和受读者喜爱的图书。智慧采购系统通过集成评价与排名数据分析功能，能够将这些信息高效地应用于采购决策中。系统可以自动收集和整理来自各大平台和排行榜的数据。通过自然语言处理技术，系统能够提取评论中的关键信息，识别出书籍的优缺点，提供详细的评价报告。同时，系统还可以根据排行榜的动态变化，实时更新书籍的受欢迎程度，并调整采购策略。例如，当某本书籍在排行榜上突然跃升至前列时，系统可以建议图书馆迅速增加采购数量。智慧采购系统还可以利用评价和排名数据来进行市场趋势预测和馆藏优化。系统能够分析评价和排名的长期变化趋势，预测未来可能受到欢迎的书籍类型或主题。这种前瞻性的分析能够帮助图书馆制订更具战略性的采购计划，提前准备和调整馆藏资源，以应对市场的变化和读者的需求。同时，系统还可以对评价和排名数据进行分类和细分，帮助图书馆了解不同读者群体的偏好，进行个性化的采购决策。

(三) 财务数据采集

1. 预算执行数据

预算执行数据包括各项采购的支出情况、预算使用率以及预算超支预警等重要信息。图书馆在年度预算编制阶段，通常会根据预期的馆藏需求和其他运营开支设定预算。然而，在实际执行过程中，各项支出情况的变化可能会导致预算的超支或不足。因此，通过实时采集各项采购的支出数据，图书馆能够跟踪每笔采购的实际支出，确保与预算计划的匹配。这些数据包括采购金额、供应商费用、运输和管理成本等，能够帮助图书馆了解实际开支情况与预算之间的差距，从而及时调整采购策略或预算分配。

预算使用率的分析有助于图书馆评估财务资源的使用效率。智慧采购系统通过整合预算执行数据，可以生成预算使用报告，显示预算的实际使用情况与预算计划的对比。这些报告能够帮助图书馆了解哪些项目或类别的采购支出超出了预算，哪些则未能充分使用预算。例如，系统可以生成图表和仪表盘，显示不同馆藏类别的预算使用情况，帮助图书馆识别和调整预算分配，以优化资源的配置。预算超支预警功能是智慧采购系统中的一项重要工具。通过实时监控预算执行情况，系统能够自动检测出预算超支的风险，并向管理层发出预警。这种预警机制可以基于设定的预算阈值、历史支出数据和当前采购趋势来触发。例如，当某个类别的采购支出接近预算上限时，系统会自动生成警报并通知相关人员，提示他们采取相应的措施，如调整采购计划或申请追加预算。这样的预警功能不仅可以防止预算超支，还能够为财务决策提供及时的参考信息，确保预算管理的有效性。

预算执行数据的采集和分析还支持财务透明度的提升。智慧采购系统通过提供详细的预算执行报告和数据分析，能够增强财务管理的透明度，使所有相关人员能够清晰了解预算的使用情况和支出分布。这种透明度对于图书馆内部的财务审计、管理决策以及对外的财政报告都具有重要意义。通过公开和透明的财务数据，图书馆能够建立起良好的财务管理和监督机制，增强公众和读者的信任。智慧采购系统的预算执行数据分析还可以支持长期的财务规划和策略制订。通过对历史预算执行数据的分析，图书馆可以识别出支出模式和预算管理中的潜在问题，进行趋势预测，并制订相应的改进策略。这种数据驱动的财务规划能够帮助图书馆在未来的预算编制过程中，更加科学地预测和安排预算，提高财务管理的精度和有效性。

2. 采购成本数据

采购成本数据在公共图书馆的智慧采购系统中占据了重要地位。全面采集和分析这些数据，包括图书的采购价格、运输成本、存储成本等，能够帮助图书馆有效控制采购成本，优化资金使用效率，从而在有限的预算内实现最佳的采购效果。这一过程不仅提升了财务管理的精度，也增强了资源配置的科学性和合理性。

图书的采购价格是决定采购成本的核心因素。通过实时采集不同供应商和出版商提供的图书价格数据，智慧采购系统能够为图书馆提供最新的市场价格信息。这些价格数据包括原价、折扣价、批量采购优惠等。系统可以对比不同供应商的报价，评估价格差异，帮助图书馆选择性价比最高的采购方案。进一步地，系统还可以通过历史价格数据和市场趋势预测价格变化，从而在采购决策中提前做出调整，避免因市场波动而增加不必要的成本。

运输成本是图书采购过程中不可忽视的支出。智慧采购系统通过集成物流供应商的数据，能够实时跟踪运输费用，包括国内和国际运输的成本。这些成本通常受运输距离、运输方式、包裹重量和体积等因素的影响。系统可以对不同物流方案进行成本效益分析，选择最经济且可靠的运输方式。此外，系统还能够跟踪运输过程中的费用变化，并对可能出现的额外费用进行预警，确保物流成本控制在预算范围内。

存储成本也是采购成本的重要组成部分。图书馆在采购大量书籍后，需要进行有效存储管理，这方面的成本包括库房租赁、库存管理、保养和维护等方面的费用。智慧采购系统能够提供详细的存储成本数据，包括每本书的存储费用和相关管理开支。图书馆可以优化库存管理，减少过度存储或缺货的风险，从而降低存储成本。例如，系统可以根据库存水平和借阅频率预测图书的需求，调整采购和存储策略，确保库存的合理配置。

智慧采购系统还可以通过对采购成本数据进行综合分析，识别成本节约的机会。系统能够生成详细的成本报告和分析图表，展示各项采购成本的支出情况和趋势。这些报告帮助图书馆管理人员识别出成本过高的领域，并采取相应的措施进行优化。例如，如果某类图书的运输成本过高，系统可以建议寻找更具成本效益的物流供应商，或调整采购方式以降低费用。智慧采购系统还可以支持预算控制和成本预测。通过实时跟踪采购成本和预算使用情况，系统能够提供成本超支预警，帮助图书馆在采购过程中保持财务控制。系统还可以基于历史成本数据和市场预测，进行预算规划和成本预测，为未来的采购决策提供数据支持。这种前瞻性的财务管理能力，能够帮助图书馆在预算内最大化采购效果，提升资金使用效率。

3. 财务报表与审计数据

财务报表提供了关于图书馆财务状况和运营结果的全面视角。常见的财务报表包括资产负债表、利润表和现金流量表等，这些报表反映了图书馆的财务状况、收入和支出情况以及现金流动情况。智慧采购系统可以通过集成财务数据模块，自动生成和更新这些报表，使财务管理人员能够实时查看采购相关的财务数据。例如，系统可以生成每月的采购支出报告，帮助图书馆监控预算执行情况和支出趋势。这些报表的定期更新和分析能够帮助图书馆识别出财务管理中的异常情况，如采购支出的异常波动或预算的超支，从而及时采取纠正措施。

审计数据是确保采购流程合规性的重要保障。审计过程通常包括对财务记录、采购合同和相关文件的详细检查,确保所有财务活动符合相关法规和内部控制要求。智慧采购系统可以集成审计功能,自动记录和存储采购交易的详细数据,包括采购合同、发票、付款记录等。这些数据的全面记录和整理,为审计提供了详细的依据。系统可以生成审计报告,标记出潜在的风险点和不合规的地方,帮助审计人员进行深入分析。例如,如果发现某笔采购交易没有经过适当的审批流程,系统可以自动生成警报,提醒相关人员进行核查和整改。

智慧采购系统还可以通过对财务报表和审计数据的综合分析,提供对财务健康状况的深入洞察;能够将采购数据与财务报表进行关联分析,识别出财务和采购管理中的潜在问题。例如,可以分析采购支出与预算的关系,发现预算超支的原因,或通过对审计数据的趋势分析,识别出重复采购或虚假发票的风险。这种数据驱动的分析能力,能够帮助图书馆提高财务管理的准确性和透明度,确保所有采购活动的合法性和合规性。定期的财务报告和审计检查,不仅帮助图书馆维护财务健康,也为采购决策提供了重要的参考信息。智慧采购系统通过整合各类财务数据和审计结果,能够为管理层提供决策支持,帮助其制订更加合理的采购策略和预算计划。例如,在发现某类采购支出过高或存在审计风险时,智慧采购系统可以建议调整采购策略或加强内部控制,提升采购流程的规范性和透明度。

(四)内部管理数据采集

1. 采购流程数据

全面采集和分析从需求提出到采购完成的各个环节的数据,能够提供对采购流程的深入洞察,从而为流程优化和效率提升提供数据支持。采购流程数据涵盖了从需求提出到采购完成的所有环节,包括需求提出、审批、供应商选择、合同签署、货物接收和付款等。智慧采购系统通过自动记录这些环节的数据,如需求提出时间、审批时间、采购周期、各环节负责人等,能够提供完整的采购流程追踪。这些数据帮助图书馆全面了解每个采购环节的具体操作时间和过程。例如,智慧采购系统能够记录从需求提出到最终采购完成的总时间,识别出在哪些环节上花费了过多时间,从而为流程改进提供依据。采购流程数据的分析有助于识别和解决流程中的瓶颈和低效环节。通过对数据的详细分析,图书馆可以发现哪些环节的审批时间过长,哪些步骤存在重复或冗余的操作。例如,智慧采购系统可以生成采购流程的各环节时间统计报告,显示每个环节的平均处理时间和变动范围。通过对比不同采购项目的处理时间，图书馆可以发现某些环节在处理特定类型的采购时效率较低。这些信息可以帮助图书馆优化流程，减少不必要的环节，简化审批程序，从而提高整体采购效率。

智慧采购系统能够对各环节负责人的操作数据进行分析，评估其在采购流程中的表现。例如，智慧采购系统可以记录每个环节负责人处理任务的时间、完成质量和合规性等信息。这些数据帮助图书馆识别出表现优异和需要改进的环节负责人，并提供培训或调整建议。通过优化人员分配和职责分工，图书馆可以进一步提高采购流程的效率和准确性。采购流程数据的分析还可以支持决策制订和流程改进。智慧采购系统通过集成的数据分析工具，能够生成采购流程的详细报告和可视化图表，展示各环节的处理情况和效率指标。图书馆管理层可以根据这些报告进行决策。例如，智慧采购系统可以识别出某类采购项目的处理时间较长，可能需要调整相关流程或引入新的工具和技术以加快处理速度。基于数据的决策能够帮助图书馆在采购管理中实现持续改进，优化资源配置和提升服务质量。

2. 员工绩效数据

员工绩效数据包括多个方面，如任务完成时间、处理质量、问题解决能力和沟通协作能力等。员工的工作效率和表现直接影响到采购任务的顺利推进。智慧采购系统可以自动记录和跟踪每位员工在采购过程中的具体操作，包括需求提出、供应商联系、审批流程和合同管理等。智慧采购系统能够生成详细的绩效报告，显示每位员工在这些环节中的表现。例如，通过分析员工处理采购申请的平均时间，可以评估其任务处理的效率。智慧采购系统还可以记录员工在处理采购问题时解决方案的质量，识别出表现优秀和需要改进的员工。员工绩效数据的分析可以帮助图书馆制订科学的绩效考核标准。通过对员工在不同环节中的工作数据进行对比分析，图书馆能够识别出高效能和低效能的工作模式。管理层可以制订具体的绩效指标，如任务完成时效、采购错误率、客户反馈满意度等，并将这些指标纳入绩效考核体系。科学的考核标准不仅能够确保员工的工作表现得到公平评价，还能为员工提供明确的改进方向。例如，如果发现某些员工在审批环节的处理时间较长，可能需要提供额外的培训或调整工作流程以提升效率。

基于员工绩效数据的分析，图书馆可以制订合理的奖励和激励措施。员工绩效数据不仅帮助管理层识别表现优秀的员工，还可以为设定奖励标准提供依据。通过分析员工的绩效数据，图书馆可以制订出奖惩机制，如绩效奖金、晋升机会或其他形式的奖励。这样的激励措施能够有效提升员工的工作积极性和满意度，促使他们在工作中更加专注和投入。例如，系统可以生成月度或季度的绩效排行榜，表彰在采购流程中表现突出的员工，并给予相应的奖励和认可。员工绩效数据还可以用于改进工作流程和培训计划。通过分析员工在采购过程中遇到的困难和问题，图书馆可以识别出哪些环节需要优化或改进。智慧采购系统能够生成问题分析报告，帮助管理层了解员工在处理采购任务时的挑战，从而调整工作流程或引入新的工具和技术。此外，智慧采购系统还可以根据绩效数据制订针对性的培训计划，提升员工的专业技能和工作能力。例如，对于那些在采购数据分析方面表现较弱的员工，智慧采购系统可以推荐相关的培训课程，帮助他们提升数据处理和分析能力。

3. 系统使用数据

通过全面采集和分析系统的使用数据，如访问量、使用频率、操作日志等，图书馆能够评估系统的使用效果，发现潜在的问题和不足，及时进行优化和升级，以提高系统的易用性和稳定性。这种数据驱动的管理方式不仅能提升系统的性能，还能增强用户体验，确保图书馆在采购管理中实现高效和准确。系统的访问量和使用频率数据能够提供有关系统使用情况的总体概览。访问量指的是系统被访问的总次数，而使用频率则是指系统在特定时间段内的使用频次。通过监控这些数据，图书馆可以了解系统的受欢迎程度以及用户的活跃度。例如，如果某一模块的访问量显著高于其他模块，图书馆可以判断该模块对用户的实际需求和重要性。此外，使用频率的数据还可以帮助图书馆识别出系统中被频繁使用的功能，进一步了解用户的操作习惯和需求。这些信息能够为系统优化和功能改进提供有价值的参考。操作日志是系统使用数据中的重要组成部分。操作日志记录了用户在系统中的具体操作，包括登录、数据输入、查询、审批和报告生成等。这些操作日志数据能够详细描述用户的操作行为和系统的响应情况，帮助图书馆识别出系统使用中的潜在问题。例如，通过分析操作日志，图书馆可以发现系统在处理特定操作时是否存在性能瓶颈或错误。这些日志数据还可以揭示用户在使用系统时遇到的困难，如操作步骤不清晰或功能不完善，从而为系统改进提供直接的依据。

系统使用数据的分析还可以揭示用户体验方面的问题。图书馆可以通过用户反馈和使用数据的结合，评估系统的易用性和稳定性。例如，如果大量用户在特定功能上频繁出现错误或操作困难，说明该功能可能存在设计缺陷或技术问题。通过系统使用数据，图书馆能够追踪这些问题的发生频率和影响范围，并优先处理这些关键问题。

此外，系统可以自动生成性能报告和用户满意度调查，帮助图书馆了解用户对系统的整体满意度和具体建议。优化和升级系统是确保其持续有效运行的重要步骤。基于系统使用数据的分析，图书馆可以制订出具体的优化和升级计划。例如，如果系统访问量和使用频率的增加导致了性能下降，图书馆可以考虑扩展系统的服务器容量或优化系统的响应速度。对于操作日志中发现的错误和缺陷，图书馆可以与技术支持团队合作，修复这些问题并改进系统的功能。定期的系统升级和优化可以确保系统保持高效、稳定的运行状态，满足用户不断变化的需求。

二、公共图书馆智慧采购的数据处理

（一）数据清洗与整理

1. 去重与一致性检查

去重与一致性检查是数据清洗的首要任务，涉及去除重复数据和确保数据的一致性。这两个步骤对数据处理的准确性和有效性至关重要，能够帮助图书馆避免数据错误和不一致，从而提升采购决策的准确性和系统的整体可靠性。

去重是数据清洗中的关键步骤之一。在采购数据中，重复数据可能会出现，例如同一订单信息被多次录入，或者供应商信息出现重复条目。这类重复数据不仅浪费存储空间，还可能导致错误分析结果和报告。例如，如果一个订单被记录了多次，那么采购统计数据就会被重复计算，导致实际采购量与报告数据不一致。为了避免这些问题，图书馆需要通过去重处理来确保每条数据的唯一性。去重通常涉及识别和删除重复记录，并对数据进行合并，以确保数据集中的每条记录都是唯一且准确的。这可以通过数据处理工具或数据库管理系统中的去重功能来实现。

一致性检查是数据清洗中的另一项重要任务。数据一致性检查的目的是确保同一类型的数据采用统一的格式和标准。例如，系统中可能会有不同格式的日期，如"YYYY-MM-DD"和"MM/DD/YYYY"，一致性检查需要将这些格式统一为一种标准格式，以便进行准确的数据处理和分析。

避免不同格式导致的数据混淆，货币单位的标准化也是一致性检查的一部分，特别是在涉及跨国采购时，确保所有货币金额统一为一种标准单位，如美元或人民币。这不仅有助于数据的准确分析，还能确保不同数据来源之间的兼容性和整合。

一致性检查还包括对数据完整性和准确性的验证。例如，图书馆的采购系统需要确保所有的订单记录中都包含必要的信息，如订单编号、供应商名称、采购数量和金额等。如果某些记录缺少必要的信息，则可能会影响到后续的数据分析和报告。因此，一致性检查不仅关注数据的格式，还需关注数据的完整性和准确性，确保每条记录都符合预定的标准和要求。

数据清洗中的去重和一致性检查不仅提高了数据的准确性和可靠性，还为数据分析和决策提供了坚实的基础。通过有效去重处理，图书馆可以避免重复计算和数据冗余，从而提高统计和报告的准确性。通过一致性检查，图书馆可以确保数据在格式和标准上的统一性，避免因数据不一致而导致的分析错误。综合来看，这些数据清洗步骤是智慧采购系统数据处理中的重要环节，能够提升系统的整体性能和数据的使用价值，为图书馆的采购决策提供更加精准和可靠的信息支持。

2. 数据标准化

数据标准化的目的是将来自不同来源的数据转换为统一的格式和标准，以便于后续的分析、比较和决策。这个过程不仅提高了数据的可用性，还能有效地支持图书馆的采购管理和资源优化。

数据标准化涉及对数据格式和单位的统一。例如，在图书采购过程中，图书的价格信息可能来自不同的供应商，这些供应商可能使用不同的货币单位，如人民币（CNY）、美元（USD）或欧元（EUR）。为了进行有效的价格比较和预算控制，图书馆需要将所有价格信息转换为统一的货币单位。这可以通过汇率转换实现，图书馆可以设定一个固定的汇率标准，或者使用实时汇率进行动态转换，从而确保所有价格数据在相同的货币单位下进行比较。数据标准化不仅使价格信息更加一致，还能够避免因货币单位不同而导致的计算错误或数据混淆。

数据标准化还包括日期格式的统一。在图书馆的采购系统中，日期数据可能以不同的格式记录，如"YYYY-MM-DD""MM/DD/YYYY"或"DD-MM-YYYY"。为了确保数据的准确处理和分析，所有日期格式需要转换为统一的标准格式。例如，统一为"YYYY-MM-DD"的格式可以确保日期数据的一致性，避免由格式差异导致的时间排序错误或数据筛选问题。这种统一的日期格式不仅有助于数据的存储和检索，也能提高报告生成的准确性。

数据标准化还包括对分类和编码的统一。不同的供应商或系统可能使用不同的分类标准和编码方式。例如，图书馆中的书籍分类可能使用国际标准书号（ISBN），但不同的供应商可能使用不同的分类体系。通过对这些分类和编码进行标准化，图书馆可以确保所有书籍信息的准确匹配和整合。这涉及将所有的分类数据转换为一个统一的标准，如国际标准书号（ISBN）或图书馆分类号（LCC），以便进行有效的库存管理和数据分析。

数据标准化的过程还包括处理文本数据的统一。例如，在图书馆的采购记录中，书籍的标题、作者和出版社信息可能会出现不同的拼写方式或格式。标准化这些文本数据，包括统一标题的大小写、修正拼写错误以及规范化作者和出版社名称，可以避免数据重复和混淆，提高数据的准确性和可用性。

3. 数据补全与修正

数据采集过程中，可能会出现数据缺失或错误的情况，这对采购决策和资源管理可能产生负面影响。通过有效的数据处理方法，可以对缺失数据进行合理补全，对错误数据进行修正，从而提高数据质量和系统的整体可靠性。

数据缺失可能出现在多个方面，如图书的出版年份、作者信息或价格等。例如，某本书籍的出版年份可能在数据录入过程中遗漏了。为了补全这些缺失的数据，图书馆可以利用已有的图书信息资源，例如 ISBN 号、图书标题或作者名称，来查询相关的补充信息。通过访问数据库、在线图书目录或与供应商联系，图书馆可以获取缺失的出版年份或其他相关数据。此外，数据补全还可以通过建立数据补全规则和自动化工具来实现。例如，系统可以根据历史数据和统计分析自动填补缺失的数据，确保数据的完整性和一致性。

数据修正是处理错误数据的关键步骤。数据错误可能包括拼写错误、数据输入错误或格式不一致等。例如，图书馆在录入图书数据时，可能出现书名拼写错误、出版年份格式不正确或价格记录错误等问题。为了修正这些错误数据，图书馆需要首先识别和验证错误。通过数据清洗和质量检测工具，可以发现和标记异常数据或不一致的数据记录。修正过程可能包括手动校对、数据验证和纠正数据输入错误。例如，如果发现某本书籍的价格记录错误，可以通过核对供应商提供的最新价格信息来进行修正。此外，图书馆还可以制订数据录入规范和审核流程，以减少数据错误的发生，提高数据录入的准确性。

在实际操作中，数据补全与修正可以结合自动化工具和人工审核。数据处理工具可以帮助图书馆自动化数据修正和补全的过程，提高处理效率和准确性。例如，数据清洗软件可以自动识别并纠正格式不一致的问题，并填补缺失的数据。然而，自动化工具可能无法解决所有的复杂数据问题，因此，人工审核仍然是确保数据质量的重要环节。图书馆可以设立专门的数据审核团队，定期检查和验证数据补全和修正的结果，确保数据的准确性和可靠性。数据补全与修正的过程也需要注重数据的来源和准确性。补全和修正数据时，图书馆需要确保使用的参考数据和资源是可信和准确的。与可靠的出版商、书店和数据库合作，确保获取的补充信息和修正数据是最新和准确的。这不仅可以提高数据处理的效果，还可以避免由使用不准确的数据源导致的错误。

（二）数据可视化与决策支持

1. 数据可视化工具

数据可视化能够将大量的采购数据以直观的方式呈现，使得复杂的信息变得简单易懂。例如，图书馆可以使用饼图、柱状图或折线图展示采购预算的执行情况。这些图表能够清晰地展示预算分配的比例、实际支出与预算的差异，以及预算超支的情况。通过这些可视化图表，决策者可以快速识别出预算执行中的问题区域，如某些采购类别的支出超出预算范围，进而采取相应的调整措施。数据可视化工具对于供应商绩效评估也具有显著优势。供应商绩效数据通常涉及多个维度，如交货时间、产品质量、价格竞争力等。通过仪表盘或雷达图等可视化方式，图书馆可以将这些绩效指标综合呈现，使得各个供应商的表现一目了然。这种可视化手段不仅有助于发现表现优异的供应商，还能揭示出需要改进的供应商，从而为采购决策提供有力依据。决策者可以根据这些数据做出合理的采购决策，选择最适合的供应商，优化采购流程。

数据可视化工具还可以帮助图书馆进行趋势分析和预测。例如，通过时间序列图展示图书借阅量的变化趋势，图书馆可以识别出季节性需求变化或长期增长趋势。这种趋势分析能够为图书馆未来的采购规划提供数据支持，如在需求高峰期增加某类图书的采购量，或在需求低谷期减少采购。通过数据可视化，图书馆可以更好地预见未来的需求变化，制订更具前瞻性的采购策略。

数据可视化还能够提升数据的交互性和共享性。现代数据可视化工具通常支持交互式功能，用户可以通过点击、拖动或筛选等操作，深入探索数据的不同层面。例如，图书馆的管理人员可以使用交互式图表查看不同时间段、不同图书类别的采购数据，从而获得更详细的洞察。这种交互式的数据展示不仅使数据分析更加灵活，还增强了团队成员之间的数据共享和协作能力。图书馆可以利用多种数据可视化工具来实现这些功能。常见的工具如 Tableau、PowerBI 和 GoogleDataStudio 等，都提供了强大的数据可视化功能。这些工具可以与图书馆的采购系统集成，自动获取数据并生成图表和仪表盘。合适的数据可视化工具，可以提高数据处理的效率和准确性，帮助图书馆更好地利用数据支持采购决策。

2. 决策支持系统

决策支持系统能够整合不同来源的数据，包括采购预算、供应商绩效、图书借阅率、市场趋势等。通过全面分析这些数据，决策支持系统能够提供综合性的决策支持。例如，系统可以分析不同图书类别的借阅数据，结合预算信息和市场销售趋势，生成推荐的采购清单。这样，图书馆可以根据这些推荐做出更科学的采购决策，确保采购的图书符合读者需求和预算要求。

决策支持系统通过模拟不同采购方案的效果，帮助图书馆评估不同方案的优缺点。决策支持系统可以设置不同的采购场景，如增加某类图书的采购量、调整供应商选择等，然后模拟这些方案的结果。通过分析模拟结果，决策支持系统可以预测不同方案对预算执行、资源利用和读者满意度的影响。例如，如果图书馆考虑增加科普类书籍的采购量，决策支持系统可以模拟这一方案对整体预算和读者借阅行为的影响，从而帮助决策者选择最优的采购方案。

决策支持系统还提供了实时数据分析和预测功能。通过对历史数据的分析和建模，决策支持系统能够生成关于未来需求和市场趋势的预测。例如，决策支持系统可以基于历史借阅数据预测未来的图书需求趋势，帮助图书馆制订长期的采购策略。这种预测功能可以减少因市场变化带来的采购风险，确保图书馆在预算有限的情况下，能够及时调整采购计划，以满足读者的实际需求。

决策支持系统还能够通过数据可视化工具将复杂的数据结果转化为直观的图表和仪表盘。这样，决策者可以快速理解数据背后的信息，从而做出更快速和准确的决策。例如，决策支持系统可以生成关于预算使用情况、供应商绩效和图书借阅趋势的实时仪表盘，使得管理人员能够一目了然地掌握当前的采购状况，并迅速识别出需要改进的领域。

决策支持系统还可以提供基于人工智能（AI）和机器学习（ML）的智能推荐功能。通过学习和分析大量的历史数据和用户行为，决策支持系统能够自动生成个性化的采购建议。比如，决策支持系统可以根据读者的借阅历史和偏好，推荐符合其兴趣的新书籍，从而提高图书馆的采购效率和读者的满意度。

第二节 数据分析与决策支持

一、公共图书馆智慧采购的数据分析

（一）市场趋势分析

1. 新书发布与市场反应

图书市场的变化直接影响到图书馆的采购策略，而通过对新书发布数据、市场销售数据和读者评价数据的深入分析，图书馆能够更准确地判断哪些新书将在市场上引起较大反响，从而做出更为科学的采购决策。

监测和分析新书发布数据是确保图书馆馆藏资源时效性的重要环节。新书发布数据通常包括图书的出版时间、作者信息、书籍简介及其市场定位等。通过追踪这些数据，图书馆可以及时了解哪些书籍即将上市，并获取有关书籍的初步信息。这一信息可以帮助图书馆预测新书的市场潜力，并决定是否将其纳入采购计划。例如，如果某本书由知名作者出版且主题符合读者的兴趣，图书馆可以优先考虑采购，以满足读者对新书的需求。

市场销售数据的分析能够揭示新书的市场表现。通过收集和分析销售数据，如销量、销售增长率和销售排名，图书馆可以评估新书在市场上的受欢迎程度。这些数据通常来自书店和在线图书销售平台。通过对比不同书籍的销售数据，图书馆可以判断哪些书籍在市场上表现突出。例如，如果某本书在短时间内销量激增，可能表明其受到了读者的高度关注和喜爱，图书馆可以考虑将其纳入采购计划，以满足高需求的市场趋势。

读者评价数据也提供了关于新书受欢迎程度的宝贵信息。读者评价数据包括书评、评分和读者反馈等，这些信息能够反映图书的质量和读者的口碑。通过分析这些评价，图书馆可以更深入地了解书籍的内容质量和读者的实际反响。例如，有高评分和积极评价的书籍通常意味着其内容和主题受到读者的好评，图书馆可以优先考虑采购这些书籍，提升馆藏的质量和吸引力。

市场趋势分析是整合这些数据的关键步骤。通过对新书发布数据、市场销售数据和读者评价数据的综合分析，图书馆可以识别出市场上的发展趋势和读者的需求变化。例如，通过分析过去几个月的销售趋势，图书馆可以预测哪些书籍或主题将在未来一段时间内受欢迎，从而提前做好采购准备。此外，市场趋势分析还能够帮助图书馆规避潜在的市场风险，例如避免采购那些市场需求较低的书籍，从而优化采购策略和资源配置。图书馆可以利用数据分析工具和技术来实现这些分析。例如，数据可视化工具可以将新书发布数据和市场销售数据以图表和图形的形式呈现，帮助决策者快速理解数据背后的趋势和模式。数据挖掘技术可以帮助图书馆从大量的读者评价中提取出有价值的信息，支持更精确的采购决策。

2. 竞争情报收集

竞争情报收集是一项重要的策略，它涉及分析其他图书馆的采购行为和市场竞争态势等。通过这种情报收集，图书馆能够了解到哪些书籍在其他图书馆中备受关注，以及市场上正在形成的新兴趋势，从而调整自己的采购策略。

了解其他图书馆的采购行为可以为图书馆提供有价值的参考信息。通过研究竞争图书馆的馆藏目录、采购公告和新书推荐，图书馆能够发现哪些书籍在这些馆藏中受到青睐。这些信息可以通过与其他图书馆的合作网络、行业报告、公共数据库或直接访问其他图书馆的在线目录获得。例如，如果多个图书馆频繁采购某一类图书或某位作者的新书，这可能表明这些书籍在读者中有较高的需求。图书馆可以根据这些信息评估是否也应将这些书籍纳入自己的采购计划。

分析市场上的竞争态势有助于图书馆识别市场中的新兴趋势。市场竞争态势包括对新兴图书类别、热门主题、市场需求变化等方面的分析。图书馆可以通过收集和分析市场调查报告、图书销售数据、社交媒体反馈等，了解当前和未来的市场趋势。例如，某些新兴主题或书籍类别可能在市场上迅速崛起，如绿色环保、科技创新或心理健康等领域。通过了解这些趋势，图书馆可以及时引入这些新兴领域的图书，以保持馆藏的前瞻性和相关性。

竞争情报收集还包括对市场竞争者的战略分析。这涉及对其他图书馆的战略布局、采购策略以及其对市场变化的响应等方面的了解。例如，某些图书馆可能采取了特定的战略来吸引更多读者，如举办作者签名会、开展主题阅读活动等。通过分析这些策略，图书馆可以借鉴成功经验，并考虑如何在自身的运营中引入类似的策略，从而提升服务质量和读者体验。在收集和分析竞争情报时，数据分析工具和技术的使用也是关键。图书馆可以利用数据挖掘技术和竞争分析工具，从大量的数据中提取有价值的信息。例如，利用数据可视化工具将竞争情报数据呈现为直观的图表和趋势图，有助于决策者快速理解市场动态和竞争态势。此外，通过建立数据共享和合作网络，图书馆可以与其他机构进行信息交流，获得更全面的竞争情报。

（二）数据分析推动图书馆服务创新

1. 个性化服务与读者互动

通过深入分析读者的行为数据，图书馆不仅可以优化采购决策，还能够提升服务质量和读者满意度。

分析读者的借阅历史数据是提供个性化服务的基础。借阅历史数据包括读者借阅的书籍类型、借阅频率、借阅时间等信息。图书馆可以借此了解每位读者的阅读偏好和兴趣。例如，如果某位读者经常借阅科幻小说或历史书籍，图书馆可以根据这些信息推荐类似的书籍或相关的主题资源。这种个性化的书籍推荐不仅能满足读者的兴趣，还能提高书籍的借阅率和利用率。图书馆可以利用推荐算法和机器学习技术来自动生成个性化的推荐列表，从而提供更加精准的服务。

了解读者的兴趣和需求有助于图书馆策划和举办主题活动。例如，通过分析读者参与的活动数据、对特定主题书籍的兴趣以及在社交媒体上的反馈，图书馆可以识别出读者关注的热门话题或趋势。根据这些信息，图书馆可以举办相关的讲座、工作坊、书友会等活动。例如，如果数据分析显示读者对环保主题有较高的关注，图书馆可以组织与环保相关的讲座或书籍讨论会。这种针对性的活动不仅能提升读者的参与度，还能增强读者与图书馆的互动，使读者与图书馆建立更紧密的关系。

图书馆还可以利用数据分析来优化用户体验。通过分析读者的反馈数据、投诉记录和满意度调查结果，图书馆可以发现服务中的不足之处，并采取改进措施。例如，如果数据分析发现读者对图书馆的自助借还书服务不满意，图书馆可以根据反馈进行系统升级或调整服务流程，以提升服务质量。这种基于数据的改进措施能够有效解决读者的问题，提高整体服务水平。数据分析还可以帮助图书馆进行个性化的营销和推广。通过分析读者的行为模式和兴趣点，图书馆可以制订针对性宣传策略，如通过电子邮件、社交媒体或图书馆网站推送个性化的活动通知和书籍推荐。这种定制化的推广方式能够更好地吸引目标读者，提高活动的参与率和宣传效果。

2. 优化资源推广策略

图书馆可以制订和调整更加有效的资源推广策略，确保资源能够最大限度地触达目标读者群体。分析借阅数据和读者反馈可以帮助图书馆识别推广活动的效果。借阅数据提供了有关书籍或资源的借阅频率和受欢迎程度的信息。图书馆能够了解到哪些书籍在推广活动中表现较好，哪些书籍的借阅量增加显著。例如，如果某本书在推广活动后借阅量明显上升，这表明推广活动对该书的影响积极。相反，如果某些书籍在推广活动中效果不佳，图书馆可以调整推广策略或选择其他推广对象。通过这种数据驱动的优化，图书馆能够更有效地分配资源和推广力量，提高推广活动的实际效果。

数据分析有助于评估不同推广渠道的效果。推广渠道包括社交媒体、图书馆网站、电子邮件、新闻通讯、实体广告等。通过收集和分析不同渠道的效果数据，例如点击率、访问量、读者参与度等，图书馆可以判断哪些渠道最适合推广特定的资源。例如，如果通过社交媒体推广某本书时，读者的互动和点击率明显高于其他渠道，那么图书馆可以将更多的推广资源投入社交媒体上。这样不仅可以提高资源的曝光率，还能确保推广活动的投入产出比最大化。

数据分析可以帮助图书馆优化推广策略的个性化和精准度。通过分析读者的行为数据和兴趣偏好，图书馆可以制订个性化的推广策略。例如，根据读者的借阅历史和兴趣点，图书馆可以推送相关书籍的推荐信息或举办针对性的活动。这种个性化的推广方式能够更好地满足读者的需求，提高推广活动的响应率和效果。

数据分析还可以帮助图书馆识别和消除推广过程中的潜在问题。通过监测和分析推广活动中的反馈数据，例如读者的评论、投诉或建议，图书馆可以及时发现问题并采取改进措施。例如，如果数据分析显示读者对某种推广方式的不满，图书馆可以调整策略或改进推广内容，以提高读者的接受度和满意度。

图书馆还可以利用数据分析进行资源的动态调整。随着市场趋势和读者需求的变化，图书馆的推广策略也需要不断更新。通过实时监测数据和分析最新的趋势，图书馆能够灵活调整推广策略，以适应变化的环境。例如，在某些节假日或特殊事件期间，图书馆可以根据读者的需求变化，推出针对性推广活动，提升资源的利用率和读者的参与度。

二、公共图书馆智慧采购的数据决策支持

（一）提高采购决策科学性

1. 数据驱动的决策模型

传统的采购决策往往受到个人偏见和主观判断的影响，这可能导致采购决策的不准确性和资源浪费。而数据驱动的决策模型通过将大量的历史数据、市场数据和读者行为数据整合在一起，为图书馆提供科学的采购方案，显著提高了采购决策的准确性和效率。数据驱动的决策模型依赖于系统化的数据收集和整合。图书馆可以从多个数据源采集数据，包括历史借阅记录、市场销售数据、读者反馈、竞争情报和预算信息等。

这些数据为决策模型提供了全面的背景信息。例如，借阅记录可以反映出读者的阅读兴趣和需求变化，市场销售数据则展示了哪些书籍在市场上受欢迎。通过整合这些数据，图书馆能够获得一个全景式的视图，从而为决策提供可靠的基础。数据驱动的决策模型利用统计分析和预测算法来处理和分析数据。图书馆可以采用回归分析、时间序列分析、聚类分析等统计方法来识别数据中的模式和趋势。例如，通过分析读者的借阅历史和市场趋势，图书馆可以预测哪些书籍在未来会受到欢迎。这些预测可以帮助图书馆制订优先采购清单，确保馆藏资源能够及时满足读者的需求。

图书馆可以应用机器学习和人工智能技术来增强决策模型的智能化水平。例如，利用机器学习算法，图书馆可以实现自动化的书籍推荐系统，根据读者的历史借阅行为和兴趣偏好，智能地推荐相关书籍。此外，人工智能技术可以帮助图书馆识别复杂的数据模式。例如，图书馆可以分析读者的评论和反馈，识别出书籍的潜在受欢迎度和读者的具体需求。数据驱动的决策模型还强调数据的实时更新和动态调整。市场趋势和读者需求是不断变化的，图书馆需要实时更新数据，以确保决策的时效性。通过建立实时数据监控系统，图书馆可以及时获取最新的市场信息和读者反馈，从而动态调整采购策略。例如，当某种新书在市场上受到广泛关注时，图书馆可以迅速调整采购计划，将其纳入采购清单。数据驱动的决策模型还需要将决策结果转化为实际行动。图书馆可以将模型生成的采购建议与实际操作结合，制订具体的采购计划和执行步骤。通过定期评估和优化决策模型，图书馆能够持续改进采购策略，确保资源的有效利用和读者需求的满足。

2. 精准需求预测

图书馆需要采集和整合丰富的读者数据。这些数据包括读者的基本人口统计信息，如年龄、性别、职业、教育背景等，以及他们的阅读历史和借阅记录。人口统计数据为理解不同群体的阅读习惯提供了基础，而阅读历史则展示了读者的具体兴趣和需求。例如，通过分析某一年龄段的读者借阅的书籍类型，图书馆可以发现这一群体对特定类别书籍的偏好，从而指导采购策略。

数据分析工具和技术在精准需求预测中发挥着重要作用。图书馆可以利用统计分析方法，如回归分析、聚类分析等，来识别数据中的趋势和模式。例如，通过回归分析，图书馆可以预测未来某类书籍的借阅需求，从而合理安排采购数量。而聚类分析可以将读者分为不同的群体，图书馆根据这些群体的阅读偏好制订针对性的采购计划。这种方法可以帮助图书馆识别出潜在的高需求书籍，并避免购买冷门书籍。机器学习算法和人工智能技术的应用可以提升需求预测的准确性。通过构建预测模型，图书馆能够实时分析和预测读者需求的变化。机器学习算法可以处理大量的历史数据，识别复杂的需求模式，并根据读者的行为预测未来的需求。例如，通过训练模型，图书馆可以预测某一新书发布后的受欢迎程度，并根据预测结果提前进行采购决策。

精准需求预测还可以通过实时数据监测和动态调整来进一步优化。图书馆需要不断跟踪和分析最新的读者行为数据和市场趋势，以确保需求预测的时效性。图书馆可以及时获得最新的读者反馈和市场动态，从而快速调整采购策略。例如，当发现某种类型的书籍在短时间内获得大量借阅时，图书馆可以迅速增加该类别书籍的采购量。精准需求预测的实施还需关注数据的准确性和完整性。数据清洗和预处理是确保分析结果可靠的基础。图书馆需要定期检查和更新数据，消除错误信息和重复记录，确保数据的真实性和完整性。此外，数据隐私保护也是重要的考虑因素，图书馆在采集和处理数据时需要遵守相关的隐私法规，确保读者信息的安全。

（二）支持长远规划与战略制订

1. 数据支持的战略规划

通过对历史数据和趋势数据的综合分析，图书馆能够制订切实可行的长期采购战略，确保资源配置的科学性和前瞻性。历史数据的分析为长期战略规划提供了坚实的基础。图书馆可以通过分析过去几年的借阅记录、采购数据、读者反馈等，识别出长期的趋势和模式。例如，分析某类书籍的借阅频率变化可以揭示读者对特定主题或类型书籍的长期兴趣。这些数据帮助图书馆了解哪些书籍和资源在长期内持续受到欢迎，哪些则可能逐渐被冷落，从而为未来的采购计划提供参考。趋势数据的综合分析有助于预测未来需求的变化。图书馆可以利用市场研究报告、出版商的数据以及社会文化趋势等信息，分析未来几年的读者需求变化。例如，随着数字阅读的普及，图书馆可能需要增加电子书的采购。同时，社会文化的变化，如对环保、科技等主题的关注，也可能影响读者的阅读偏好。通过对这些趋势数据的分析，图书馆可以制订相应的战略规划，满足未来读者的多样化需求。

数据驱动的战略规划应包括动态调整机制。即使在制订了长期战略规划后，图书馆仍须保持灵活性，定期更新数据并调整战略。建立实时数据监测系统可以帮助图书馆及时获取最新的读者需求和市场动态，从而在必要时进行战略调整。例如，某类新兴主题书籍在短时间内受到热议，图书馆可以增加该类别书籍的采购量，以满足读者的即时需求。

数据支持的战略规划还需结合图书馆的整体发展目标和资源管理策略。图书馆在制订长期采购战略时，需要考虑到其长期发展目标，如提升馆藏资源的丰富性、增强服务质量、扩大读者群体等。通过将数据分析与战略目标结合，图书馆可以确保采购决策与整体发展方向一致，从而实现资源的优化配置和长期可持续发展。战略规划需要得到有效实施和评估。图书馆应将数据支持的战略规划转化为具体的行动计划，并设定明确的实施步骤和目标。同时，定期评估战略实施的效果，通过数据分析了解实施过程中的问题和成效，及时进行改进。这种持续的评估和调整机制可以确保战略规划的实际效果和长期适应性。

2. 推动创新与改革

通过深入分析市场数据和技术趋势，图书馆能够识别新的采购模式和技术手段，从而引入创新，提升整体管理水平。这种数据驱动的创新不仅可以优化采购流程，还能丰富馆藏资源，提高图书馆的服务质量和效率。数据分析能够揭示市场和技术趋势，为创新提供依据。图书馆可以通过分析市场数据，如新兴图书出版趋势、读者偏好变化、技术发展动态等，识别出当前和未来的趋势。例如，随着数字化进程的加快，电子书和在线数据库的使用越来越普及。通过对这些趋势的分析，图书馆可以提前识别到这些新兴的资源形式，并将其纳入采购范围，丰富馆藏内容。数据分析还可以帮助图书馆发现新兴的技术手段，如人工智能推荐系统、虚拟现实图书馆体验等，为创新提供灵感和方向。数据决策支持有助于优化采购流程和模式。通过对历史采购数据和现有流程的分析，图书馆可以识别出流程中的瓶颈和低效环节，从而推动流程优化。例如，如果发现传统的图书采购流程较为烦琐且时间较长，图书馆可以通过引入自动化采购系统、电子采购平台等技术手段，简化流程，提高效率。此外，数据分析还可以帮助图书馆探索新的采购模式，如按需采购、联合采购等，以更好地适应市场需求和资源变化。

数据决策支持还可以推动采购管理的智能化。图书馆可以实现更加精准的需求预测和资源配置。通过构建智能推荐系统，图书馆能够根据读者的借阅历史和兴趣，自动推荐相关书籍和资源。此外，智能数据分析工具还可以帮助图书馆实时监控市场动态和读者反馈，以保持馆藏资源的时效性和相关性。数据驱动的创新也体现在新兴资源的引入和整合上。例如，通过分析市场上流行的数字资源和在线平台，图书馆可以识别出值得引入的新兴资源，如在线学习平台、数字化档案库等。这些资源不仅可以丰富馆藏，还可以提供更为多样化的服务，满足不同读者的需求。推动创新与改革还需要关注数据管理和数据文化的建设。同时，培养数据驱动的文化和意识，鼓励员工利用数据分析工具进行决策，提高整体创新能力和管理水平。

第三节 数据共享与协同管理

一、数据共享的核心优势

（一）促进跨部门协作

数据共享可以显著提高部门之间的信息传递效率。各部门通常使用独立的系统进行数据记录和处理，这可能导致信息传递的延迟和错误。通过建立一个统一的数据共享平台，各部门可以实时访问和更新相关信息。例如，采购部门在确认图书采购需求后，可以立即将需求数据通过共享平台传递给财务部门。财务部门可以实时查看这些数据，及时处理预算申请，避免由信息滞后导致的预算使用问题。同时，技术部门也可以及时获取采购需求的信息，从而准备相应的设备和技术支持，确保采购物品的及时交付和使用。

数据共享有助于提高采购流程的透明度和协调性。通过统一的数据平台，各部门能够实时查看采购进度、预算使用情况和设备状态等信息。这种透明化的数据共享使得每个部门都能够了解整个采购流程的全貌，从而更好地进行协调和配合。例如，财务部门可以监控预算使用情况，及时发现和纠正预算超支问题；技术部门可以跟踪设备的采购和安装进度，确保技术支持的及时到位。这种全局视角有助于提前发现和解决潜在的问题，提高采购流程的效率。

数据共享还能够促进跨部门的协作决策。通过汇总各部门的数据，图书馆管理层可以获得全面的采购信息，从而做出更加科学和综合的决策。例如，在制订年度采购计划时，管理层可以综合考虑采购部门的需求预测、财务部门的预算情况和技术部门的设备需求，通过数据分析确定最佳的采购方案。

此外，定期的数据共享会议可以促进各部门之间的信息交流，讨论采购过程中的挑战和改进措施，增强团队的合作意识和解决问题的能力。

数据共享也为跨部门的绩效评估和改进提供了支持。通过分析共享数据，图书馆可以评估各部门在采购过程中的表现，并根据实际情况进行改进。例如，通过对采购周期、预算执行情况和设备安装效果等数据的分析，图书馆可以识别出流程中的瓶颈和改进机会，从而优化采购管理和提升部门绩效。

（二）增强决策支持能力

通过共享采购数据，图书馆能够实现信息的全面整合。数据共享平台将图书馆的历史采购记录、市场趋势数据以及读者需求数据汇集到一个中心化的系统中。这种数据整合使得图书馆能够全面了解过去的采购情况，包括哪些书籍或资源在特定时间段内的受欢迎程度，以及不同类型的图书在不同季节的需求变化。此外，市场趋势数据可以提供有关行业发展、出版热点等信息，帮助图书馆把握当前图书市场的动态。而读者需求数据则直接反映了用户的兴趣与阅读习惯，有助于图书馆更好地满足读者的实际需求。

数据共享可以提高预测能力和优化采购策略。通过分析整合的数据，图书馆能够识别出某些图书类别的需求趋势，从而更准确地预测未来的采购需求。例如，数据分析可能会显示某些主题的书籍在特定时期内的需求显著增加，图书馆可以据此调整采购计划，提前补充相关书籍，避免因供应不足而影响读者的使用体验。反之，图书馆也可以识别出需求下降的图书类别，减少此类图书的采购量，从而有效地避免资源浪费。

数据共享与协同管理还可以促进图书馆之间的合作与资源共享。不同的图书馆可以通过共享平台交换采购信息，分享各自的市场观察与读者反馈。这种跨图书馆的数据交换不仅有助于减少重复采购，还能促使图书馆之间的经验和知识的传递。例如，一家图书馆的成功采购经验可以为其他图书馆提供宝贵的参考，尤其是在选择图书供应商或评估新出版物时，避免试错带来的资源浪费。

二、协同管理的关键实践

（一）建立跨部门数据协作机制

为了实现有效协同管理，图书馆尤其是公共图书馆需要建立跨部门的数据协作机制。这一机制的核心在于促进各部门之间的有效沟通与合作，从而提高图书馆运营的效率和服务质量。在此过程中，数据共享与协同管理显得尤为重要，特别是在图书馆进行智慧采购时。明确各部门的数据共享需求是建立跨部门数据协作机制的基础。图书馆的不同部门，如采编部、技术部、借阅部和参考咨询部等，都有各自的数据需求。例如，采编部需要了解图书的采购需求和库存情况，技术部需要掌握系统维护和数据备份情况，而借阅部则需要获取图书的借阅数据以便进行合理的资源配置。因此，各部门需要共同讨论并确定哪些数据是需要共享的,哪些数据的更新频率及内容是关键的。

制订数据共享规范和流程是确保数据协作顺利进行的关键。图书馆应当制订详细的数据共享规范,明确数据格式、更新频率、安全措施等方面的要求。例如,可以规定数据共享采用统一的数据格式,如 CSV 或 JSON,以便不同系统之间的数据兼容。此外,应制订数据更新的频率,如每日更新或每周更新,以确保数据的时效性。数据安全也是必须考虑的重要因素,图书馆应建立严格的数据访问权限控制,确保只有授权人员可以访问和修改数据。为了保障数据共享的顺利进行,图书馆需要建立定期的沟通和协调机制。设立专门的协作小组是一个有效的方式。该小组由各部门的代表组成,负责协调各部门的工作,确保数据共享平台的顺利运行。协作小组的任务包括监控数据共享的实施情况,解决在数据共享过程中出现的问题,以及搜集各部门的反馈意见,持续优化数据共享机制。数据共享与协同管理尤为重要。智慧采购依赖数据分析来优化采购决策。通过跨部门的数据协作,图书馆可以实时获取各部门的采购需求和库存信息。例如,借阅部可以提供图书的借阅频率数据,帮助采编部判断哪些图书需要补充采购,而技术部则可以提供有关系统需求的信息,确保采购的图书可以与现有系统兼容。

(二)制订数据共享和保护政策

明确数据使用权限是制订数据共享政策的基础。图书馆需要制订清晰的数据访问规则,确定哪些人员或部门有权访问和使用哪些数据。例如,图书馆的采购团队可能需要访问采购记录和市场趋势数据,而信息技术部门则负责数据的技术管理和安全维护。通过设定详细的权限等级和角色定义,图书馆可以防止未经授权的人员获取敏感信息,从而减少数据泄露的风险。设置访问控制机制是保护数据安全的关键措施。图书馆应采取多层次的访问控制技术,包括但不限于身份验证、权限管理和加密技术。身份验证可以通过用户名和密码、双因素认证等手段确保只有授权人员才能访问数据。权限管理则可以通过设定不同的访问级别和权限范围,确保人员只能访问其职责范围内的数据。同时,加密技术可以在数据存储和传输过程中提供额外的保护层,防止数据在未经授权的情况下被读取或篡改。

图书馆应定期进行数据安全审计,以确保数据共享平台的安全性和合规性。数据安全审计可以帮助识别潜在的安全漏洞和合规性问题,并及时采取措施进行修补。审计过程应包括对数据访问日志的检查、系统漏洞的评估以及数据保护措施的验证。通过定期的审计，图书馆能够持续监控数据安全状态，确保所有的安全措施和政策得到有效实施，并及时响应任何潜在的安全威胁。在数据保护政策中，还应明确数据的使用范围和用途。图书馆需要制定数据使用协议，详细说明数据的收集、存储、处理和分享过程中的具体规范。这不仅有助于确保数据的合法使用，还能增强用户对图书馆数据管理的信任。例如，图书馆应明确数据不会用于商业目的或未经授权的第三方共享，只有在合法和必要的情况下才能进行数据传输或交换。图书馆还应对员工进行数据保护培训，提升他们对数据安全的意识和技能。培训内容应包括数据保护的基本原则、应急响应程序以及数据泄露的预防措施等，以确保每个员工都能够在日常工作中遵循数据保护政策，并能及时发现和报告安全隐患。

三、数据共享与协同管理面临的挑战与应对策略

（一）数据质量和标准化问题

在公共图书馆的智慧采购过程中，数据质量和标准化是实现数据共享与协同管理的核心挑战。不同部门和系统中的数据格式不一致、信息不完整等问题，可能导致数据共享的效果大打折扣。因此，图书馆需要采取一系列措施来制订统一的数据标准和规范，确保数据的准确性和一致性，并建立有效的数据清洗和验证机制，以提高数据质量。

制订统一的数据标准和规范是解决数据质量和标准化问题的基础。图书馆需要为所有相关的数据类型和数据字段制订一致的标准，包括数据格式、编码规则、数据定义和数据录入规范。例如，对于图书采购数据，图书馆可以统一规定书名、作者、ISBN 码、出版日期等字段的格式和填写要求。这种统一的数据标准可以帮助不同部门和系统之间的数据进行无缝对接，避免由数据格式不一致导致的信息传递错误或数据丢失。

建立数据清洗机制是提高数据质量的重要手段。数据清洗涉及识别和修复数据中的错误、不一致和重复记录。图书馆应定期对数据进行清洗，以确保数据的准确性和完整性。数据清洗的过程包括数据去重、数据修正、错误校正和缺失值填补等。例如，图书馆可以利用数据清洗工具检测并删除重复的图书记录，修正错误的 ISBN 码，并填补缺失的出版信息。这些措施有助于提高数据的可信度，从而在数据共享和决策过程中提供可靠的信息基础。

数据验证机制也是确保数据质量的重要组成部分。图书馆应建立系统化的数据验证流程，对数据进行严格的审核和验证，以确保数据在录入和处理过程中的准确性。数

据验证可以包括对数据录入规则的遵循检查、数据完整性的校验以及数据一致性的验证。例如，系统可以设置验证规则，自动检查输入的图书信息是否符合预定的标准，并对不符合规则的数据进行提示和修正。这种验证机制可以有效减少人为错误和数据不一致问题，提高数据的可靠性。

图书馆还应建立数据质量监控和反馈机制，以持续改进数据管理过程。通过设立数据质量监控指标和定期进行数据质量评估，图书馆可以及时发现和解决数据质量问题，并不断优化数据管理策略。数据质量监控可以通过数据质量报告和分析工具进行，图书馆对数据质量问题进行统计和分析，从而制订相应的改进措施。同时，图书馆应鼓励员工对数据质量问题进行反馈，建立问题反馈渠道，以便及时修复和调整数据管理流程。

（二）技术整合难题

不同部门和系统使用的技术平台可能存在差异，这使得数据整合变得复杂。为解决这一问题，图书馆需要采用中间件技术、数据集成工具和 API 接口（应用程序编程接口），以确保不同系统之间的数据能够无缝对接。此外，引入专业的技术服务供应商也是一个有效的解决方案，能够提供必要的技术支持和解决方案。

中间件技术可以有效解决不同系统之间的数据整合问题。中间件是一种连接不同系统和应用程序的技术，能够在它们之间传递数据并协调操作。例如，图书馆可以使用中间件平台来连接采购管理系统、库存管理系统和用户管理系统，通过统一的数据通道实现数据的流动和共享。中间件能够处理不同系统之间的数据格式转换、数据传输和协议兼容问题，从而实现系统间的无缝对接。

数据集成工具是另一种解决技术整合问题的有效手段。数据集成工具可以将来自不同来源的数据汇集到一个统一的数据库或数据仓库中，从而提供一个集中管理的数据视图。这些工具通常具有数据抽取、转换和加载（ETL）功能，能够从各种数据源中提取数据，对数据进行格式转换和清洗，然后将数据加载到目标系统中。例如，图书馆可以使用数据集成工具将各部门的采购数据、读者需求数据和市场趋势数据整合到一个中心化的数据平台上，便于分析和决策。

API 接口也可以帮助实现系统间的数据整合。API 接口允许不同应用程序和系统之间进行数据交互和功能调用，从而实现数据的实时共享和操作。例如，图书馆可以为其采购管理系统和图书馆管理系统开发 API 接口，使得这两个系统能够实时交换数据，如图书采购记录和用户借阅数据。这种接口化的数据共享方式不仅能够提高数据整合的效率，还能增强系统的灵活性和扩展性。

除了技术手段，图书馆还可以考虑引入专业的技术服务供应商来解决技术整合问题。专业供应商通常拥有丰富的技术经验和解决方案，能够提供定制化的技术支持服务。例如，供应商可以帮助图书馆评估现有系统的兼容性，制定整合方案，提供技术实施和维护服务。此外，供应商还可以帮助图书馆培训内部员工，使其能够熟练使用新技术和工具，从而提高整体技术管理水平。

第四节 公共图书馆采购数据安全管理

一、公共图书馆采购数据安全管理的核心目标

（一）保护数据的机密性

确保图书馆采购数据仅对授权人员可见，不仅能防止数据泄露和未授权访问，还能维护图书馆的利益和声誉，避免商业秘密和敏感信息被竞争对手或不法分子获取。

实施严格的访问控制措施是保护数据机密性的基础。图书馆需要通过建立详细的访问权限管理体系，确保只有经过授权的人员才能访问采购数据。访问控制应基于角色，具体设置不同级别的权限。例如，只有采购部门的管理人员和特定的决策者才能访问敏感的采购数据，而普通员工仅能访问与其工作相关的信息。系统管理员应定期审查和更新权限设置，确保权限分配的准确性和合理性。

加密技术是保护数据机密性的重要工具。在数据传输和存储过程中，图书馆应使用强加密算法对采购数据进行加密处理。数据加密可以确保即使数据在传输或存储过程中被拦截，也无法被未授权的人员解读或使用。图书馆可以采用对称加密和非对称加密技术来保障数据的机密性。对称加密适用于大规模的数据加密和解密操作，而非对称加密则适用于密钥交换和身份认证。通过加密技术，图书馆能够保护采购数据的安全性，防止敏感信息泄露。

定期的安全审计和监控也是保障数据机密性的有效措施。图书馆应定期对数据访问日志进行审查，检查是否存在异常访问行为或潜在的安全威胁。安全审计可以帮助识别和纠正数据访问中的漏洞，及时发现和处理安全隐患。图书馆还可以部署实时监控系统，对数据访问和操作进行动态监控，确保任何未经授权的访问尝试都能被及时

发现和处理。

建立数据泄露应急响应机制也是保护数据机密性的关键措施。图书馆应制订详细的应急响应计划，明确数据泄露事件的处理流程，包括事件的识别、报告、调查和恢复步骤。应急响应计划应包括人员培训、事件处理流程和通信机制等，确保在发生数据泄露时图书馆能够迅速有效地进行处理。通过准备充分的应急响应措施，图书馆可以减少数据泄露带来的负面影响，保护数据的机密性。

图书馆还应加强员工的安全意识培训，提高他们对数据保护重要性的认识。员工是数据保护的第一道防线，通过定期的培训，员工可以了解数据保护的最佳实践、常见的安全威胁以及如何防范这些威胁。培训内容应包括密码管理、数据访问规则、社会工程学攻击防范等，以提升员工的安全素养和应对能力。

（二）确保数据的完整性

数据完整性保护不仅能够防止数据在存储和传输过程中被篡改或损坏，还能确保数据的可信度和有效性。为实现数据完整性保护，图书馆需要采取一系列措施，涵盖数据存储、传输及处理的各个环节。

数据存储的完整性保护至关重要。图书馆应使用可靠的存储介质和系统来保存采购数据，并确保这些系统具备数据完整性保护功能。例如，使用数据库系统时，应启用数据完整性检查机制，如数据校验和验证功能。这些功能能够自动检测和修复数据存储过程中的错误或损坏。数据库系统还应支持事务管理，通过事务日志记录数据修改的详细信息，以便在数据出现问题时能够恢复到一致的状态。此外，图书馆应定期进行数据备份，并存储备份数据在安全的环境中，以防止数据因硬件故障或其他情况丢失或损坏。

数据传输过程中的完整性保护也非常重要。图书馆应在数据传输过程中使用加密技术，确保数据在传输过程中不被篡改或监听。例如，使用传输层安全（TLS）协议对数据进行加密，能够保护数据在互联网或内部网络传输中的安全性。数据加密不仅可以防止未授权人员访问数据，还可以防止数据在传输过程中被篡改。此外，图书馆可以使用数字签名技术对数据进行签名，确保数据在传输过程中的完整性。数字签名可以验证数据是否在传输过程中被修改，如果签名验证失败，则说明数据可能已经被篡改。

图书馆还应实施数据完整性监控机制，以实时监测数据的变化和异常。通过部署数据监控工具和系统，图书馆可以对数据进行实时监控，及时发现和响应潜在的完整性问题。数据监控系统可以设置阈值和警报机制，当数据出现异常变化时，会自动触发警报，提醒管理员进行进一步的检查和处理。这种实时监控能够帮助图书馆及时发现数据篡改或损坏的迹象，从而快速采取措施保护数据完整性。

制订数据完整性保护的政策和流程也是保障数据完整性的必要步骤。图书馆应制订详细的数据处理和管理流程，包括数据输入、修改、存储和传输的各个环节。确保这些流程遵循数据完整性的最佳实践，并对相关人员进行培训，使其了解如何在日常工作中维护数据的准确性和可靠性。政策和流程应包括数据验证、校验和恢复操作，以应对可能的数据完整性问题。

（三）保障数据的可用性

数据可用性保护的目标是确保授权人员能够在需要时访问和使用数据，同时防止数据丢失和系统故障对数据可用性造成影响。为实现这一目标，图书馆需要采取一系列措施来增强数据的可用性。

图书馆应建立稳定和可靠的系统基础设施。系统基础设施包括硬件设备、网络设施和软件系统。图书馆应选择高质量、可靠性强的硬件设备，并定期进行维护和升级，以减少硬件故障的风险。应确保网络连接的稳定性和安全性，使用冗余网络连接和负载均衡技术，避免由网络问题导致的数据访问中断。此外，图书馆应使用经过验证的软件系统，并进行定期的系统更新和补丁管理。实施数据备份和恢复策略是保障数据可用性的关键措施。备份应包括全量备份和增量备份，以确保在数据丢失或损坏时能够迅速恢复数据。数据备份策略还应包括备份的频率、备份数据的保留时间以及备份数据的加密处理。定期进行恢复测试，以验证备份数据的有效性和恢复过程的可靠性，确保在实际发生数据丢失或系统故障时能够迅速恢复正常运行。

图书馆应制订和实施系统故障恢复计划，以应对突发的系统故障和数据丢失情况。系统故障恢复计划应包括故障检测、故障响应、数据恢复和系统恢复等步骤。系统故障恢复计划应明确责任分工，制订详细的操作流程，并定期进行演练，以确保在实际故障发生时能够迅速、有效地进行恢复。系统故障恢复计划还应包括与技术支持供应商的协作方案，以获得专业的技术支持和解决方案。

图书馆应加强对数据访问权限的管理，确保只有授权人员能够访问和使用数据。通过实施基于角色的访问控制（RBAC）和细粒度权限管理，图书馆能够控制数据的访问范围和权限级别，避免由权限设置不当导致的数据泄露或丢失。同时，图书馆应监控数据访问日志，及时发现和处理未经授权的访问尝试，从而提高数据的安全性和可用性。

图书馆应加强员工的培训,确保他们了解数据可用性的重要性和相关操作规范。通过定期培训,员工可以掌握数据备份和恢复的基本操作,了解如何在系统故障或数据丢失情况下进行应急处理。员工的安全意识和操作技能对保障数据可用性至关重要,能够有效减少人为错误和操作失误带来的风险。

二、公共图书馆采购数据安全监控与响应

(一)实时监控

实时监控系统能够实时检测和分析数据访问和操作情况,及时发现潜在的安全威胁和异常行为,并采取必要的应对措施。这不仅能提高数据安全性,还能确保图书馆的正常运营。

选择合适的实时监控工具和系统是建立实时监控的基础。图书馆应根据自身的需求和系统环境,选择功能全面的实时监控工具。这些工具应具备数据访问监控、操作日志记录、异常行为检测等功能。现代实时监控工具通常能够提供详细的日志记录和分析报告,帮助管理员了解数据的访问和操作情况。例如,图书馆可以使用集中的日志管理系统来搜集和分析各种数据源的日志信息。设置全面的数据访问和操作监控是确保实时监控有效性的关键。图书馆应对所有涉及采购数据的系统进行监控,包括采购管理系统、库存管理系统和用户管理系统等。实时监控系统应记录每一次的数据访问、修改、删除等操作,并生成详细的日志。这些日志应包含操作时间、操作人员、操作内容等信息,以便于后续的审计和分析。同时,实时监控系统应能够实时监测异常行为,如未经授权的访问、频繁的登录失败、异常的数据修改等,及时发出警报以便进行处理。设置实时告警机制能够帮助图书馆快速响应潜在的安全威胁。实时监控系统应配备智能告警功能,当系统检测到异常行为或潜在的安全威胁时,能够自动触发告警。告警可以通过邮件、短信、系统通知等方式及时传达给管理员。管理员在接收到告警后,应迅速对异常情况进行调查和处理。智能告警功能还可以基于预设的安全策略和规则自动调整告警阈值,以减少误报和漏报,提高告警的准确性和可靠性。

定期进行数据安全评估和审计也是确保实时监控系统有效运行的重要措施。图书馆应定期对实时监控系统进行评估,检查系统的配置、功能和性能,确保其能够满足实际的安全需求。数据安全审计可以帮助图书馆识别和解决系统中的潜在问题,如配置错误、漏洞或不一致性。审计结果应用于改进实时监控系统的设置和策略,以提高系统的安全性和稳定性。加强对监控数据的分析和利用能够提升实时监控系统的效果。

图书馆应定期分析监控数据，以识别安全威胁的趋势和模式。这种分析可以帮助图书馆了解常见的安全威胁，调整监控策略，并优化应急响应措施。此外，通过对监控数据的分析，图书馆还可以发现系统中的潜在问题，提前采取措施进行改进和优化。

（二）安全事件响应

对于公共图书馆而言，制订并实施一套详细的数据安全事件响应计划尤为关键，因为图书馆不仅管理着大量的用户个人信息，还处理着大量的采购数据，确保这些数据的安全性是保护用户隐私和维护机构声誉的核心任务。制订详细的数据安全事件响应计划应包括明确的安全事件处理流程和责任人。该计划应定义各种可能的数据安全事件，如数据泄露、恶意软件攻击、系统入侵等，并为每种事件制订相应的处理策略。

每个事件的处理流程应涵盖以下几个关键步骤：事件识别、事件分类、初步响应、详细调查、影响评估、修复处理和信息通报。在事件识别阶段，图书馆需要确保所有员工能够快速识别出潜在的安全事件，并及时向指定的安全团队报告。安全团队通常由IT专业人员、安全分析师和法律顾问组成，他们将对事件进行初步评估，以确定事件的性质和严重程度。这一阶段的关键是迅速而准确地响应，防止事件扩大化。一旦确定事件的性质，安全团队应进行详细调查，包括分析攻击路径、受影响的数据以及潜在的攻击者。图书馆通常与多个供应商和合作伙伴进行数据交换，因此，采购数据的安全性尤为重要。详细调查还需要与外部专业机构合作，如数据恢复公司和网络安全顾问，以获取更深入的技术支持。进行影响评估是确保事件处理有效性的关键。图书馆应评估数据泄露的范围和深度，确认受影响的用户和数据，并评估事件对业务运营和声誉的影响。这一阶段可能需要与法律部门合作，确保所有受影响的数据和用户都得到适当的通知，并遵守相关法规。在修复处理阶段，图书馆需要实施紧急补救措施，以控制事件的进一步影响，并修复系统漏洞。此时，图书馆还应制订长期改进计划，以增强未来的安全防护能力，包括更新安全策略、加强员工培训和提升技术防御能力。信息通报是保证透明度和建立公众信任的重要环节。图书馆应根据事件的性质和影响，向公众、用户和相关监管机构及时通报事件情况和处理进展，并提供必要的支持和补偿措施。这不仅有助于维护图书馆的信誉，还能增强用户对数据安全的信心。

（三）漏洞管理

图书馆不仅需要保护丰富的馆藏数据，还需确保采购数据和用户信息的安全。

定期进行系统和应用的漏洞扫描及安全评估，并及时修复已知漏洞，是确保数据安全、避免潜在风险的重要措施。因此，图书馆需要建立一套完善的漏洞管理流程，包括漏洞发现、评估、修复和验证。

漏洞发现是漏洞管理的起点。图书馆应定期进行系统和应用的漏洞扫描，以识别潜在的安全漏洞。这些扫描可以通过自动化工具进行，涵盖操作系统、应用软件以及网络设备等各个方面。针对公共图书馆的情况，除了常规的 IT 系统外，公共图书馆还需关注与用户数据、采购数据相关的系统和应用，如图书馆管理系统、电子资源采购平台等。通过定期扫描，图书馆可以及时发现系统中的漏洞和安全隐患，防止这些问题被恶意攻击者利用。

在漏洞评估阶段，图书馆需要对发现的漏洞进行详细分析，以确定其严重性和潜在的影响。这一阶段通常包括对漏洞的分类、风险评估和优先级排序。评估应考虑漏洞对图书馆业务、用户信息和采购数据的可能威胁。例如，某些漏洞可能直接影响到图书馆的用户账户系统，导致个人信息泄露；而另一些则可能对采购数据的完整性和保密性构成威胁。通过系统化的评估，图书馆能够确定哪些漏洞需要优先处理，并制订相应的修复策略。

漏洞修复是漏洞管理中的关键环节。图书馆应迅速针对评估出的高风险漏洞实施修复措施。这可能包括安装安全补丁、更新软件版本、配置系统设置或重新设计应用程序。修复措施应由具备专业技能的 IT 团队执行，确保其有效性。在修复过程中，图书馆还需确保业务的正常运行，避免对日常操作造成不必要的干扰。

漏洞验证是确保修复措施有效性的重要步骤。修复完成后，图书馆应进行验证测试，以确认漏洞是否已被成功修复。这包括重新扫描系统、进行渗透测试和审核相关日志。漏洞验证不仅可以确认修复的有效性，还能识别是否存在新的安全问题或未被解决的漏洞。

在图书馆采购数据的背景下，漏洞管理显得尤为重要。采购数据通常涉及供应商信息、交易记录和合同细节，任何漏洞都可能导致商业机密泄露或数据篡改。因此，图书馆在漏洞管理过程中，必须特别关注这些数据的保护，确保其安全性。

三、公共图书馆采购数据安全管理的挑战与应对

（一）不断变化的安全威胁

在数字化时代，公共图书馆面临着不断变化的安全威胁，包括网络攻击、恶意软件和数据泄露等。这些威胁不仅影响到图书馆的运营和服务质量，还可能对用户个人

信息和采购数据的安全构成严重风险。因此，为了有效应对这些威胁，图书馆需要不断更新安全防护措施，保持对最新安全威胁的关注，并不断提升数据安全技术。

网络攻击是当前最常见的安全威胁之一。攻击者可能通过多种方式入侵图书馆的网络系统，例如利用钓鱼邮件、DDoS 或利用网络漏洞进行渗透。一旦攻击成功，可能导致图书馆系统的瘫痪、用户数据的泄露或系统内部信息的篡改。为了应对这些网络攻击，图书馆需要定期进行网络安全审计，更新防火墙和入侵检测系统，并培训员工识别和防范常见的网络攻击手段。

恶意软件是另一个严重的威胁，它可以通过各种途径进入图书馆的计算机系统，例如下载不明链接、插入感染的 USB 设备或通过恶意软件广告。恶意软件不仅会破坏图书馆的系统，还可能窃取用户数据和敏感信息。为防范恶意软件，图书馆应部署并定期更新强大的反病毒软件和恶意软件扫描工具，确保系统能够及时发现并清除恶意软件。同时，图书馆应建立严格的软件安装和使用规定，限制员工下载和运行未知程序的权限。

数据泄露是另一个迫切需要关注的问题。公共图书馆管理着大量的用户信息和采购数据，任何形式的数据泄露都可能导致用户隐私的侵犯和商业机密的泄露。为了防止数据泄露，图书馆需要实施全面的数据加密措施，包括对存储和传输中的数据进行加密。此外，应定期进行数据备份，并确保备份数据的安全性。图书馆还需建立完善的数据访问控制机制，确保只有授权人员才能访问敏感数据。

在应对不断变化的安全威胁方面，图书馆需要保持对最新安全威胁的关注。定期关注网络安全领域的最新研究、威胁报告和安全漏洞公告，以便及时调整和更新安全防护策略。同时，图书馆应参与行业安全联盟和信息共享平台，获取和分享最新的安全情报和最佳实践。不断提升数据安全技术也是应对安全威胁的重要措施。图书馆应定期评估和升级其安全技术基础设施，包括引入先进的防御技术，如人工智能驱动的安全监控和自动响应系统。此外，图书馆还应进行系统性安全培训，提高员工的安全意识和技能，使其能够识别和应对潜在的安全威胁。

（二）技术复杂性

确保数据安全需要具备相应的技术能力和资源，而这可能超出内部团队的能力范围。为应对这一挑战，图书馆可以考虑与专业的数据安全服务提供商合作，获取技术支持和解决方案。先进的数据安全技术通常涉及复杂的系统架构和操作流程。例如，数据加密、入侵检测、身份认证和安全信息与事件管理（Security Information and

Event Management，SIEM）系统，这些技术不仅需要精细配置和管理，还要求持续监控和优化。图书馆内部的 IT 团队可能并不具备所有所需的专业知识和技能，尤其是在面对快速变化的技术环境时。因此，图书馆应考虑与专业的数据安全服务提供商合作，这些提供商通常拥有先进的技术平台和经验丰富的安全专家，能够提供定制化的解决方案。

与数据安全服务提供商合作，可以为图书馆带来诸多优势。这些提供商能够提供先进的技术支持和解决方案，帮助图书馆实现高效的数据保护。例如，提供商可以帮助图书馆部署最新的防火墙、反病毒软件、入侵检测系统以及加密技术，确保图书馆的数据安全防护措施始终处于领先水平。专业服务提供商可以为图书馆提供持续的技术支持和维护，确保系统的正常运行，并及时应对潜在的安全威胁。通过与服务提供商合作，图书馆可以减少内部技术团队的负担，使其能够将精力集中在其他核心业务上。数据安全服务提供商通常能够提供专业的安全咨询和培训服务。图书馆可以利用这些服务来提高内部员工的数据安全意识和技术能力，从而增强整个组织的安全防护能力。培训内容可能包括识别和防范网络钓鱼攻击、处理数据泄露事件、应对恶意软件感染等，帮助员工提升应对安全威胁的能力。

（三）员工安全意识

图书馆不仅处理大量的个人信息，如读者的借阅记录和联系方式，还可能存储敏感的研究数据和内部管理资料。员工对数据安全的意识和技能不足，往往会导致数据保护措施的实施效果不佳，从而增加数据泄露和发生其他安全事件的风险。

系统化的培训是提升员工安全意识的关键。公共图书馆应定期组织数据安全培训，确保所有员工了解数据保护的基本概念、常见的安全威胁及其应对措施。例如，培训内容应包括如何识别钓鱼邮件、如何安全处理纸质文档以及如何创建强密码等。此外，培训还应涵盖法律法规相关知识，如数据保护法（例如 GDPR 或其他地方性法规）的要求，确保员工在处理数据时能够遵循法律规定。实际的演练可以帮助员工更好地应对数据安全事件。图书馆可以定期进行模拟的安全事件演练，如数据泄露测试、恶意软件攻击演练等。通过模拟真实的安全事件，员工可以在无风险的环境下实践如何应对这些问题，从而提高他们的实际操作能力和反应速度。这种演练还可以帮助图书馆识别出培训中的不足之处，并在后续的培训中进行改进。

建立一种数据安全文化也是至关重要的。图书馆管理层应以身作则，积极推广数据安全的重要性，鼓励员工主动报告潜在的安全隐患或可疑活动。

创建一个开放的沟通渠道，让员工能够在发现问题时及时寻求帮助或提出改进建议，也有助于增强他们的安全意识和参与感。

在公共图书馆的采购数据安全管理方面，确保供应商的安全性同样重要。图书馆在采购涉及数据处理的设备和服务时，应要求供应商提供详细的安全措施说明和合规证明。建立与供应商的合作协议时，明确数据保护责任和安全保障要求，以确保外部资源的安全性不会对图书馆的数据安全构成威胁。

数据安全是一项持续的工作，随着技术的发展和威胁的变化，员工的安全意识和技能也需要不断更新。因此，公共图书馆应建立持续的安全教育和评估机制，定期对员工进行知识更新和技能提升，确保数据保护措施能够有效适应新的挑战和需求。

第七章 公共图书馆智慧采购的供应商管理

第一节 供应商的选择与评估

一、公共图书馆智慧采购供应商的选择

（一）可持续性与创新能力

1. 可持续发展能力

公共图书馆作为知识传播与文化传承的重要机构，既有责任在馆藏资源上满足读者需求，也需要在运营管理上秉持环境友好、资源高效利用的原则。公共图书馆应关注供应商在环境保护、资源管理等方面的实践，这不仅是为了满足环境法规的要求，更是为了在长远发展中推动生态平衡与社会责任的结合。

图书馆可以通过审核供应商的环境认证来评估其环保实践。例如，是否通过ISO 14001环境管理体系认证，或是否参与了诸如森林管理委员会（Forest Stewardship Council，FSC）认证等与资源可持续利用相关的项目，这些都能够直接反映供应商在环境保护上的承诺与实际行动。

资源管理也是评估供应商可持续发展能力的重要指标。公共图书馆在采购过程中应了解供应商在原材料获取、生产加工、包装运输等环节的资源管理情况。比如，供应商是否采用可再生或可循环使用的材料，是否在生产过程中减少了废弃物的产生，或者在物流环节上是否优化了运输路径以减少碳足迹，这些都是衡量供应商是否具备资源可持续利用理念的关键因素。除了环境与资源管理，图书馆还应关注供应商在社会责任感方面的表现。一个真正具备可持续发展理念的供应商，不仅关注生态环境，还注重其在社区发展和员工福利方面的表现。这包括供应商是否为员工提供安全的工作环境、合理的工资待遇，是否参与或支持社区建设项目，或是否在产品生产和服务

提供过程中尊重公平贸易原则，这些因素均会影响公共图书馆在智慧采购中的决策。选择具备可持续发展理念的供应商，不仅能够提升图书馆的社会形象，还能为读者和社区带来更为优质的服务和资源。通过与这些供应商合作，图书馆可以在实现自身运营目标的同时，积极推动社会的可持续发展进程。

2. 创新能力

随着数字化和信息技术的进步，公共图书馆不仅需要通过采购来满足当前的运营需求，还要具备前瞻性的眼光，选择那些在技术更新、产品研发等方面具有显著创新能力的供应商，以保持其服务的先进性和竞争力。公共图书馆在选择供应商时，应重点考察其在技术更新方面的投入与成果。技术更新是供应商保持市场竞争力的核心手段，能够反映其适应行业变化和满足客户需求的能力。一个具备强大创新能力的供应商，通常会在信息技术、数字资源管理、智能设备集成等领域持续进行研发和技术升级。这种投入不仅能够提高产品和服务的质量，还能为公共图书馆提供更高效、更智能的解决方案，助力图书馆在资源管理、读者服务和运营效率方面取得突破。

供应商在产品研发方面的创新能力也是公共图书馆智慧采购的重要考量因素。公共图书馆的需求不仅限于传统的书籍和资料采购，还包括多媒体资源、数字化平台、人工智能应用等新兴领域的需求。因此，图书馆需要选择那些在产品研发上不断突破、勇于创新的供应商。通过与这些供应商的合作，图书馆可以获取最前沿的技术和产品，从而为读者提供更加多样化、个性化的服务体验。同时，具有创新能力的供应商通常能够根据图书馆的实际需求，定制开发符合特定应用场景的产品或解决方案，提升图书馆整体服务水平。

供应商的创新能力不仅体现在技术和产品层面，还包括其在商业模式、服务流程和用户体验等方面的创新。公共图书馆在智慧采购中应评估供应商是否具备灵活的合作方式、快捷的响应机制以及良好的用户体验优化能力。一个具有创新意识的供应商，往往能够提供更多定制化的服务选项，如基于数据分析的个性化推荐系统、智慧化的库存管理平台或是与云服务深度整合的数字资源库等，这些创新都能帮助图书馆更好地满足读者需求，提升管理效率。公共图书馆还应关注供应商在行业中的创新声誉及其研发团队的实力。与那些在业界享有良好创新口碑、拥有强大技术研发团队的供应商合作，不仅可以保证采购产品和服务的质量，也有助于图书馆在未来技术发展和市场变化中保持领先地位。通过评估供应商在创新领域的投入与成果，图书馆可以筛选出那些最具潜力、最能满足未来发展需求的合作伙伴。

（二）供应商的合作精神

1. 沟通与协作

良好的沟通能够有效传递信息、解决问题，而积极的合作精神则有助于双方在变化和挑战中共同发展。因此，评估供应商是否能够与图书馆保持良好的沟通，灵活应对需求变化，并展示出积极的合作态度，是决定长期合作关系的重要考量标准。良好的沟通能力对于供应商和图书馆之间建立牢固的合作关系至关重要。在智慧采购中，图书馆的需求可能涉及多样化的产品和服务，从传统的图书和媒体资源到复杂的数字化系统和智能设备。因此，供应商必须具备出色的沟通技巧，能够准确理解图书馆的具体需求，并及时反馈。在采购的各个阶段，尤其是在初期需求分析和后期实施过程中，供应商应保持与图书馆的密切联系，确保双方在项目目标、时间安排和技术要求等方面达成一致。通过良好的沟通，供应商可以更快、更准确地响应图书馆的要求，避免信息传递中的误解和延误，从而提高整个采购流程的效率和效果。

供应商的灵活应对能力同样是评估其合作价值的重要因素。公共图书馆在运营过程中，需求常常会因政策调整、读者需求变化或技术更新而发生变化。此时，供应商的反应速度和灵活调整能力将直接影响图书馆的服务质量和用户体验。一个优秀的供应商应具备快速适应和调整的能力，能够根据图书馆的最新需求，灵活修改产品和服务方案，甚至在必要时提供个性化的定制服务。例如，如果图书馆需要在短时间内增加特定类别的数字资源，供应商应能迅速调配资源，满足这一突发需求。而这种灵活应变的能力，正是良好合作关系中不可或缺的一环。积极的合作精神是长久合作关系的基础。供应商不仅是产品和服务的提供者，更是图书馆发展战略的合作伙伴。一个富有合作精神的供应商，不仅会按照合同要求提供产品和服务，还会主动提出改进建议，帮助图书馆优化资源配置和服务流程。供应商的合作精神还体现在其愿意与图书馆共同面对挑战，协商解决问题。无论是在技术故障处理、突发情况应对，还是在项目扩展和创新时，供应商都应展示出愿意与图书馆协同工作的态度，通过紧密合作，实现双方的共同目标。通过了解供应商过去的合作案例，图书馆可以更全面地评估其是否具备良好的沟通与协作能力。这种评估不仅有助于减少选择过程中的不确定性，还能确保图书馆与供应商建立一种基于信任和互利的长久合作关系。

2. 长期合作潜力

随着图书馆的运营和服务需求不断发展变化，选择一个具有长期合作潜力的供应商不仅可以减少频繁更换供应商的成本和风险，还能为图书馆的长远发展奠定坚实的基础。因此，公共图书馆在采购决策时，应充分考虑供应商的长期发展规划及其与图书馆建立长期合作关系的意愿。供应商的长期发展规划是评估其长期合作潜力的重要指标。一个有前瞻性规划的供应商，通常会在技术创新、市场拓展和服务升级等方面有明确的战略目标和实施路径。这种规划反映了供应商对未来发展的重视和信心，也表明其具备在竞争激烈的市场环境中持续成长的能力。选择这样的供应商意味着未来在资源采购、技术支持和服务保障方面，可以获得持续的优化和提升。供应商的长期发展规划还应包括其在数字化转型、可持续发展和社会责任等方面的战略布局，这些都直接关系到图书馆在未来能否与供应商保持同步发展，共同应对行业的变革和挑战。供应商与图书馆建立长期合作关系的意愿，也是确保持续服务质量的关键。一个愿意与图书馆建立长期合作关系的供应商，通常会在合作过程中展现出更高的责任感和投入度。例如，他们会更加关注图书馆的需求变化和市场趋势，主动提供适应未来需求的解决方案和技术支持。这样的供应商不仅会按时履行合同，还会通过定期沟通、反馈机制和合作评估等方式，持续改进服务质量和客户体验。这种长期合作关系的建立，不仅有助于提高图书馆的服务连续性和稳定性，还可以促进双方在合作中共同成长和进步。

供应商的行业声誉和过往合作经验也能为其长期合作提供有力支撑。公共图书馆应通过市场调研和第三方评价，了解供应商在业内的声誉及其与其他客户的长期合作案例。那些在行业内享有良好口碑，并且拥有丰富长期合作经验的供应商，通常更具备与图书馆建立持久合作关系的能力和意愿。这种长期合作不仅体现在合同的延续性上，还体现在供应商能够在图书馆的不同发展阶段提供支持和配合，无论是在资源扩展、技术升级还是服务创新方面，供应商都能表现出与图书馆共同成长的态度。公共图书馆在评估供应商的长期合作潜力时，还应关注其财务稳定性和风险管理能力。一个财务状况良好、风险控制得当的供应商，能够确保在整个合作期间持续提供高质量的产品和服务，而不会因财务问题或市场波动影响合作的稳定性。图书馆可以通过审查供应商的财务报表、市场表现及其在面对行业挑战时的应对策略，来评估其长期合作的可靠性。

二、公共图书馆智慧采购供应商的评估

（一）供应商资质与信誉

1. 资质认证

在公共图书馆智慧采购的过程中，供应商的资质认证是确保采购活动合法合规、产品质量过硬、服务可靠的基础。检查供应商的合法资质和行业认证，不仅是保障图书馆自身利益的必要措施，更是确保公共资金使用得当、实现采购透明化的重要手段。通过对供应商资质认证的严格审查，公共图书馆可以有效规避风险，确保采购项目顺利实施。供应商的合法资质是评估其是否符合参与公共图书馆采购项目基本要求的前提。合法资质包括营业执照、税务登记证等基本经营文件，这些文件证明了供应商的合法经营身份和财务合规性。公共图书馆在智慧采购过程中，应首先核实供应商是否持有有效的营业执照，确保其具备合法的市场主体资格。营业执照的审查还可以帮助图书馆了解供应商的注册资本、经营范围及其是否符合图书馆所需的产品和服务类型。通过对这些基本资质的核查，图书馆可以初步筛选出那些符合国家法律法规和市场准入标准的供应商，为后续的采购评估打下基础。

供应商的行业认证是保障产品和服务质量的重要依据。行业认证通常包括质量管理体系认证（如ISO 9001）、环境管理体系认证（如ISO 14001）以及行业特定的技术认证等。这些认证证明了供应商在产品生产、服务提供和企业管理过程中，遵循了国际或国内公认的质量标准和管理规范。例如，ISO 9001认证代表供应商在质量管理方面具备严格的流程和标准，能够稳定地提供符合要求的产品和服务。而ISO 14001认证则表明供应商在环境管理方面有明确的责任意识和控制能力，符合可持续发展的要求。选择具备这些认证的供应商，不仅能提高采购产品的质量保障，还能体现图书馆在环境保护和社会责任方面的担当。

供应商的资质认证还包括行业内的信誉和专业资质证书。公共图书馆在智慧采购中，应关注供应商是否获得了行业内的重要资质和荣誉，如行业协会颁发的信誉认证、优质服务奖项等。这些证书和荣誉不仅是对供应商过去表现的认可，更是对其未来持续提供优质服务的信心保障。通过审查供应商的行业信誉，图书馆可以进一步了解其在行业中的地位和口碑，从而做出更为明智的采购决策。除了基本的营业执照和行业认证外，供应商还需符合相关的法律法规和行业标准，特别是在数据保护、知识产权等敏感领域。图书馆应要求供应商提供相应的合规证明，并审查其在过去合作中的合规记录。通过这一过程，图书馆可以避免因供应商的违规行为而承担法律或财务风险，

确保采购活动的合法性和公正性。

2. 行业经验

供应商在图书馆行业的经验，尤其是与其他公共图书馆的合作案例，能够为图书馆提供有关其服务质量、项目执行能力和客户满意度的宝贵信息。通过了解供应商的服务历史和成功记录，公共图书馆可以更好地判断其在实际运营中的表现，从而做出更为准确的采购决策。供应商在图书馆行业的经验是评估其能力的关键因素之一。一个具备丰富行业经验的供应商，通常对图书馆的需求和运营流程有深刻理解，并能够提供针对性解决方案。图书馆行业的特殊性要求供应商不仅要熟悉传统图书馆的资源管理，还需掌握数字化图书馆、智能化服务等现代化需求。因此，公共图书馆应重点关注其在这一领域的经验，包括其过去为图书馆提供的产品和服务类型、项目规模以及实施效果。供应商的行业经验能够帮助图书馆确保其采购的产品和服务能更好地满足实际需求。了解供应商与其他公共图书馆的合作案例是评估其服务历史和成功记录的重要步骤。通过研究供应商在与其他公共图书馆的合作项目中的表现，图书馆可以获取有关其服务质量、项目管理能力和客户满意度的第一手资料。这些合作案例可以包括供应商在图书馆资源管理系统、数字化平台、智能设备等方面的应用情况，以及其在这些项目中的实际成果和客户反馈。例如，供应商可能在某个大型公共图书馆成功实施了一套综合的数字资源管理系统，提升了图书馆的资源利用效率和读者体验。这些具体的合作案例可以为图书馆提供宝贵的参考，帮助其判断供应商是否具备足够的能力和经验来满足自身需求。

供应商的成功记录也是评估其行业经验的重要方面。成功记录不仅包括过去项目的顺利实施，还包括客户的正面评价和认可。公共图书馆可以通过查看供应商的客户推荐信、案例研究报告、行业奖项等，了解其在行业中的声誉和客户满意度。例如，供应商可能在行业中获得了某些服务质量奖项或客户满意度荣誉，这些都是其成功记录的有力证明。通过评估这些成功记录，图书馆可以更好地预测供应商在未来合作中的表现，确保采购项目能够顺利实施并达到预期效果。还应考虑供应商在处理突发问题和挑战方面的能力。图书馆的运营过程中可能会遇到各种不可预见的问题，如系统故障、资源短缺等。在这种情况下，供应商的应对能力和解决问题的经验将直接影响到图书馆的服务连续性和稳定性。通过了解供应商在以往项目中如何处理类似挑战，图书馆可以评估其在应急处理和问题解决方面的能力。

3. 客户评价

客户评价不仅反映了供应商的信誉和服务质量，还能为图书馆提供关于供应商实际表现的真实反馈。通过询问现有客户或查看在线评价，公共图书馆能够获得有关供应商的全面信息。通过询问现有客户获取评价是了解供应商信誉的直接途径。与供应商已有客户进行沟通，可以获得关于其服务质量、项目执行和客户支持等方面的真实反馈。公共图书馆可以要求供应商提供相关客户的联系信息，并主动与这些客户联系，询问他们的合作体验。例如，可以询问客户关于供应商的产品性能、服务响应时间、问题解决能力和项目实施的总体满意度等方面的意见。这种一对一的反馈可以揭示供应商在实际操作中的表现优劣，帮助图书馆了解供应商是否能够满足其特定需求和期望。

查看在线评价是获取供应商信誉信息的另一种有效方式。互联网提供了丰富的客户评价资源，包括供应商官网的客户推荐信、行业论坛上的评论、第三方评价网站的评分等。这些在线评价通常包含了大量来自不同客户的真实反馈，涵盖了供应商在产品质量、服务态度、技术支持等方面的表现。例如，图书馆可以访问行业评价平台如 Trustpilot、G2 等，查看供应商的评分和用户评论。这些评价能够提供关于供应商的综合印象，并帮助图书馆了解其在不同客户群体中的表现。在查看在线评价时，图书馆应关注评价的整体趋势而非个别评论。通过分析大量评价，图书馆可以识别出供应商的常见优点和缺点，评估其在行业中的总体信誉。例如，如果供应商在多个平台上都获得了高度评价和正面反馈，这通常意味着其在提供服务方面表现出色，客户满意度较高。相反，如果评价中出现频繁的负面反馈，如服务迟缓、技术问题多等，图书馆则应谨慎考虑这些问题对自身采购项目的潜在影响。图书馆还应关注供应商如何应对负面评价。在一些评价平台上，供应商可能会对负面评价做出回应，说明其处理客户投诉和改进服务的态度和能力。积极回应客户反馈、提出解决方案和改进措施的供应商，通常会显示出较强的责任心和服务意识。这种积极的态度不仅有助于维护供应商的信誉，也能增强图书馆对其长期合作的信心。图书馆还可以通过行业协会、专业组织或同行推荐等方式获取对供应商的评价。这些渠道通常能够提供供应商在行业中的声誉和市场表现的全面视角，并有助于验证从其他渠道获得的信息的真实性和准确性。

（二）产品和服务质量

1. 产品种类与质量

在评估供应商提供的图书、电子资源、期刊等产品的种类和质量时，公共图书馆必须采取系统化和全面的方法，以确保这些资源能满足其多样化的需求。智慧采购是现代图书馆管理的一个重要环节，它不仅要求评估资源的种类和质量，还要考虑供应商的可靠性和服务能力。评估产品的种类是确保图书馆资源多样性的基础。公共图书馆的资源需求涵盖多个领域，包括文学、历史、科学、技术、社会科学以及儿童和青少年读物等。供应商提供的图书和期刊必须涵盖这些领域，并具备足够的深度和广度，以满足不同读者群体的需求。对于电子资源，图书馆需要确保供应商能够提供包括电子书、数据库、在线期刊和多媒体资源在内的多样化选择。这样可以确保读者能够从不同的角度和维度获取信息，从而提升图书馆的整体服务水平。

评估资源的质量是确保图书馆提供高标准服务的关键。图书馆应对供应商提供的产品进行质量审查，包括内容的准确性、出版的权威性以及信息的更新频率。对于图书和期刊，必须审查其作者或编辑的资质，出版商的信誉，以及内容的权威性和学术性。此外，电子资源的质量评估还应包括软件的稳定性、用户界面的友好性以及访问的便捷性。供应商应提供详细的产品信息，包括内容摘要、用户评价以及技术支持，以便图书馆进行深入地评估。在智慧采购过程中，除了产品的种类和质量，供应商的服务能力也至关重要。图书馆应评估供应商的响应时间、售后服务以及技术支持。供应商应能够及时处理图书馆的需求和问题，并提供必要的培训和技术支持，以确保资源的有效使用和管理。优质的客户服务不仅能提升图书馆的运营效率，还能增强读者的使用体验。图书馆还应考虑供应商的合同条款，包括价格、付款条件以及退货和换货政策。合理的价格和灵活的合同条款能为图书馆节省成本，同时减少运营风险。

2. 服务内容

分类编目是图书馆资源管理中的核心任务之一。有效的分类编目能够确保图书馆资源的有序管理，使得图书和其他信息资源能够根据标准化的分类系统进行组织，从而方便读者的检索和使用。供应商在提供分类编目服务时，应确保其具备专业的编目能力，能够按照国际标准（如《国际标准书目描述》）进行准确的分类和标注。此外，供应商应提供灵活的编目服务，支持不同的分类系统和标签，以满足图书馆的特定需求和本地化要求。评估供应商时，图书馆需要考察其编目服务的准确性、时效性以及适应能力，以确保资源能够快速且准确地进入图书馆系统。

书目加工服务包括对图书和其他资源进行装订、封面设计、条形码贴附等处理。这些服务不仅提升了图书馆资源的外观和耐用性，也增强了资源的流通效率。供应商应能够提供高质量的书目加工服务，确保加工过程中的每个环节都符合图书馆的标准。

例如，条形码的清晰度和持久性直接影响到图书馆的借阅和归还管理，因此，供应商需要使用高质量的材料和技术，以确保条形码的准确性和耐用性。此外，供应商应提供灵活的加工选项，支持定制化的需求，以适应不同类型和格式的资源。数据整合服务是提升图书馆运营效率的重要方面。图书馆的资源管理越来越依赖于数字化和自动化系统。供应商在数据整合方面应提供有效的解决方案，包括将不同来源的数据整合到统一的管理系统中。供应商应能够支持数据的导入、转换和同步，提供与图书馆现有系统兼容的接口和工具。同时，供应商还应提供数据备份和安全保护服务，以防止数据丢失或泄漏，保障图书馆数据的安全性。在评估供应商时，图书馆还应关注供应商的服务响应能力和支持水平。供应商应能够提供及时的技术支持和问题解决服务，帮助图书馆应对运营中的各种挑战。此外，供应商的服务质量应得到持续监控和评估，以确保其附加服务能够满足图书馆的实际需求，并持续提升运营效率。

3. 定制化能力

定制化能力指的是供应商是否能够根据图书馆的具体需求和独特要求提供量身定制的产品和服务。供应商的定制化能力在图书馆资源的采购和管理中起着至关重要的作用。图书馆的资源需求可能因为读者群体的多样性、馆藏发展的方向以及特定的服务目标而有所不同。因此，供应商需要能够灵活调整其产品和服务，以满足这些特定需求。例如，对于图书馆来说，可能需要定制化的图书封面设计、特定主题的书目资源包或是根据图书馆特殊要求制作的电子数据库。供应商能够提供这些定制服务，不仅能够提升图书馆的服务质量，也能够提高读者的满意度。评估供应商的定制化能力时，图书馆应重点关注几个方面。首先是供应商的灵活性和适应能力。供应商是否能够迅速响应图书馆的特殊要求，并根据具体情况调整产品规格或服务内容。这包括对订单量的调整、产品内容的修改，以及在短时间内提供额外支持的能力。其次是供应商的技术支持和服务水平。供应商需要拥有专业的团队和技术资源，以确保定制产品和服务的高质量交付。例如，在电子资源的定制中，供应商应能够提供技术支持，确保产品的兼容性和稳定性。

图书馆应评估供应商的定制化方案的实施过程。供应商是否提供详细的需求分析和方案设计，确保定制化服务能够真正满足图书馆的需求。在实施过程中，供应商是否能够提供有效的沟通和反馈机制，以便及时调整和优化服务。供应商应能够与图书馆保持紧密的合作关系，了解其具体需求，并根据反馈进行相应的调整和改进。还需关注供应商在定制化服务中的透明度和成本控制。供应商应提供清晰的定制服务报价和成本结构，避免隐藏费用或额外收费。同时，供应商应确保定制服务的质量和交付时间，避免因定制化带来的不必要的延误或质量问题。图书馆应考虑供应商的长期支持能力。定制化产品和服务在使用过程中可能会遇到各种问题，供应商应能够提供长期的技术支持和维护服务。确保图书馆在资源使用的整个生命周期内，能够获得稳定的支持和服务。

（三）售后服务与支持

1. 服务响应时间

服务响应时间是指供应商在接到图书馆的服务请求后，响应并开始处理问题的时间。这一时间长度对图书馆运营的影响极大。例如，如果图书馆在使用电子资源时遇到技术故障，供应商能够迅速响应并提供解决方案，可以显著减少服务中断的时间，避免对读者的影响。评估供应商的服务响应时间时，图书馆应关注其承诺的响应时间是否符合实际需求，并检查供应商是否能够在紧急情况下提供优先处理服务。这通常包括查看服务协议中的响应时间承诺、历史案例中的实际响应记录，以及其他客户的反馈和评价。问题解决效率涉及供应商处理和解决问题的能力，包括问题的诊断、解决方案的制订以及问题解决后的跟踪服务。供应商在解决问题时的效率直接影响到图书馆资源的使用效果和服务质量。供应商应具备专业的技术团队和明确的问题处理流程，以确保问题能够得到迅速而有效解决。评估供应商的解决效率时，图书馆可以考虑以下几个方面：供应商是否提供详细的问题处理指南，是否有经验丰富的技术支持团队，是否能提供明确的时间表和解决方案，并在问题解决后进行跟踪，以确保问题不会反复出现。

图书馆还应关注供应商的支持渠道和沟通机制。有效的支持渠道可以确保图书馆在遇到问题时能够快速联系到供应商并获得帮助。供应商应提供多种联系方式，如电话、电子邮件、在线客服等，并确保这些渠道的畅通。供应商的沟通机制也应透明且高效，以便图书馆能够清晰地了解问题的处理进展和解决方案。评估供应商的服务响应时间和问题解决效率时，图书馆还应考虑供应商的客户服务文化和态度。供应商的服务团队应展现出积极的服务态度，愿意倾听客户的需求并提供解决方案。同时，供应商应定期进行服务质量评估和改进，以提升服务水平。图书馆应在选择供应商时，将服务响应时间和问题解决效率纳入决策考虑范围。通过与供应商明确服务协议中的响应时间和处理标准，并在实际运营中进行验证，图书馆可以确保在遇到问题时能够及时获得支持，维持高效的运营和优质的服务。

2. 持续支持情况

持续支持不仅包括技术故障处理，还涉及系统的日常维护、升级更新以及长期服务保障。供应商的持续技术支持是确保图书馆系统长期稳定运行的基础。图书馆在使用采购系统和服务的过程中，可能会遇到各种技术问题，如系统故障、功能异常、数据丢失等。这些问题需要及时解决，以避免对图书馆的运营造成干扰。供应商应提供全面的技术支持服务，包括故障排除、系统调试和问题解决。评估供应商的技术支持能力时，图书馆应关注其提供的支持渠道，并检查这些渠道是否能在需要时提供有效的帮助。此外，供应商应具备响应快速、解决高效的技术支持团队，能够在问题发生时迅速介入。系统维护是持续支持的重要组成部分。系统维护包括对系统进行定期检查、性能优化和更新升级。供应商应定期对图书馆的采购系统进行维护，确保系统的稳定性和安全性。例如，定期的系统更新和补丁安装可以防止安全漏洞和功能失效。供应商应提供详细的维护计划和时间表，并在维护过程中通知图书馆，避免对图书馆的日常运营造成不必要的影响。评估供应商的维护服务时，图书馆应关注其维护服务的频率、内容和质量，确保系统能够持续获得必要的支持和改进。

供应商的持续支持还应包括系统的长期服务保障。这涉及对系统的长期承诺，包括服务水平协议（Service Level Agreement，SLA）、长期技术支持合同和服务续约选项。供应商应明确服务承诺，提供长期的技术支持和维护保障，避免服务中断或支持不足。图书馆应在合同中规定详细的服务条款，包括支持范围、响应时间、维护计划等，并在供应商服务过程中进行监督，确保其履行承诺。还需关注供应商的培训和知识转移服务。供应商应提供必要的培训，帮助图书馆的工作人员熟悉系统操作和维护，并能在需要时提供技术文档和指导手册。这不仅有助于提高图书馆内部人员的操作技能，还能增强对系统的管理能力，减少对外部技术支持的依赖。

第二节 智慧采购中的供应商关系管理

一、设立清晰的合作目标

（一）明确需求与期望

通过在合作开始时详细阐明采购需求和服务期望，并与供应商充分讨论并达成一致，可以有效避免后续的误解和潜在问题，从而确保采购过程顺利进行。明确需求是采购成功的基础。图书馆在采购过程中应详细列出其具体需求，包括所需产品的种类、数量、规格、质量标准以及交付时间等。例如，图书馆需要明确所需的书籍类型（如文学、科技、儿童读物）、出版社、版次等；对于电子资源采购，需要说明对数据库的类型、覆盖范围、访问权限等要求。通过清晰地定义需求，图书馆可以帮助供应商准确理解其要求，从而提供符合要求的产品和服务。明确的需求说明还可以作为合同的一部分，确保双方在合作过程中有清晰的参照标准。明确服务期望是建立有效合作关系的另一关键。服务期望包括对供应商提供的售前和售后服务的要求，如技术支持、培训、系统维护、问题解决响应时间等。图书馆应与供应商讨论并达成一致的服务标准，以确保在合作期间能够获得所需的支持。例如，图书馆可以要求供应商提供定期的技术支持和系统更新，明确响应时间和问题解决流程。此外，图书馆还应讨论并确认供应商在服务质量、沟通方式、反馈机制等方面的期望，以确保双方对服务水平有一致的认识。

在明确需求和期望的过程中，图书馆和供应商之间的沟通是至关重要的。双方应通过面对面的会议、电话会议或电子邮件等方式进行深入讨论，确保双方对需求和期望的理解一致。图书馆可以提供详细的需求文档，并邀请供应商提出建议和意见，以便在合作开始前解决任何可能的疑问或不确定性。这种沟通不仅能帮助明确需求，还能建立双方的信任，为后续的合作打下良好的基础。双方在明确需求和期望时，应制订详细的合同条款，将需求和期望纳入合同中。这包括明确的交付时间、服务标准、质量保证、违约责任等条款。合同应详细规定双方的权利和义务，确保在合作过程中能够有效解决可能出现的问题。通过合同的约束，图书馆可以确保供应商按照约定提供产品和服务，同时在出现问题时有明确的解决机制。图书馆应建立有效的供应商关系管理机制，以持续监控和评估供应商的表现。这包括定期进行满意度调查、绩效评估和沟通反馈，以确保供应商能够持续满足图书馆的需求和期望。图书馆可以及时发现和解决问题，维持良好的合作关系，促进长期稳定的合作。

（二）设定合作目标

明确合作目标不仅有助于规范双方的期望和要求，还能为后续的合作提供清晰的指导。

设定合作目标的过程中，图书馆和供应商应共同讨论并明确短期目标。这些目标通常涉及即时的、可衡量的成果，如产品的初步交付、质量控制和成本管理。例如，图书馆可以设定在合同签署后一个月内完成首批图书的交付，确保这些图书符合规定的质量标准。同时，供应商应承诺在特定的时间范围内提供样本或试用产品，以便图书馆进行初步评估。短期目标还可以包括明确的成本控制标准，如在采购过程中避免超支，并确保价格的透明性和公正性。在设定短期目标时，双方应明确具体的执行步骤和衡量标准。例如，图书馆可以要求供应商提供详细的交付时间表，并规定质量检查和验收的程序。同时，双方可以设定定期的检查点和评估机制，以确保短期目标的实现，并及时解决可能出现的问题。这种明确的短期目标有助于确保合作的顺利进行，并为长期合作奠定基础。

长期合作目标则涉及更为宏观和战略性的方向，涵盖产品质量的持续改进、长期成本控制、技术支持的全面提升等方面。例如，图书馆可以与供应商共同设定在未来三年内，逐步提升图书馆馆藏的质量和丰富度，并确保供应商能够提供不断更新的资源。同时，双方可以讨论长期成本控制策略，如量化采购折扣和优化采购流程，以实现成本节约。

长期目标还应包括对技术支持和服务质量的持续提升。例如，图书馆可以设定目标，要求供应商在整个合作期间内提供持续的技术支持和系统维护服务，确保采购系统和服务的长期稳定运行。此外，供应商应承诺定期更新技术和系统，以应对新兴的技术需求和变化。这些长期目标有助于提升图书馆的整体服务质量和运营效率。设定合作目标时，图书馆和供应商应确保目标的具体性、可测量性和可实现性。双方应在合同中明确各项目标的详细要求、实施步骤和评估标准，并约定定期的评估和调整机制。图书馆能够确保双方在合作过程中始终保持一致，及时调整和优化合作策略。在供应商关系管理中，建立良好的沟通和反馈机制也是关键。图书馆应定期与供应商进行沟通，评估目标的实现情况，并对合作过程中的问题进行反馈和讨论。这种沟通有助于发现并解决问题，保持双方关系的积极性和合作的顺畅性。

二、合作深度与创新

（一）协同创新

通过协同创新，图书馆和供应商可以共同开发新的功能、优化现有系统以及引入前沿技术，从而在激烈的市场竞争中保持领先地位。协同创新要求图书馆与供应商之间建立紧密的合作伙伴关系。这种合作关系不仅限于合同履行和日常操作，还深入到技术开发、服务优化和战略规划等方面。通过建立合作伙伴关系，双方可以在技术开发和服务改进中实现资源共享、优势互补。例如，图书馆可以与供应商共同探讨如何在采购系统中引入新的功能，如智能推荐系统、自动化采购流程和数据分析工具，以提升系统的智能化水平和用户体验。协同创新应包括对新技术的探索和应用。图书馆和供应商可以共同研究和应用新兴技术，如人工智能、大数据分析、云计算等，以优化资源管理和服务提供。例如，利用大数据分析技术，供应商可以帮助图书馆分析用户的借阅行为和需求趋势，从而提供更具针对性的资源推荐和采购策略。人工智能技术可以用于自动化书目编目、分类和索引，提升系统的效率和准确性。双方应积极参与技术研究和开发，共同推动技术的应用和创新。

协同创新还涉及对现有系统的优化。图书馆和供应商可以共同评估当前采购系统和服务的不足之处，并探索改进方案。例如，在系统性能和用户界面方面，双方可以讨论如何优化系统的响应速度、操作便捷性和数据可视化效果。通过对系统进行优化，图书馆可以提高操作效率，改善用户体验，同时提升系统的稳定性和可靠性。供应商应提供专业的技术支持和改进建议，确保系统能够持续适应变化的需求和技术环境。在协同创新过程中，定期的沟通和反馈机制至关重要。图书馆和供应商应建立定期的会议和沟通渠道，讨论技术开发进展、服务改进计划和创新项目的实施情况。这种沟通有助于及时发现问题，调整创新方向，并确保双方对创新目标和策略的共识。此外，图书馆可以组织内部团队参与创新项目的评估和反馈，以保证项目能够切实满足实际需求。建立协同创新的合作模式还需关注知识产权和数据保护。双方在合作过程中应明确知识产权归属和数据使用规范，保护各自的技术成果和数据安全。通过明确的协议和管理机制，图书馆和供应商可以确保创新成果的合法性和有效性，避免知识产权纠纷和数据泄露问题。

（二）共同发展

通过共同发展策略，与供应商合作和联合研究等方式可以有效帮助供应商深入了解图书馆的长远需求，共同发展创新方案，从而提升图书馆的竞争力和服务质量。这种合作方式不仅能够实现资源的优化配置，还能推动双方在技术和服务领域的创新和进步。共同发展要求图书馆与供应商在合作项目中建立深入的合作关系。这种合作关系不仅限于短期的采购合同，还延伸到长期的战略合作和共同发展。例如，图书馆可以与供应商共同发起针对图书馆业务需求的创新项目，如开发新的图书管理系统、优化馆藏资源的数字化管理或引入先进的数据分析工具。这些合作项目可以帮助供应商更好地理解图书馆的需求，提供定制化的解决方案，从而增强图书馆在竞争激烈的市场中的地位。联合研究是实现共同发展的重要途径。图书馆和供应商可以通过联合研究的方式，共同探索和开发新技术、新服务或新模式。例如，双方可以合作进行关于用户行为分析的研究，利用数据挖掘技术揭示图书馆用户的需求趋势和行为模式，从而优化馆藏资源配置和服务设计。联合研究不仅可以为图书馆提供前瞻性的解决方案，还可以帮助供应商提升其技术实力和市场竞争力。在进行共同发展时，图书馆应向供应商详细阐明其长远需求和战略目标。这包括对图书馆未来的发展方向、业务需求、用户期望等方面的详细描述。供应商能够准确把握图书馆的需求动态，并在产品和服务开发过程中进行针对性创新。例如，如果图书馆计划在未来几年内扩展数字化服务，那么供应商可以围绕这一需求进行技术研发，提供符合未来发展趋势的解决方案。

双方在共同发展过程中应建立明确的沟通和反馈机制。这包括定期的项目评估会议、进展报告和成果分享等。通过这些机制，图书馆可以及时了解项目的进展情况，提出改进建议，并确保供应商能够根据反馈进行调整。供应商则可以通过这些反馈，持续优化产品和服务，确保其满足图书馆的需求。在共同发展中，知识产权和成果共享也是重要的考量因素。双方在合作中应明确知识产权归属和成果共享的安排，确保各自的创新成果得到合法保护和合理使用。图书馆和供应商可以避免知识产权纠纷，促进创新成果的有效利用。通过共同发展，图书馆和供应商可以建立长期的合作伙伴关系，实现资源的共享和互利共赢。这种合作关系不仅能够提升图书馆的竞争力，还能够推动供应商在技术和服务领域的持续进步。双方通过共同开发创新方案，提升服务质量和运营效率，最终实现业务的共同成长和发展。

三、供应商培训与支持

（一）培训支持

通过系统化的培训和资源支持，图书馆可以帮助供应商深入了解其特殊需求和技术要求，从而增强供应商的服务能力和合作效果。培训支持有助于提高供应商对图书馆业务和需求的理解。图书馆应针对供应商组织培训课程，介绍图书馆的业务流程、运营模式和服务需求。例如，培训可以涵盖图书馆的采编流程、用户服务标准、资源管理策略等方面。通过这些培训，供应商能够深入了解图书馆的工作环境和具体需求，从而在提供产品和服务时能够更好地满足图书馆的期望。此外，培训还可以帮助供应商熟悉图书馆的特殊要求，如数据隐私保护标准、系统兼容性要求等，确保供应商的产品和服务符合图书馆的技术规范和法规要求。图书馆应为供应商提供必要的资源支持，以帮助其提升服务能力。这包括提供技术文档、操作手册、系统指南等，使供应商能够充分了解图书馆的技术平台和系统接口。图书馆还可以提供实际操作的机会，例如通过模拟环境或试用系统，让供应商在实际操作中了解系统的功能和要求。此外，图书馆应定期更新相关资源，确保供应商能够及时获得最新的信息和技术支持。资源支持的目的是帮助供应商快速适应图书馆的工作环境，并在服务中展现出更高的专业水平。

在培训和资源支持的过程中，图书馆应注重与供应商的沟通和反馈。图书馆可以组织反馈会议，搜集供应商对培训内容和资源支持的意见和建议。这些反馈可以帮助图书馆进一步改进培训内容和资源配置，确保其满足供应商的实际需求。供应商也可以通过反馈机制提出培训中遇到的问题或进一步的需求，图书馆可以根据这些信息进行调整和补充。为确保培训的有效性，图书馆应制订详细的培训计划和目标，明确培训的内容、形式和评估标准。例如，培训计划可以包括理论讲解、实际操作、案例分析等多种形式，以提高培训的全面性和实用性。图书馆应进行评估，检验供应商对培训内容的掌握情况，并根据评估结果提供进一步的指导和支持。通过系统化的培训计划和评估，图书馆可以确保培训的质量和效果，并帮助供应商提高服务能力。图书馆和供应商应建立长期的合作机制，以持续跟进培训效果和服务质量。图书馆可以定期组织进修培训和技术研讨会，帮助供应商跟进最新的技术发展和行业趋势。通过持续的培训和资源支持，图书馆和供应商可以保持良好的合作关系，并共同推动服务质量的提升。

（二）共同成长

将供应商视为合作伙伴意味着图书馆应主动与供应商分享自身的战略目标和需求，促进双方在技术和管理上的共同进步。图书馆应与供应商建立定期沟通机制，讨论业务需求、技术发展趋势和市场变化。这种开放和透明的沟通能够帮助供应商更好地理解图书馆的长期需求和战略方向，从而提供更具针对性的解决方案。通过共同讨论和规划，双方可以在技术研发、服务改进和管理优化等方面实现共同成长。例如，图书馆可以与供应商共同探索新的技术应用，如智能图书管理系统、数据分析工具等，以提升图书馆的运营效率和服务质量。图书馆可以通过合作项目和联合研发来推动双方的共同成长。通过启动合作项目，图书馆和供应商可以共同开发创新的产品和服务，提升技术能力和管理水平。例如，双方可以合作开发一种新的资源管理系统，或改进现有的采购流程，利用最新的技术和方法提升系统的功能和性能。在合作过程中，图书馆和供应商可以共享技术知识和管理经验，相互学习和借鉴，从而实现技术能力的提升和管理水平的优化。

　　图书馆还可以通过知识共享和培训来促进供应商的成长。定期组织培训和技术研讨会，邀请供应商参与，以帮助其了解最新的技术发展和行业趋势。图书馆可以提供相关的技术文档、操作手册和案例分析，帮助供应商提升技术能力和管理水平。通过这种知识共享和培训，供应商能够更好地适应图书馆的需求变化，并在服务提供中展现出更高的专业水平。在实现共同成长的过程中，建立有效的反馈和评估机制是至关重要的。图书馆应定期评估供应商的表现，提供建设性的反馈，并与供应商共同探讨改进措施。同时，供应商也应主动向图书馆反馈服务中遇到的问题和改进建议。通过这种双向的反馈和评估，双方可以及时发现问题，调整合作策略，确保合作关系的持续优化。图书馆应在合作关系中强调互利共赢的理念。双方应明确合作目标，共同设定技术和管理的提升目标，并在实现这些目标的过程中关注各自的利益和需求。通过建立明确的合作协议和绩效评估机制，确保双方在合作中能够公平地分享成果和利益。这种互利共赢的合作关系不仅能够提升图书馆和供应商的整体水平，还能为未来的合作奠定坚实的基础。

第三节　供应商绩效评估体系

一、供应商资格与能力的评估内容

（一）资质审核

　　资质审核不仅确保供应商具有合法的营业执照和相关的资质证书，还涉及供应商在行业中的声誉和履约能力。通过全面的资质审核，图书馆可以选择具备可靠性和专业性的供应商，从而为智慧采购的顺利实施提供保障。合法的营业执照是供应商经营活动的基本合法性证明。图书馆在进行资质审核时，应核实供应商是否具备有效的营业执照，这包括查验其注册信息、营业范围和有效期限。营业执照的合法性和有效性直接关系到供应商的经营稳定性和业务合规性。供应商的营业执照应与其提供的产品或服务范围相符，确保其具备相关的经营资格。例如，如果供应商提供的是图书馆管理系统的技术服务，其营业执照中应明确涵盖软件开发和技术服务等相关业务范围。相关的资质证书反映了供应商在特定领域的专业能力和技术水平。图书馆应检查供应商是否持有与其产品或服务相关的资质证书,例如ISO认证、信息安全认证、软件工程师认证等。这些资质证书可以作为供应商专业能力和质量管理水平的凭证,帮助图书馆评估供应商的技术实力和服务质量。例如,ISO 9001认证表明供应商具备国际公认的质量管理体系,能够提供符合标准的产品和服务。信息安全认证则说明供应商在数据保护和信息安全方面具备良好的管理能力,这对图书馆的信息系统尤为重要。

供应商的行业声誉也是资质审核的重要方面。图书馆应对供应商在行业内的声誉进行调查,了解其过往的履约记录、客户反馈和行业评价。可以通过查阅行业报告、客户评价、合作案例和媒体报道等渠道获取供应商的信誉信息。一个具有良好声誉的供应商通常能够提供稳定可靠的产品和服务,并在解决问题和处理投诉方面表现出色。例如,图书馆可以通过参考其他机构的评价和反馈,了解供应商的服务态度、交付能力和问题解决效率,从而对其整体表现进行客观评估。为了确保资质审核的全面性和准确性,图书馆应制订明确的审核标准和流程。这包括明确审核的内容、审核的方法、评估的指标和数据的来源。图书馆可以组建专门的资质审核团队,负责对供应商的相关资质进行审核和评估。此外,应建立资质审核档案,记录供应商的资质信息和审核结果,以便后续的管理和查阅。在进行资质审核的过程中,图书馆还应注意与供应商的沟通,确保供应商能够提供真实、完整的资质材料。如果发现任何虚假或不完整的信息,图书馆应要求供应商进行解释和补充,并根据实际情况做出相应的决策。对于存在重大问题的供应商,应考虑将其排除在合作之外,以避免潜在的风险和损失。

(二)技术能力

供应商的技术能力直接影响到图书馆数字化资源和在线服务的质量和效率,因此,准确评估供应商在这些领域的经验和水平对于采购决策至关重要。评估供应商的技术能力应从其在信息技术和智能化系统方面的专业经验入手。图书馆应审查供应商的技术背景,包括其在数字化资源管理、在线服务平台建设、数据处理与分析等领域的经验和能力。供应商的技术能力可以通过其过往项目的成功案例来体现。例如,供应商是否曾经为其他图书馆或教育机构提供过类似的数字化资源管理系统或在线服务平台?这些项目的规模、复杂性和成功度如何?通过分析这些案例,图书馆可以评估供应商在实际应用中的技术水平和解决方案的有效性。供应商在数字化资源和在线服务方面的技术能力可以通过其提供的具体技术方案来评估。这包括供应商使用的技术框架、平台架构、系统集成能力以及技术支持服务。例如,供应商是否采用了现代化的技术框架和平台,能够支持大规模的数据存储和快速的数据检索?其系统是否具备

第七章　公共图书馆智慧采购的供应商管理

高度的安全性和稳定性，能够有效防范数据泄露和系统故障？此外，供应商的技术支持服务也应予以关注，包括技术支持的响应时间、问题解决的效率和技术文档的完整性。图书馆可以通过技术方案的详细评估，了解供应商的技术实力和创新能力。

图书馆还应考虑供应商在智能化系统方面的技术能力。这包括供应商是否能够提供先进的智能化功能，如人工智能驱动的数据分析、智能推荐系统、自动化的资源管理工具等。智能化系统的技术能力对图书馆的运营效率和用户体验有着直接影响。例如，供应商是否能够提供智能化的书目推荐系统，根据用户的借阅历史和兴趣推荐相关资源？其系统是否具备自动化的数据处理和分析能力，能够帮助图书馆更好地管理和利用资源？通过评估这些智能化功能，图书馆可以判断供应商在推动技术创新和提升用户体验方面的能力。为确保评估的全面性，图书馆应对供应商的技术团队进行审查。了解供应商技术团队的资质、经验和培训情况，以及团队在技术开发和支持方面的能力。例如，供应商的技术团队是否具备相关的技术认证和专业资格？团队成员的技术背景和项目经验如何？技术团队的能力直接影响到技术方案的质量和实施效果。图书馆应与供应商进行技术交流和现场考察，深入了解其技术能力的实际表现。通过与供应商的技术人员讨论具体的技术问题，观察其在实际环境中的操作和解决问题的能力，图书馆可以获得更直观的评估结果。

二、供应商绩效评估指标

（一）产品质量

产品质量的评估主要包括对图书、数字资源及其他采购产品的完好性、准确性和符合图书馆需求的程度的考察。产品的完好性是确保图书馆资源能够正常使用的基本要求。对于纸质图书，完好性包括书籍的物理状态，如封面是否完好、页面是否整洁、是否有损坏或缺页等。图书的装订质量也应得到检查，以确保书籍在长时间使用中不会出现脱页或损坏的情况。对于数字资源，则需要检查资源的完整性和功能性，包括文件的完整下载、数据的无损坏以及在各种设备上的兼容性。产品的完好性直接影响到图书馆的日常运作和用户体验，因此在采购过程中必须严格把关。产品的准确性是评价产品质量的重要标准。对于图书，这涉及书籍的内容准确性和信息的可靠性。图书馆应审查供应商提供的图书是否经过严格的编校和审定，以避免出现信息错误或内容不一致的问题。特别是在学术书籍和参考书籍中，内容的准确性和权威性尤为重要。图书馆可以通过测试和验证资源的内容和功能，确保其符合预期的标准和规范。产品的符合需求程度是衡量供应商产品是否符合图书馆实际需求的关键。图书馆应根据自身的采集标准和用户需求，评估供应商提供的产品是否符合这些要求。例如，图书馆可能对某一领域的书籍有特定的需求，如文献资料、教学用书或专业书籍。供应商提供的产品应与这些需求匹配，并满足图书馆的特定要求。图书馆需要检查资源是否涵盖了所需的学科领域、是否具有所需的功能模块以及是否能够支持用户的检索和使用需求。

为了确保产品质量的全面评估，图书馆应建立系统化的评估流程。这包括设定明确的评估标准、制订详细的检测方案以及进行定期的质量审查。图书馆可以设立专门的评估小组，负责对供应商的产品进行质量检测和评估。此外，可以通过与供应商签订质量保证协议，明确质量标准和违约责任，确保供应商提供的产品始终符合图书馆的质量要求。图书馆还应重视用户反馈。通过收集和分析用户对产品质量的反馈，可以进一步了解产品在实际使用中的表现，并据此调整采购策略和标准。用户反馈不仅可以帮助发现潜在的问题，还能为改进产品质量提供宝贵的信息。

（二）交货及时性

交货及时性不仅涉及供应商按时交付采购产品的能力，还涵盖了多个方面，如订单处理时间、物流配送效率等。这些因素对于确保图书馆资源的持续供应、优化采购流程和提高服务质量具有重要意义。订单处理时间是衡量供应商交货及时性的基础。订单处理时间指的是供应商从收到订单到准备好发货的时间。这一环节的效率直接影响到图书馆能够多快收到所需的图书或其他资源。若供应商能够迅速且准确地处理订单，将缩短采购周期，减少等待时间，从而提高图书馆的工作效率和服务质量。因此，供应商需要建立高效的内部处理系统，以确保能够及时响应并处理图书馆的采购需求。物流配送效率也是衡量交货及时性的关键因素之一。物流配送效率涉及供应商的运输管理、配送网络和物流服务质量。高效的物流配送可以确保采购产品在规定的时间内安全到达图书馆。如果供应商能够提供快速而可靠的配送服务，不仅能提高图书馆的运营效率，还能增强图书馆对供应商的信任。因此，供应商需要与信誉良好的物流公司合作，优化配送路线，确保按时交货。

在公共图书馆智慧采购体系中，供应商绩效评估体系通常包括一系列指标来评估供应商的交货及时性。除了订单处理时间和物流配送效率，评估体系还可能涵盖供应商的响应速度、交货准确性以及客户反馈等方面。通过建立科学的绩效评估标准，图书馆可以定期监控供应商的交货表现，并采取相应的措施进行改进。比如，图书馆可以对表现优秀的供应商给予奖励,而对表现不佳的供应商进行警告或重新考察。这种评估机制有助于提高供应商的服务质量,并促使其不断优化其交货及时性。图书馆还可以通过智慧采购平台来监控和评估供应商的交货情况。现代化的智慧采购系统可以实时跟踪订单状态,自动生成报告,帮助图书馆更好地管理供应链。通过数据分析和可视化工具,图书馆可以更清楚地了解供应商的表现,并做出更加精准的决策。

(三) 价格竞争力

价格竞争力不仅涉及供应商提供的价格是否符合市场行情,还包括价格是否在预算范围内并能够提供最大化的价值。这一指标对于图书馆的采购决策具有关键意义,因为它直接影响到预算的有效使用和资源的最大化获取。供应商的价格是否符合市场行情是衡量价格竞争力的基本标准。市场行情反映了产品在特定时期和区域的平均价格水平。图书馆在采购时需要了解当前市场上的价格趋势,以确保供应商提供的价格既不过高也不过低。如果供应商的价格明显高于市场平均水平,这可能会导致图书馆的采购成本超出预算,影响其资源的有效配置。相反,如果供应商的价格过低,则可能影响产品质量或服务水平。因此,供应商需要通过市场调研和价格分析,确保其报价具有市场竞争力,并符合行业标准。

价格是否能够在预算内提供最大化的价值也是重要考量因素。预算通常是一个固定的约束条件。供应商不仅需要提供具有竞争力的价格,还应通过产品的性价比来提升整体价值。这意味着供应商需要在提供合理价格的同时,确保产品的质量和服务水平能够满足图书馆的需求,从而最大化预算的使用效率。例如,供应商可以通过量贩折扣、长期合作优惠或增值服务等方式,提高价格的性价比,使图书馆能够在预算范围内获取更多的资源或服务。供应商绩效评估体系通常会包括价格竞争力的多个方面。这些评估指标可能包括供应商的价格水平与市场行情的对比、价格波动趋势的分析、预算内价值的实现情况等。通过建立科学的评估标准,图书馆可以定期审查供应商的价格表现,并做出相应的调整。例如,图书馆可以通过竞争性报价、招标等方式,促使供应商在价格上进行更有利的竞争,从而获取最佳的采购条件。智慧采购平台的应用也有助于提高价格竞争力的评估效率。现代化的采购系统可以提供实时的价格数据、市场趋势分析和历史价格记录,帮助图书馆更好地进行价格比较和决策。图书馆能够更准确地评估供应商的价格竞争力,并根据实际情况做出合理的采购决策。

（四）服务质量

服务质量不仅包括供应商在售前、售中、售后提供的服务水平，还涉及响应速度、问题解决能力、合作态度等方面。这些服务质量因素对图书馆的采购体验和最终服务效果具有重要影响，确保资源采购的顺利进行和图书馆运营的高效管理。售前服务质量是供应商与图书馆建立良好合作关系的基础。售前服务包括供应商对采购需求的理解、建议和解决方案的提供。供应商需要在图书馆提出需求后，迅速响应并提供专业的建议，以帮助图书馆做出明智的采购决策。快速的响应速度和清晰的沟通能有效减少采购过程中的不确定性，提升图书馆对供应商的信任感。例如，供应商应提供详细的产品信息、技术规格以及使用指南，以帮助图书馆全面了解采购资源，从而做出最佳选择。售中服务质量直接影响到采购过程的顺利进行。售中服务涉及订单处理、物流配送和产品交付等环节。供应商需要确保订单的准确处理，按时发货，并提供有效的物流跟踪服务。在物流配送过程中，供应商应确保产品的安全到达，并及时解决可能出现的配送问题。如果出现延迟或损坏，供应商需迅速采取补救措施，减少对图书馆工作的影响。高效的售中服务能够显著提升图书馆对供应商的满意度，保证资源的及时到位和使用。

售后服务质量则关乎长期合作关系的维护和客户满意度。售后服务包括产品维护、问题解决和客户支持等。供应商需要在产品使用过程中提供持续的技术支持，帮助图书馆解决使用中遇到的问题。有效的问题解决能力和积极的合作态度对于维持良好的合作关系至关重要。例如，供应商应提供及时的技术支持和维修服务，确保图书馆能够顺利使用采购资源。此外，供应商应定期跟踪客户的使用情况，收集反馈并改进服务，以增强客户的信任和满意度。供应商绩效评估体系通常会综合考虑服务质量的各个方面。评估指标可能包括响应速度、服务专业性、问题解决效率、客户反馈等。通过建立科学的评估体系，图书馆可以定期评估供应商的服务表现，并根据实际情况进行调整。例如，图书馆可以通过定期满意度调查、服务质量评估报告等方式，了解供应商的服务水平，发现和解决存在的问题。现代化的智慧采购平台也能够提高服务质量的评估效率。通过数据分析和反馈系统，图书馆可以实时监控供应商的服务表现，快速识别和处理服务问题。这种系统化的管理方式有助于优化采购流程，提升供应商服务质量，确保图书馆资源的高效运用。

（五）合规性

合规性主要指供应商在合同执行过程中是否遵循相关法律法规及合同条款，确保图书馆的合法权益不受侵害。确保供应商合规性不仅有助于保护图书馆的利益，还能维护采购过程的公正性和透明度。供应商的法律法规遵循是合规性的核心内容。法律法规为采购活动提供了基本的行为规范，包括合同法、劳动法、环境保护法等。供应商在执行合同过程中需要严格遵守这些法律法规。例如，供应商应确保其产品符合国家标准和行业规范，避免因产品质量问题引发的法律纠纷。此外，供应商还需遵守税收规定，按照法律要求进行纳税，防止因逃税行为导致的法律风险。合规的供应商能够减少图书馆在采购过程中面临的法律风险。

合同条款的遵循也是合规性的重要方面。合同是图书馆与供应商之间的正式协议，明确了双方的权利和义务。供应商在合同执行过程中需要严格按照合同条款履行义务，包括交货时间、产品质量、服务标准等。例如，供应商需按照合同约定的时间交付产品，并确保产品符合约定的规格和质量标准。如果供应商未能按合同履行义务，图书馆有权要求其承担违约责任。严格遵守合同条款能够有效避免合同纠纷。供应商合规性的评估通常包括多个方面的指标。这些指标可能包括供应商的法律法规遵循记录、合同履行情况、投诉处理记录等。通过建立全面的评估标准，图书馆能够定期检查供应商的合规表现，及时发现和解决合规性问题。例如，图书馆可以要求供应商提供相关的合规证明文件，定期进行合规审核，确保供应商的行为符合合同要求和法律规定。现代化的智慧采购平台可以进一步增强合规性评估的效率。智慧采购系统可以记录和跟踪供应商的合规情况，自动生成合规报告，帮助图书馆实时监控合同执行状态。此外，系统还可以提供合同条款的提醒和更新功能，确保供应商在合同执行过程中始终遵守相关规定。图书馆可以更准确地评估供应商的合规性，做出科学的采购决策。

第八章 公共图书馆智慧采购的成本控制

第一节 智慧采购中的成本管理

一、生命周期成本管理

（一）采购阶段的成本控制

成本控制不仅涉及采购的初始价格，还需要综合考虑资源的长期使用价值和潜在的维护成本。通过大数据分析、需求预测和市场比价工具，图书馆能够更精准地控制采购成本。大数据分析技术使得图书馆能够基于历史数据和市场趋势进行全面的成本评估。通过分析过去的采购数据，图书馆可以识别出不同资源的价格波动规律、供应商的定价策略以及市场上的价格趋势。这些信息可以帮助图书馆在进行采购决策时，选择那些价格稳定、性价比高的供应商，从而避免因价格波动而导致的采购成本增加。此外，大数据分析还能够提供关于资源使用频率和需求量的精准预测，帮助图书馆合理规划采购预算，避免资源的过度采购或短缺。

需求预测工具是另一个重要的成本控制手段。通过对图书馆用户需求的预测，图书馆可以准确掌握未来的采购需求，从而在合适的时间进行采购，获得更具竞争力的价格。需求预测工具能够分析用户借阅记录、图书馆活动的参与情况、季节性变化等因素，为图书馆提供科学的需求预测。这种预测能力使得图书馆能够在需求高峰之前提前采购，避免因需求激增而导致的价格上涨。同时，精准的需求预测还能够帮助图书馆优化库存管理，减少不必要的库存积压，从而降低运营成本。市场比价工具则帮助图书馆在采购过程中进行全面的市场调查。通过对多个供应商的报价进行比较，图书馆能够选择出价格最优、服务最好的供应商。市场比价工具不仅可以自动收集和比较供应商的报价，还能分析供应商的历史表现、用户评价等信息，从而做出综合评价。在选择图书或数字资源时，图书馆可以通过市场比价工具，了解不同供应商提供的产品的性价比，确保采购决策的合理性。在考虑初始采购价格的同时，图书馆还应评估资源的长期使用价值和潜在的维护成本。例如，选择质量更高、耐用性更好的图书或数字资源，虽然初始采购成本可能较高，但由于其维护和更新费用较低，总体上可能更为经济。高质量的资源通常具备更长的使用寿命和更低的维护成本，从而减少了频繁更换和维护带来的额外开支。例如，在采购数字资源时，选择那些提供长期支持和免费更新的服务商，可以减少后续的维护费用，并确保资源的长期有效性。智慧采购中的成本控制还涉及合同管理的优化。通过智能合同生成工具，图书馆可以在合同中明确约定维护服务的条款和条件，如供应商的服务水平协议（SLA）和售后支持。这些条款的设定可以有效减少因服务质量不达标而产生的额外费用，从而进一步控制成本。

（二）维护与管理阶段的成本优化

图书和其他资源的维护成本直接影响到整体的生命周期成本，而通过智慧管理系统，图书馆能够实现更高效的成本控制和资源优化，从而提高运营效率并节约开支。智慧管理系统的实时监控功能为图书馆提供了强大的支持。通过对馆藏资源的实时数据跟踪，图书馆可以及时发现和处理损坏或老化的资源。例如，系统可以自动记录每本图书的借阅频率和状态，一旦发现某本图书的借阅次数异常减少，或在归还时出现明显损坏，系统会发出警报。这种及时的反馈机制使得图书馆能够迅速采取修复或更换措施，避免了因延迟维护导致的更高成本。如果不及时处理这些问题，损坏的资源可能会影响图书馆的服务质量，并导致更大范围的资源替换，从而增加不必要的开支。

智慧管理系统还能帮助图书馆进行定期的资源评估和优化。通过对资源使用情况的分析，系统能够提供有关资源的详细报告，包括资源的使用频率、状态评估和维护记录。这些信息可以帮助图书馆决定何时进行资源替换或升级。例如，如果某些图书或设备的维护成本过高，而其使用效益却逐渐下降，系统可以建议图书馆考虑进行替换。图书馆可以制订更加科学的资源更新策略，避免不必要的开支。智慧管理系统还可以协助图书馆优化维护成本的预算和规划。系统能够根据历史维护数据和资源使用情况，预测未来的维护需求，并提供相应的预算建议。例如，如果某些资源的维护频率和成本不断上升，系统可以预警图书馆制订更为精准的维护预算，避免出现预算不足或超支的情况。这种数据驱动的预算规划，有助于图书馆在资源维护方面进行更为精准的成本控制，确保每项开支都符合实际需求。智慧管理系统还可以促进资源的合理配置。通过对馆藏资源的综合分析，系统能够识别哪些资源在特定时间段或地点使用频率较高，哪些资源则相对闲置。图书馆可以进行资源的重新配置和优化，例如，将使用频率高的资源安排在更便捷的位置，或对某些过时的资源进行淘汰。这种优化配置不仅提高了资源的利用效率，还减少了因资源闲置带来的成本浪费。

（三）流通与使用阶段的成本管理

通过智能化技术和系统的优化，图书馆可以显著降低使用成本，提高资源的周转率，延长资源的使用寿命。智能化的借还系统在优化借阅流程方面发挥了关键作用。而智能化借还系统通过自动化设备和RFID技术，能够大幅度提高借阅和归还的效率。用户可以通过自助借还机完成借阅手续，而图书馆工作人员则可以实时更新图书的借阅状态。这种自动化处理减少了人工操作的成本，同时降低了由于人工错误造成的资源管理问题。此外，智能系统还能提供实时的数据反馈，帮助图书馆了解资源的流动情况，优化馆藏资源的分配和管理。自动化的库存管理系统是流通与使用阶段成本管理的另一个重要工具。智能库存管理系统可以实时监控图书馆的库存状态，包括图书的数量、位置以及使用情况。系统会自动跟踪图书的借阅记录，并在图书即将缺货时发出预警，从而提前进行采购或调拨。自动化库存管理还可以减少人工库存盘点的工作量，降低了管理成本。此外，系统能够识别出使用频率较高的图书和资源，从而帮助图书馆制订更为精准的采购和补充计划，确保资源的充足和有效使用。

电子资源的广泛使用也是降低流通与使用阶段成本的重要手段。随着数字化技术的进步，电子图书和数据库等资源逐渐成为图书馆的主要组成部分。电子资源具有使用方便、访问高效的特点，可以减少对物理图书的依赖，从而降低维护和管理的成本。通过提供在线访问服务，图书馆可以扩大其资源的使用范围，满足更多用户的需求。此外，电子资源通常不需要物理空间存储，也不会受到物理磨损的影响，这在长期内显著降低了维护和替换成本。为了进一步延长图书的使用寿命，图书馆可以利用智能技术进行资源的维护和保养。智能化系统能够监测图书的使用状态，及时发现并记录图书的损坏情况。例如，系统可以通过图书的RFID标签实时跟踪其借阅频率和状态，并在发现图书出现磨损时，自动生成维护或修复通知。图书馆可以根据这些数据制订针对性的维护计划，如定期对高频使用的图书进行保养和修复，从而延长其使用寿命，减少因损坏而产生的更换成本。智能化系统还可以提供数据驱动的决策支持，帮助图书馆优化资源的配置和使用。图书馆能够了解哪些资源受欢迎，哪些则相对冷门。图书馆可以调整资源的分配策略，例如，将热门图书放置在更显眼的位置，或对冷门图书进行促销和推荐。这种数据驱动的优化策略不仅提升了资源的使用效率，还减少了因资源闲置造成的成本浪费。

(四) 更新与淘汰阶段的成本控制

通过综合运用信息化管理工具，图书馆能够将采购、维护、使用和报废各个环节的数据进行整合与分析，形成一个完整的生命周期成本管理体系。这种系统化管理不仅提高了成本控制的准确性，还优化了各个环节的决策，从而最大化图书馆资源的使用价值。信息化管理工具在采购阶段的应用能够显著提升决策的科学性和精准度。图书馆可以通过智能采购系统收集和分析市场数据、资源需求和预算信息，制订精准的采购计划。系统能够实时追踪市场价格变动，自动进行比价分析，帮助图书馆选择性价比最高的资源。此外，系统还可以根据历史数据和需求预测模型，建议最佳的采购时间和数量，避免因过度采购或不足采购而带来的成本浪费。在维护阶段，信息化管理工具同样发挥了重要作用。智能维护系统能够实时监控图书和其他资源的使用状态，自动记录维护和修复历史。系统会基于使用数据和维护记录，预测资源的维护需求和可能出现的问题，并生成相应的维护计划。例如，如果某些图书的借阅频率高且存在磨损迹象，系统会自动安排定期检查和修复。这种预防性维护策略可以延长资源的使用寿命，减少因资源损坏导致的高昂维修费用。此外，通过对维护数据的分析，图书馆可以优化维护预算。在资源使用阶段，信息化管理系统能够提供实时的数据反馈和分析支持。系统可以跟踪资源的借阅频率、读者反馈和使用情况，从而帮助图书馆了解哪些资源受到欢迎，哪些资源相对冷门。图书馆可以调整资源的配置和管理策略，例如，将热门资源放置在更显眼的位置，或对冷门资源进行促销和推荐。这种数据驱动的管理不仅提高了资源的利用效率，还减少了因资源闲置而造成的成本浪费。

在更新与淘汰阶段，信息化管理工具可以帮助图书馆制订科学的更新和淘汰策略。系统能够对资源的使用数据进行综合分析，识别出需要更新或淘汰的资源，并提供相应的建议。例如，系统可以自动生成关于资源淘汰的报告，包括资源的使用历史、维护记录和当前状态，帮助图书馆做出合理的淘汰决策。同时，系统还能支持资源的循环利用，如通过二手书销售或捐赠，将淘汰的资源进行再利用，进一步降低报废成本。整个生命周期管理过程中，信息化工具的系统化应用可以将各个环节的数据进行整合，形成全面的生命周期成本管理体系。系统能够自动收集和分析采购、维护、使用和淘汰各个环节的数据，提供实时的成本分析和优化建议。这种整合式的数据管理不仅提高了成本控制的准确性，还优化了资源的使用和管理效率。例如，通过整合采购、维护和使用数据，系统可以生成全面的成本报告，帮助图书馆评估每项资源的总体成本和效益。基于这些报告，图书馆可以制订更为科学的资源管理和预算计划，优化资源配置和使用策略。这种系统化的管理模式确保了图书馆在资源管理过程中能够做出更加精准的决策，从而最大化资源的使用价值，提升运营效率。

（五）系统化的生命周期管理

1. 采购阶段的系统化管理

在采购阶段，信息化管理工具能够显著提升采购决策的科学性。图书馆通过智能采购系统可以实时跟踪市场价格、供应商信息以及资源需求变化。系统能够根据历史数据和需求预测模型自动生成采购计划，优化采购数量和时机。这不仅降低了过度采购或不足采购带来的成本，还确保了采购资源的质量与价格达到最佳平衡。通过市场比价和数据分析，图书馆能够选择性价比最高的资源，并对供应商进行综合评估，选择最合适的合作伙伴。此外，系统还可以自动生成采购合同草稿，预设合同条款并根据实际需求进行调整，进一步减少合同制订中的人工错误和时间成本。

2. 维护阶段的智能化管理

通过智能维护系统，图书馆可以实时监控资源的状态，包括图书的磨损情况、设备的运行状态等。系统能够自动记录维护和修复历史，并根据使用频率和设备的实际状况预测未来的维护需求。预防性维护策略可以有效减少资源的故障率和维修成本。例如，系统可以对经常借阅的图书进行定期检查，及时发现和修复磨损问题。图书馆可以优化维护计划，避免不必要的维护开支，同时提高资源的使用效率。

3. 使用阶段的优化管理

信息化管理工具能够提供实时的数据反馈，帮助图书馆优化资源的配置和管理。智能化借阅系统可以跟踪资源的使用情况，记录借阅频率和读者反馈。系统能够根据这些数据生成详细的使用报告，帮助图书馆了解哪些资源受到欢迎，哪些资源使用频率较低。图书馆可以调整资源的摆放位置、借阅策略和推广方式。例如，将热门图书放在更显眼的位置，提高其借阅率；使用频率较低的资源，可以进行促销活动或重新评估其采购价值。通过数据驱动的管理，图书馆能够更有效地配置资源，提高整体运营效率。

4. 更新与淘汰阶段的策略

在资源的更新与淘汰阶段，信息化管理工具能够帮助图书馆制订科学的决策。例如，对于借阅频率低且维护成本高的图书，系统可以建议进行淘汰或更新。对于即将淘汰的资源，系统还可以推荐二手书销售或捐赠的途径。更新策略可以基于市场需求和读者反馈，确保图书馆的馆藏资源始终符合读者的需求，提升资源的使用价值。

二、电子资源的成本管理

（一）灵活的订阅与购买模式

1. 年度订阅模式

年度订阅模式是一种高效的电子资源采购策略，尤其适用于期刊、数据库和数字图书馆等高频使用的资源。通过采用年度订阅模式，图书馆能够实现更具成本效益的资源管理，同时确保资源的持续更新和可用性。年度订阅模式通常能提供比单次购买更具成本效益的解决方案。由于长期订阅通常包括折扣和优惠，图书馆在订阅时能够享受到更低的单位费用。这种模式适合于那些频繁使用的资源，例如学术期刊和专业数据库，这些资源的单次购买成本较高，但通过年度订阅可以显著降低总体采购成本。例如，某些数据库的年度订阅费用可能比单次购买的多个许可证费用要低得多，图书馆通过这种方式可以节省大量开支。年度订阅模式的另一个优势在于其涵盖的内容更新和增补。在订阅期内，图书馆通常可以访问到资源提供商发布的所有新内容和更新，这包括新的期刊文章、数据库条目或数字图书馆的新增资源。这样，图书馆不仅能确保获取到最新的研究成果和信息，还能在资源的持续更新中保持竞争力。例如，订阅期刊的年度版本可以自动包括新发表的所有文章，而无须额外购买每期的单独版权。

智慧采购平台能够收集和分析图书馆的使用数据，了解哪些资源的借阅频率较高，哪些资源对用户最有价值。平台可以推荐最适合的年度订阅资源，帮助图书馆制订更具针对性的采购计划。这种数据驱动的决策方式不仅能够提高资源的利用率，还能确保预算的有效分配。例如，平台可以通过分析使用数据，发现某些高频使用的期刊可以通过年度订阅来降低成本，而其他资源则可能不适合长期订阅，从而优化资源的采购策略。年度订阅模式还需要考虑预算规划和资源管理的长期可持续性。智慧采购平台能够帮助图书馆预测未来的资源需求和预算变化，制订合理的年度订阅计划。通过对历史数据的分析和趋势预测，图书馆可以更准确地规划年度预算，避免因资源采购不足或过多导致的资源浪费。例如，如果某种资源的需求在逐年增加，平台可以根据趋势提前调整订阅数量和预算，确保图书馆能够满足用户的需求，同时控制成本。

2. 按需访问模式

按需访问模式为资源采购提供了一种灵活而高效的解决方案。这种模式允许图书馆根据实际需要购买特定的电子资源访问权限，从而避免了不必要的长期订阅开支，特别适用于那些使用频率不高或仅在特定时间段需要的资源。通过有效实施按需访问模式，图书馆可以更精准地管理资源预算，同时应对资源需求的变化。按需访问模式的核心优势在于其灵活性和成本控制。图书馆可以根据实际需求来选择购买特定的电子资源访问权限,而无须承担长期订阅的费用。这种模式特别适合于那些使用频率较低的资源,如专业领域的电子书、期刊或数据库。例如,一些学术资源可能仅在特定的研究项目或短期课程中被使用。通过按需访问,图书馆可以在需要时即时获得访问权限,从而避免了对那些长期不需要资源的订阅支出。

智慧采购平台在实施按需访问模式中扮演了关键角色。平台可以实时跟踪图书馆的资源使用情况,收集和分析使用数据。这些数据包括资源的访问频率、用户的使用需求以及访问模式等。平台可以提供基于需求的推荐,帮助图书馆做出更精准的采购决策。例如,当系统检测到某一资源在特定时间段内的访问量激增时,平台可以建议图书馆购买临时访问权限,而不是长期订阅。这种数据驱动的决策方式能够有效地提高资源的利用效率。智慧采购平台还可以通过提供实时的资源需求预测和预算规划功能,进一步优化按需访问模式。平台可以分析历史数据和趋势,并帮助图书馆规划相应的预算。例如,如果平台预测某一领域的研究需求将在即将到来的学期内增加,图书馆可以提前准备按需访问的预算,以满足短期的资源需求。这种预测功能使得图书馆能够更加灵活地应对变化,并确保资源采购的合理性和经济性。在按需访问模式的实施过程中,图书馆还应建立有效采购和评估流程。通过制订明确的资源采购标准和审批流程,图书馆可以确保按需访问模式的顺利执行。例如,设定资源使用的最低需求量或评估标准,以确定是否购买临时访问权限。此外,定期评估按需访问的效果,包括资源的使用情况和成本效益,可以帮助图书馆优化采购策略,并根据实际情况调整资源购买计划。

3. 永久购买模式

虽然永久购买通常需要一次性支付较高的费用,但它能够为图书馆提供长期的使用权,避免了重复订阅的成本。智慧采购平台在这一模式下发挥着重要作用,能够提供详细的资源信息和价格比较,帮助图书馆评估长期使用的经济性和实际需求,从而优化成本管理。永久购买模式的核心优势在于提供长期的使用权。图书馆在一次性支付较高费用后,能够获得资源的永久使用权,从而避免了每年订阅的重复费用。这种模式适用于那些具有持久价值的资源,如经典的参考书籍、历史档案或重要的数据库。这些资源往往在较长时间内保持其学术或历史价值,图书馆通过永久购买可以确保其持续访问,而无须担心订阅到期后的续费问题。例如,购买一部经典的电子图书或重要的档案库,即使在多年后,这些资源仍然会对图书馆的研究和教学活动发挥重要作用。

智慧采购平台提供的详细资源信息和价格比较对于评估永久购买的经济性至关重要。平台能够汇总不同资源的购买选项、价格信息以及长期使用的相关数据，帮助图书馆进行全面的成本效益分析。例如，平台可以展示不同供应商提供的相同资源的永久购买价格，并对比这些价格与年度订阅费用的差异。通过这些信息，图书馆可以评估长期拥有该资源的总成本，并与订阅模式进行比较，确定哪种模式更具经济性。此外，平台还可以提供资源的使用寿命和更新情况的相关信息，帮助图书馆了解资源的长期价值和实际需求。在进行成本管理时，图书馆还需考虑资源的实际使用情况和预算。智慧采购平台能够分析图书馆的历史借阅数据和使用频率，预测未来对特定资源的需求。这些数据可以帮助图书馆确定是否值得进行永久购买。例如，如果某些经典参考书籍或历史档案的使用频率非常高，且预计这种使用趋势会持续，永久购买可能是一个更具成本效益的选择。相反，如果资源的使用频率较低或仅在特定项目中需要，则可能会选择其他采购模式。图书馆还应考虑永久购买的财务影响。虽然一次性支付的费用较高，但从长远来看，可以避免重复支付订阅费用。智慧采购平台可以帮助图书馆进行预算规划和财务分析，确保资源采购与长期战略相一致。例如，平台可以提供财务模拟工具，帮助图书馆计算不同采购模式下的总成本，并进行预算调整。这种财务分析能够帮助图书馆做出明智的决策，确保资源采购在经济上的可持续性。

4. 灵活的采购模式整合

智慧采购平台通过整合不同的采购模式和利用数据分析，帮助图书馆根据具体的需求和预算选择最合适的采购方式。智慧采购平台的灵活性体现在它能够整合各种采购模式，包括年度订阅、按需访问和永久购买等。这种整合使得图书馆能够根据不同资源的特点和使用需求选择最佳的采购方式。例如，对于那些高频使用且需要长期稳定访问的资源，如主要期刊或重要数据库，图书馆可以选择年度订阅模式。年度订阅通常提供更具成本效益的解决方案，能够以较低的单位费用获取资源的全部内容并保持持续更新。而对于使用频率较低或仅在特定时间段需要的资源，如专业领域的电子书或短期课程相关资料，按需访问模式则更为合适。按需访问允许图书馆根据实际需求购买资源访问权限，避免了长期订阅的开支，并提供了灵活的访问选项。

智慧采购平台通过数据分析来帮助图书馆识别不同资源的使用模式和成本效益。平台可以收集和分析图书馆的借阅数据、资源访问记录和用户反馈，评估各类资源的实际使用情况和预算需求。例如，平台可以通过分析某一数据库或期刊的使用频率，确定其是否适合年度订阅，还是更适合按需访问。基于这些分析，平台能够提供针对性推荐，帮助图书馆做出更具经济性的采购决策。通过这种数据驱动的分析，图书馆可以避免资源浪费，并优化预算分配。智慧采购平台还提供了多种购买选项的对比分析，进一步增强了采购决策的灵活性和准确性。平台可以展示不同采购模式的详细信息，包括每种模式的成本、使用权利、更新情况和限制条款。例如，平台可以对比年度订阅、按需访问和永久购买的费用、优势和适用场景，帮助图书馆在不同选项中做出最佳选择。通过这种对比分析，图书馆可以评估各类采购模式的经济性和实际需求，确保选择最具成本效益的方案。在灵活采购模式的整合过程中，图书馆还应考虑资源的长期战略和使用规划。智慧采购平台可以提供预算预测和资源需求规划工具，帮助图书馆制订长期采购计划并进行预算控制。例如，平台可以预测未来资源的需求变化，提供预算建议，并帮助图书馆规划年度采购预算。通过这些功能，图书馆能够更好地应对未来的需求变化，优化资源采购策略。

（二）长期成本预测与预算规划

通过整合大数据分析、人工智能和机器学习技术，这些平台能够为图书馆提供更加全面和精准的成本管理支持。智慧采购平台可以基于图书馆的历史数据和资源使用趋势，进行详细的成本分析。平台能够追踪过去几年中各类资源（如电子书、期刊、数据库等）的采购费用及其使用频率，识别出使用率较高和较低的资源类型。平台可以帮助图书馆了解资源的实际使用效益，避免无效或重复采购。平台还能够监测市场价格的波动情况，通过与供应商的实时数据对接，平台可以及时了解资源价格的变化趋势。这种实时数据的分析使得图书馆能够在采购决策中更加敏锐地应对价格变化，从而在适当的时间以更优的价格进行采购。

在长期成本预测方面，智慧采购平台能够利用大数据算法，对未来几年内的资源需求和市场价格走势进行预测。这一功能对于公共图书馆来说尤为重要，因为图书馆的预算通常受到政府拨款的限制，无法随意增加。通过精准的成本预测，图书馆可以提前规划资金分配，确保每一笔资金都能得到最有效的使用。在预算规划中，智慧采购平台可以帮助图书馆实现预算的动态调整。图书馆可能会面临新的需求或突发的市场变化，而智慧采购平台能够根据最新的数据，实时调整预算建议，确保图书馆能够灵活应对各种变化，避免预算超支或资金浪费。成本预测与预算规划功能还可以促进图书馆的可持续发展。通过长期的成本监控和预算优化，图书馆能够更好地管理其财务资源，在有限的资金下最大化资源获取，从而为公众提供更加丰富和高质量的服务。

（三）数字版权管理与合规成本的管理

数字版权管理（DRM）与合规成本的管理成为确保电子资源采购和使用合规性的重要一环。这不仅是为了遵守法律法规，更是为了维护图书馆的声誉和避免潜在的法律风险。在此背景下，智慧采购平台通过其先进的技术手段，有效地帮助图书馆在数字版权管理和合规成本方面实现优化和提升。在电子资源的采购阶段，智慧采购平台可以通过内置的版权管理工具，帮助图书馆评估和选择符合版权要求的资源。平台能够自动识别和筛选出符合当地法律法规和国际版权条约的资源，确保图书馆在采购过程中不会因版权问题而陷入法律纠纷。这不仅降低了图书馆在版权审核过程中的复杂性，也减少了因不合规资源带来的潜在额外费用和法律风险。数字版权管理还涉及对已经采购资源的使用和分发的合规性管理。智慧采购平台通过自动化的版权许可和使用限制管理功能，帮助图书馆有效控制资源的使用方式和范围。例如，平台可以根据版权协议的具体条款，自动设置资源的访问权限、下载次数、借阅时限等限制，确保资源使用的每一个环节都符合法律和版权协议的要求。这种自动化的管理不仅减少了人工介入的需求，也极大降低了人为错误的风险，从而避免了因不当使用资源而产生的罚款或诉讼。

在降低合规成本方面，智慧采购平台的贡献不可忽视。传统的版权管理往往需要图书馆人员手动处理许可协议、审核使用情况和应对突发的版权纠纷，这不仅增加了工作量，还容易因操作不当而导致额外的法律费用。智慧采购平台则通过一系列自动化功能，将这些烦琐的管理任务简化为后台操作，大幅减少了人工管理的成本。同时，平台还能定期更新版权信息，提醒图书馆及时续订或调整许可协议，确保资源的持续合规使用。除此之外，智慧采购平台还可以提供详细的合规成本报告和分析。这些报告能够帮助图书馆全面了解因版权管理和合规性所产生的成本，包括许可费用、合规管理费用等，从而为未来的预算规划提供数据支持。通过对这些成本的细致分析，图书馆可以更精准地分配资金，确保资源采购和使用的每一环节都处于法律和财务的最佳状态。

三、采购流程自动化

（一）需求提出与自动化审批

通过引入自动化采购系统，图书馆能够简化并加速资源采购的整个流程，从而有效降低运营成本、提高资源配置效率，并减少因人为错误或延误而产生的额外费用。

智慧采购系统使得图书馆员工可以更加便捷地提出资源采购需求。传统的采购需求提出往往依赖于繁琐的纸质流程或手动填写电子表格，不仅耗时，还容易因为信息传递不及时而导致流程滞后。自动化采购系统则通过数字化平台，让图书馆员工能够直接在系统中输入需求，快速提交采购申请。这种方式不仅简化了操作流程，还确保了采购需求的清晰、完整和及时传达。在需求提交后，自动化采购系统能够立即将需求信息分发至相关审批部门。系统内置的流程管理工具能够根据图书馆的内部管理规定和审批权限，自动将采购申请分配给正确的审核人员或部门。这一过程不再需要人工干预，避免了因信息传递错误或人为延误而可能产生的审批滞后问题。审批流程的自动化显著提高了审批效率和准确性。在传统的审批流程中，往往涉及多层级的手动审核，每一个环节都可能成为流程瓶颈，导致采购周期延长。而在智慧采购系统中，审批流程通过自动化技术进行优化，系统能够根据预设的审批规则和条件，自动审核采购需求。对于常规的、小额的或标准化的采购，系统可以在短时间内完成审批，并自动生成采购订单；而对于复杂或特殊的采购需求，系统会自动提醒相关负责人进行进一步审核，确保每一项审批都是准确无误的。自动化审批不仅提高了流程速度，还极大减少了人工操作的错误概率。在手动审批过程中，容易出现因信息疏漏、操作失误或不一致性而导致的审批错误，这些错误可能会引发采购延误或资源浪费。而自动化系统则通过标准化和流程化的操作，严格按照预定的规则和条件执行审批，降低了人为因素的影响，从而保证了审批过程的准确性和一致性。

    自动化审批系统在减少审批时间的同时，也为图书馆的成本管理提供了直接的帮助。由于流程的加速和优化，图书馆可以更及时地完成采购，从而避免因市场价格波动而产生的额外成本。快速的审批流程还可以提高资源获取的效率，使图书馆能够更灵活地应对读者的需求变化，从而在竞争激烈的数字资源市场中占据优势。自动化采购系统还能够提供详细的流程追踪和记录功能，每一个需求提出和审批的步骤都会被系统记录在案，形成完整的审计链条。这种透明化的管理方式不仅有助于图书馆内部的监督和审查，还为日后的成本分析和管理优化提供了重要的数据支持。通过对流程数据的分析，图书馆可以进一步优化采购策略，发现和解决流程中的瓶颈问题，从而持续降低采购成本和提升效率。

（二）供应商选择与报价自动化

    通过智能化技术的应用，智慧采购系统能够有效整合供应商信息和市场数据，实现供应商选择和报价过程的全面自动化，从而帮助图书馆在资源采购中实现更高的透明度、公平性以及成本效益。智慧采购系统能够集成大量的供应商信息，并对这些信息进行系统化管理。这些信息不仅包括供应商的基本数据，如公司规模、经营历史、信誉评级等，还涵盖供应商的产品类别、以往的合作记录、交付速度和服务质量等详细内容。通过对这些数据的深度整合与分析，系统可以自动生成一个供应商数据库，为每一次采购需求提供精准的供应商筛选依据。图书馆只需在系统中输入具体的采购需求，智慧采购系统即可根据设定的标准和需求，自动筛选出最符合要求的供应商。例如，系统可以根据价格、产品质量、交付时间、地理位置等多种标准，自动匹配符合条件的供应商，从而大大减少了人工筛选的工作量和时间成本。同时，系统还可以根据历史数据和市场趋势，对供应商的报价合理性进行初步评估，进一步优化选择过程。在报价环节，智慧采购系统通过自动化的方式收集和比较来自不同供应商的报价。收集和比较报价往往需要耗费大量的人力资源，涉及反复的邮件沟通、电话联络和价格谈判。而智慧采购系统能够通过直接与供应商的系统接口对接，自动发送采购询价单，并实时收集各供应商的报价信息。系统还可以根据图书馆设定的优先级（如最低价格、最优质量、最短交付时间等）自动对报价进行排序和筛选，确保图书馆能够以最优价格获取所需资源。

  这种报价自动化不仅提高了采购流程的效率，还增强了供应商选择的透明度和公平性。在智慧采购系统的支持下，所有供应商的报价和条件都被记录并存储在系统中，形成了一个公开、可审查的报价数据库。任何涉及的人员都可以在系统中查看和追溯每一次报价的具体细节，从而避免了因信息不对称或人为偏见导致的不公平竞争。此外，图书馆管理层也可以通过系统监控整个供应商选择和报价流程，确保采购过程符合内部政策和外部法规要求，进一步降低法律和运营风险。通过供应商选择与报价过程的自动化，图书馆不仅能够获得最佳的采购价格，还能够在整个采购过程中更有效地控制成本。这种成本管理优化体现在多个方面：通过自动化筛选和比较，减少了人工工作量和时间消耗，从而降低了运营成本。系统自动选择最具性价比的供应商和报价，确保图书馆以最经济的方式进行资源采购，避免了过高的采购支出。最后，系统提供的透明化和标准化流程，有助于图书馆在与供应商的谈判中处于更加有利的位置，从而进一步压缩采购成本。智慧采购系统的引入还为图书馆的长期成本管理提供了有力支持。通过对历史采购数据的积累和分析，系统可以识别出长期合作中表现最优的供应商，并优先考虑这些供应商以形成长期稳定的合作关系。这不仅有助于稳定资源供应，还可能通过长期合作获得更优惠的价格和更高的服务质量，从而进一步降低长期成本。

（三）订单生成与处理自动化

在采购需求通过审批后，自动化系统能够立即根据审批的结果自动生成采购订单。自动化系统通过与审批流程的无缝对接，能够自动从审批通过的需求中提取准确的订单信息，并立即生成标准化的采购订单。这样一来，图书馆员工无须重复输入订单数据，减少了由于人工疏忽或重复操作造成的错误，确保订单信息的准确性和完整性。系统能够自动将订单发送给相关供应商。这一过程完全自动化，确保订单能够在最短时间内传达到供应商手中。对于图书馆而言，这意味着采购流程中的等待时间缩短，资源能够更快地被获取，从而更好地满足读者和图书馆用户的需求。同时，自动化系统通过电子通信手段发送订单，可以即时收到供应商的确认回复，进一步加快了订单的处理速度，自动化订单处理不仅提高了效率，还在成本管理方面发挥了重要作用。减少了手动操作的参与，意味着图书馆可以节省大量的人力成本。图书馆员工无须耗费大量时间在繁琐的订单生成和处理上，可以将更多精力投入其他核心工作中，如资源管理、用户服务和策划活动等。这种资源的合理配置不仅提高了工作效率，还降低了运营成本，确保图书馆能够在有限的预算内实现更大的效益。

自动化系统能够对订单的整个生命周期进行实时跟踪和管理。系统会自动记录订单的各个状态，包括生成、发送、供应商确认、发货、收货等，并在每个关键节点上更新进度信息。这种自动跟踪机制使得图书馆能够随时掌握订单的进展情况，避免因信息不透明或沟通不畅而导致的延误或错误。例如，如果某个订单在发货过程中出现延迟，系统会立即发出提醒通知，图书馆可以及时联系供应商解决问题，确保采购计划不会受到影响。实时跟踪还为图书馆的成本管理提供了宝贵的数据支持。通过系统生成的订单历史记录，图书馆管理层可以分析采购流程中的各项数据，识别出可能的瓶颈和效率低下的环节，从而采取相应的改进措施。例如，如果某一供应商的订单处理时间经常超过预期，图书馆可以考虑更换供应商或调整采购策略，以确保采购的高效性和成本效益。自动化系统还能生成详细的订单报告和财务记录，为图书馆的预算规划和成本控制提供参考。系统会自动汇总所有订单的金额、数量、供应商信息等关键数据，形成清晰的财务报表，方便图书馆进行成本核算和预算编制。

（四）入库与验收自动化

由于电子资源如电子书籍、在线期刊和数据库的特殊性，其入库和验收过程涉及对数字内容质量和完整性的严格检查。自动化系统通过集成验收标准和自动检测工具，能够迅速且准确地完成这些任务，优化了资源管理流程，减少了人工操作的工作量。自动化系统可以通过与图书馆现有的资源管理系统进行无缝集成，自动处理电子资源的入库过程。当新采购的电子资源如电子书籍上传至系统时，自动化系统会根据预设的验收标准进行初步验证。这些标准可能包括文件的完整性检查、格式一致性验证、元数据的准确性审核等。例如，系统可以自动验证电子书籍的文件是否完整，是否存在丢失的章节或损坏的页面，同时检查文件格式是否符合要求，如 PDF、EPUB 或 MOBI 格式。这种自动化检测不仅提高了入库速度，也减少了因文件错误或格式问题而引起的资源浪费。

在电子资源的验收过程中，自动化系统能够快速生成详尽的验收报告。系统通过对电子资源的全面检查，能够自动生成包括资源完整性、可访问性、功能性等方面的验收报告。这些报告不仅记录了资源的验收状态，还标记出任何发现的问题，如文件无法打开或链接失效等。这种报告可以实时传递给相关的图书馆工作人员，帮助他们迅速做出处理决策。例如，如果系统检测到某个电子书籍的章节内容缺失，它会自动生成警报并推荐进一步的处理措施，如重新下载或联系供应商解决问题。自动化入库和验收还可以减少人工干预的工作量，从而降低操作错误的风险。传统的手动验收过程通常涉及大量的人工检查和数据输入，容易受到人为疏忽和错误的影响。而自动化系统通过预设的算法和标准，能够进行高效、准确检查。此外，系统还可以在验收过程中自动记录操作日志和历史数据，方便后续的审计和问题追踪。在公共图书馆的成本管理方面，自动化入库和验收系统带来了显著的经济效益。自动化处理减少了人工验收的需求，从而降低了人力资源成本。自动化系统提高了资源管理的效率和准确性，减少了因验收错误导致的资源退换和重复采购，从而降低了采购成本。通过及时发现和解决问题，自动化系统减少了因资源质量问题而导致的用户投诉和服务中断，从而提升了图书馆的服务质量和用户满意度。

（五）支付与财务结算自动化

通过将自动化技术引入支付和财务结算的过程，图书馆能够有效地提升运营效率、降低错误率，并减轻财务部门的负担。这种自动化处理方式不仅优化了财务操作流程，还帮助图书馆更好地管理和控制成本。智慧采购系统能够根据采购订单信息自动生成付款请求。当图书馆采购了书籍、期刊或其他资料时，系统会根据采购订单的具体细节，如供应商信息、付款金额和支付条件，自动创建付款请求。这一过程减少了手动输入数据的需要，从而降低了因人工操作而产生的错误和遗漏。系统可以通过与财务系统的无缝集成，将付款请求直接传递给财务部门，实现自动化处理和审批。这样一来，支付请求的处理时间缩短，财务部门也能更迅速地完成财务记录。

自动化支付和结算功能显著提高了财务操作的准确性和效率。通过自动对账和财务记录更新，系统可以实时跟踪支付状态，并自动更新账务信息。这种实时性和准确性不仅提升了财务操作的效率，还减少了因账务错误而引发的财务风险。例如，当系统发现支付请求与实际账务记录不匹配时，会自动生成警报，提醒财务人员进行核查和修正，从而有效防止了财务数据的不一致性。智慧采购系统还帮助图书馆降低了财务风险。自动化支付流程减少了人为干预的需求，从而降低了财务欺诈和误操作的风险。系统可以设置严格的审批流程和权限控制，确保只有经过授权的人员才能进行支付操作。这种严格的控制机制在一定程度上保护了公共资金的安全，同时也提升了财务管理的透明度。智慧采购系统的自动化支付与结算功能极大地优化了资源的配置和使用效率。通过精准的财务数据分析，图书馆能够更好地进行预算编制和支出控制，从而有效降低了运营成本。系统可以生成详细的财务报告，帮助管理层实时监控支出情况，发现并纠正成本控制中的问题。此外，通过分析采购数据，图书馆可以优化采购策略，进一步提升资金使用效率。

（六）流程优化与智能建议

流程优化与智能建议功能的引入提升了采购效率和成本管理水平。这些功能不仅依赖于自动化流程和数据分析，还利用先进的智能技术为图书馆的采购决策提供了宝贵的支持和优化方案。智慧采购系统通过分析历史数据，为图书馆提供了智能建议。这些建议涵盖了最佳采购时间、最优供应商选择以及采购模式的优化。例如，系统可以根据过去的采购记录、市场价格趋势和供应商表现，推荐在某些时间点进行采购，以获得更具成本效益的价格图书馆可以避免在价格高峰期进行采购，从而节省成本。同时，系统能够分析供应商的交货时间、质量控制和服务水平等因素，帮助图书馆选择最佳的供应商，确保采购的高质量和及时性。

智慧采购系统还能够根据数据分析结果推荐最适合的采购模式。例如，对于重复性高的采购项目，系统可以建议采用长期合同或集中采购的方式，以获得更优的价格和条件。对于需求不确定或变化较大的项目，系统则可能建议使用灵活的采购方式，如按需采购或定制化采购。这种智能化的采购模式推荐可以有效降低采购成本，同时提高采购灵活性和响应速度。智慧采购系统能够识别和预防潜在的采购问题或风险。通过实时监控和数据分析，系统可以及时发现异常采购行为、价格波动或供应链问题。

例如，系统可以检测到供应商交货延迟的趋势，提前警示采购人员，并建议采取补救措施，如寻找备用供应商或调整采购计划。这种预警机制可以帮助图书馆避免因供应链问题导致的采购延误或成本增加，从而保障正常运营和服务质量。

第二节 成本控制的策略与方法

一、公共图书馆智慧采购中成本控制的策略

（一）建立明确的采购政策和标准

建立标准化的采购流程和操作规范不仅可以提高采购效率，还能有效减少变异和错误，确保采购活动符合既定标准。标准化的采购流程应包括从需求识别到最终采购完成的每一个步骤。需求识别阶段，图书馆需明确具体的采购需求，例如新书采购、设备更新或其他资源的补充。为了减少主观判断和个别差异，需求识别应基于数据分析和用户反馈，确保所采购的资源符合馆藏建设规划和读者需求。标准化的需求识别流程可以包括定期的需求调查、用户使用数据的分析以及与相关部门的沟通。

在需求确认之后，图书馆需进行供应商的评估和选择。这一阶段的标准化包括制订供应商评估标准，如信誉、服务质量、价格合理性及交货周期等。通过制订明确的评估标准，可以确保选出的供应商符合图书馆的需求，并且降低采购风险。标准化的供应商选择流程应包括公开招标或比价采购，以保证透明度和公正性。采购审批是标准化流程中的关键环节。所有采购活动需经过设定的审批流程，例如采购计划的审核、预算的批准等。标准化的审批流程能够有效避免未经授权的采购行为，同时确保预算的合理使用。此外，审批流程中应包含对合同条款的审查，确保合同内容符合图书馆的实际需求和法律规定。在实际采购执行阶段，图书馆应严格按照标准化操作规范进行操作。这包括采购订单的发放、验收标准的制订、供应商交货的跟踪及货物验收。标准化的操作规范确保每一笔采购都经过严格的质量控制和验收程序，从而减少了因操作不当引发的错误或损失。

（二）合规性控制

1. 法规遵守

法规遵守不仅有助于避免法律风险，还能提高采购过程的透明度和公正性。为了确保采购过程的合规性，公共图书馆应采取一系列策略和措施，以遵守相关的法律法规，如招标规定、合同法和采购政策等。公共图书馆应建立完善的法规遵守体系。这些法规规定了采购的基本原则和程序，如公开、公平、公正和诚实信用原则。因此，图书馆应定期对相关法规进行培训，确保所有参与采购的工作人员熟悉和理解法规要求，以便在实际操作中予以遵循。图书馆在采购过程中应严格按照招标规定执行。这意味着所有大宗采购或特定的采购项目应通过公开招标或邀请招标的方式进行。在招标过程中，图书馆应确保招标公告的发布符合规定的时限和程序，招标文件的内容清晰且完整，以便所有潜在供应商能够公平地参与投标。此外，图书馆应设置专门的评标委员会，按照预定的评标标准进行公正、客观评审，避免任何形式的舞弊行为。

合同法是另一项关键法规，图书馆在签订合同之前，必须确保合同条款合法、公正且具备明确性。合同应详细列明采购的货物或服务的规格、价格、交货期、违约责任等条款，以保护图书馆的合法权益。在合同履行过程中，图书馆应监控合同的执行情况，确保供应商按合同约定履行义务，并及时处理任何违约情况。合同管理部门应定期检查合同的履行情况，并及时调整或修订合同条款，以应对可能出现的变化和风险。图书馆在采购过程中还应遵循内部采购政策和程序。这些政策和程序应包括采购需求的明确、采购计划的制订、供应商的选择、采购合同的签署以及采购过程的监督和审计等。通过内部控制机制，图书馆可以确保采购活动符合相关法规要求，并有效防范法律风险。智慧采购的实施还应结合现代科技手段，如电子招标、在线采购管理系统等。这些技术手段能够提高采购过程的效率和透明度，减少人为干预和错误，提高法规遵守的精确性。同时，图书馆应建立有效的监督机制，定期对采购活动进行审计和评估，确保其合规性和透明度，并根据审计结果及时调整采购策略和流程。

2. 内部审计

内部审计不仅帮助图书馆识别和解决潜在问题，还能持续改进采购管理流程，提高效率和透明度。为确保内部审计的有效性，图书馆应实施一系列控制策略，以保障审计的全面性和准确性。图书馆应制订详细的内部审计计划和程序。这些计划和程序应明确审计的目标、范围和方法，并按照既定的时间表进行定期审计。审计计划应包括对采购流程的全面审查,如需求确认、招标和采购决策、合同签署和履行等方面。同时,审计还应关注合同的执行情况,确保供应商按照合同条款提供服务或交付货物。在制订审计计划时,图书馆应充分考虑各种风险因素,如法律法规的变化、内部控制的漏洞以及市场环境的变化等。图书馆应设立专业的审计团队。审计团队应由具备相关专业知识和经验的人员组成,他们应熟悉国家和地方的法规要求以及图书馆的内部控制制度。审计团队的成员应具备良好的分析能力和判断力,能够独立、公正地开展审计工作。团队应定期接受培训,了解最新的审计标准和技术,确保审计工作符合行业最佳实践。

  内部审计的过程中,图书馆应采用多种审计方法,如文档审查、实地检查和数据分析等。文档审查包括对采购合同、招标文件、采购记录等相关文件的审查,以确保其合法性和合规性。实地检查则涉及对采购现场的实地考察,如检查货物的交付情况和服务的实际质量。数据分析则可以通过对采购数据进行统计和分析,识别异常和趋势,帮助发现潜在的问题和改进点。图书馆应建立有效的审计报告机制。审计团队在完成审计后,应撰写详细的审计报告,报告应包括审计发现、问题分析、改进建议和实施计划。报告应提交给图书馆的管理层,并根据审计结果制订相应的整改措施。管理层应对审计报告进行审议,并监督整改措施的实施情况。通过透明的报告和反馈机制,图书馆可以确保审计发现的问题得到及时解决,并持续改进采购管理流程。内部审计还应与图书馆的内部控制系统紧密结合。审计过程中发现的任何问题或不足,应反馈给内部控制部门,以便进行系统性的改进和优化。通过不断完善内部控制系统,图书馆能够提高采购流程的规范性和效率,减少合规风险。

二、公共图书馆智慧采购中成本控制的方法

(一)预算规划与分配

  合理的预算规划和分配不仅能优化资源配置,还能增强采购活动的透明度和效果。图书馆应在年度或季度开始前制订详细的采购预算。这一预算应基于对图书馆实际需求的全面评估,包括书籍、期刊、电子资源、设备和服务等方面。预算规划的初步步骤包括分析历史采购数据、了解当前资源使用情况、预测未来需求以及考虑可能的市场价格变化。通过数据驱动的分析,图书馆可以制订一个更为准确和可行的预算方案。图书馆应进行分项预算,确保资金合理分配到不同的资源类型和项目中。在预算制订过程中,图书馆应根据资源的优先级和使用频率对资金进行分类和分配。例如,图书馆可以根据书籍的采购需求、电子资源的订购、设备的更新换代以及服务的外包等方

面进行详细预算。这样做能够确保每一项资源都有充足的资金支持,同时避免某一领域的资金不足影响整体采购计划的执行。为了确保预算分配的合理性,图书馆应建立预算审批和监控机制。预算编制完成后,应提交给相关部门或管理层进行审批,确保预算的合规性和合理性。预算审批通过后,图书馆还应设置预算监控机制,对实际支出进行实时跟踪和对比。通过对预算执行情况的定期审查,可以发现并纠正预算偏差,防止资金的浪费和不当使用。

图书馆应建立预算调整机制,以应对实际采购过程中可能出现的变化和挑战。在执行过程中,可能会遇到价格波动、需求变化或突发事件等情况。因此,图书馆应预留一定的灵活资金,并在必要时对预算进行调整。调整机制应包括审批流程、调整理由说明以及对调整结果的跟踪和评估等环节,以确保调整的合理性和透明度。预算规划与分配还应考虑采购策略的变化和优化。例如,图书馆可以通过集中采购、长期合同或合作采购等方式来实现成本节约和资源优化。这些策略能够提高采购效率,减少采购成本,并在预算有限的情况下最大化资源的使用效益。图书馆应定期进行预算绩效评估。预算绩效评估包括对预算执行情况的分析和评估,以判断预算分配的效果和效率。通过评估,图书馆可以总结经验教训,为未来的预算规划提供参考。评估结果应反馈给相关部门,并用于改进预算编制和分配方法,以不断提升预算管理水平。

(二)实时预算监控

实时预算监控是一项关键的控制措施,它有助于确保采购支出的合规性,并防止预算超支。通过先进的智慧采购系统实现实时预算监控,图书馆能够在预算执行过程中及时发现问题并进行纠正,从而提高财务管理的透明度和效率。图书馆应部署一套综合的智慧采购系统,该系统能够提供实时的预算监控功能。这些系统通常具备数据集成、自动化报表和实时警报等功能,能够跟踪采购支出的每一个环节。系统应能够将采购订单、发票和支出记录实时同步到预算管理模块,并与预算进行动态对比。通过系统的自动化处理和实时更新,图书馆可以实时了解预算执行情况,并及时发现任何超支或预算偏差。为了确保实时预算监控的有效性,图书馆应建立预算控制的预警机制。智慧采购系统应能够设置预算警报阈值。这种预警机制可以让财务部门和采购管理人员及时注意到潜在的超支问题,从而采取必要的措施进行纠正。例如,当某一类别的采购支出超出预算时,系统可以自动生成报告,并通知相关人员进行审核和调整。图书馆应定期进行预算与实际支出的对比分析。智慧采购系统应提供详细的预算执行报告,包括预算编制、实际支出、预算差异和超支情况等信息。图书馆可以识别出预算执行中的异常情况，如某一项目的支出过高或某一预算项目的使用不足。这种对比分析有助于发现问题的根源，并进行相应的调整和优化。

为了提高预算监控的准确性，图书馆还应确保数据的完整性和准确性。智慧采购系统中的数据应来自可靠的采购记录和财务数据源，并经过严格的验证和审计。定期对系统中的数据进行清理和更新，以避免数据错误和冗余信息对预算监控的影响。确保系统数据的准确性能够提高预算监控的效果，减少因数据问题导致的预算超支风险。图书馆应培训相关人员，确保他们熟悉智慧采购系统的使用方法和预算监控流程。培训内容应包括系统的操作流程、预算监控功能的使用以及异常情况的处理方法。通过提升人员的操作能力和财务管理水平，图书馆可以更有效地利用智慧采购系统进行预算监控和管理。图书馆应建立定期审查和调整的机制。即使在实时预算监控下，也可能会遇到预算执行中的一些变化和问题。因此，图书馆应定期对预算监控结果进行审查，并根据实际情况进行调整和优化。例如，根据年度预算执行情况的评估，可能需要对预算分配进行调整，或对采购策略进行改进。

第三节　成本效益分析与优化

一、公共图书馆智慧采购中的成本效益分析

（一）采购方案设计

图书馆应从多个维度对不同供应商的方案进行详细比较。价格是一个重要的因素，但并不是唯一的考量标准。图书馆应对供应商提供的价格进行逐项分析，比较不同供应商的报价是否具有竞争力，并结合预算进行评估。然而，价格低并不一定意味着最佳选择，必须结合其他因素进行综合评估。质量是另一个关键因素。图书馆应对供应商的产品或服务质量进行详细考察，包括产品的技术规格、耐用性、性能稳定性以及符合的标准和认证等。高质量的产品虽然可能价格较高，但可以减少维护和更换频率，从长远来看可能更具成本效益。图书馆可以要求供应商提供产品样本或进行现场测试，以实际体验产品的性能和质量。服务水平也是采购决策中必须考虑的因素。供应商的服务质量包括售前咨询、售后服务、技术支持和客户服务等。优质的服务可以提高采

购过程的顺利程度，减少使用中的问题。图书馆应对供应商的服务承诺进行评估，了解其服务响应时间、解决问题的能力以及服务团队的专业水平。通过与供应商沟通，获取客户评价和参考案例，可以更全面地了解其服务质量。

维护支持是长期成本效益分析的重要组成部分。图书馆应了解供应商的维护和保修政策，包括保修期、维护费用、备件供应以及技术支持等。供应商提供的维护服务应包括定期检查、故障排除和必要的修理或更换服务。一个良好的维护计划可以减少设备故障带来的停用时间，提高使用效率，并降低长期运营成本。除了上述因素，图书馆还应考虑供应商的信誉和市场声誉。信誉良好的供应商通常有着更高的可靠性和稳定性，能够提供更高质量的产品和服务。通过查阅供应商的历史记录、客户评价和行业认可，可以帮助图书馆做出更明智的选择。图书馆应进行成本效益分析，将所有因素综合考虑。成本效益分析不仅包括初期采购成本，还应考虑长期运营成本和维护费用。通过对不同供应商的综合评估，图书馆可以识别出最佳的性价比方案，从而在预算范围内实现最优的资源配置和最大化的投资回报。

（二）比较与选择

1. 市场调研

通过对不同供应商和产品进行深入对比，企业能够更好地掌握市场行情，做出更具战略性和经济性的采购决策。在这个过程中，价格、性能和服务是关键的考量因素，而公共图书馆的智慧采购则提供了一个实际的例证，以帮助我们更好地理解如何进行成本效益分析。价格是市场调研中的核心要素之一。企业在比较不同供应商时，需要对产品的定价策略进行详细分析。价格不仅仅是一个数字，还反映了供应商的定价模型、市场定位以及产品的价值。通过收集不同供应商的报价，企业可以了解市场的价格区间，从而识别是否存在过高或过低的定价。这个过程还涉及对折扣、付款条件和长期合同的评估，以确保企业在预算内获得最具性价比的选择。产品性能的对比也是市场调研的重要组成部分。产品性能包括技术规格、功能、耐用性和质量等方面。企业需要根据自身的需求，评估每个产品的实际表现。例如，在采购办公设备时，性能对比可能涉及设备的处理速度、存储容量和能效等。因此，图书馆会对产品进行详细的技术评估，以确保所采购的设备能够稳定高效地运作。

服务的质量也是不可忽视的因素。服务包括售前咨询、售后支持、维修服务以及供应商的响应速度等。在对比不同供应商时，企业应关注供应商提供的服务内容及其质量。良好的服务能够减少运营中的潜在风险，提高整体的采购满意度。以公共图书馆的智慧采购为例，其在进行成本效益分析时，不仅考虑了价格，还综合评估了供应商的服务质量和产品性能。通过对不同供应商的报价进行详细比对，图书馆能够发现最符合预算的选项。此外，图书馆还会对产品的实际性能进行测试，以确保其能够满足图书馆日常业务的需求。服务质量方面，图书馆会考虑供应商的响应时间和支持水平，确保在设备出现问题时能够得到及时帮助。

2. 竞争招标

竞争招标是一种常用的采购方式，旨在通过公开招标或询价的方式，确保企业或机构能够获得最优价格和服务条件。其核心在于通过透明、公正的竞争过程，使得不同供应商能够提供报价和服务，从而帮助采购方选择性价比最高的方案。公共图书馆的智慧采购是这一过程的一个典型应用案例，展示了如何通过竞争招标实现成本效益最大化。公开招标是竞争招标的主要形式之一。通过公开招标，采购方将招标信息向市场广泛发布，允许所有符合条件的供应商参与投标。这种方法确保了市场的透明度和公平性，避免了潜在的价格操控或不正当交易。采购方可以根据供应商提交的投标文件进行评估，比较不同方案的价格、技术规格和服务条件。公开招标常用于采购大型图书馆管理系统、图书馆设备及其他服务。图书馆通过公开招标，可以获得多个供应商的竞标，确保了采购过程的公平性和透明性，并最终选择出最符合需求和预算的供应商。

询价也是竞争招标的一种有效形式。与公开招标不同，询价通常针对特定的供应商或服务提供者进行。这种方法更适用于采购规模较小或技术要求较低的项目。采购方通过向多个供应商发出询价请求，收集他们的报价和服务方案，然后进行比较和选择。公共图书馆在采购日常办公用品、图书封装服务等方面，常采用询价方式。这种方法能够快速获取市场报价，并通过对比选择最具性价比的供应商。竞争招标不仅仅是关于价格的比较，更重要的是综合考虑服务条件和长期效益。图书馆在进行成本效益分析时，会考虑供应商的服务质量、技术支持、响应时间等因素。比如，采购新的图书馆管理系统时，图书馆会评估供应商的技术能力、系统的兼容性以及未来的维护和升级服务。通过竞争招标，图书馆能够获得详细的报价和服务方案，并选择最能满足其需求的供应商。这种方法帮助图书馆在控制预算的同时，确保了采购的高效性和系统的长期稳定性。

二、公共图书馆智慧采购中的成本效益优化

(一)创新采购策略

1. 联合采购

联合采购是一种有效的采购策略,通过与其他图书馆或机构合作,增加采购量,从而获取批量折扣和更优的采购条件。这种方法在公共图书馆的智慧采购中尤为重要,因为它不仅能显著降低成本,还能优化采购效益,提高资源使用效率。联合采购的基本理念是通过多个机构的集中采购,扩大采购规模,获得供应商的批量折扣。在公共图书馆的实践中,联合采购通常涉及多个图书馆或相关机构共同采购图书、设备或服务。通过集中采购,参与机构能够共同商讨采购需求,制订统一的技术规范和标准,从而提高采购效率和谈判能力。例如,若多个图书馆共同采购图书馆管理系统,他们可以联合提出需求,向供应商询价,并共同讨论合同条款。这种合作不仅提高了采购量,也增强了与供应商谈判的筹码,促使供应商提供更具竞争力的价格和优惠条件。

联合采购可以有效优化采购成本和资源利用。在传统的单独采购中,各个图书馆或机构往往需要分别承担采购成本,包括物流费用、运维费用等。而通过联合采购,这些费用可以被摊薄或节省。例如,在采购图书馆设备时,联合采购的图书馆可以共享运输费用和安装服务费用,降低整体开支。此外,联合采购还能够减少重复采购和过度采购的风险,集中采购能够更准确地掌握各个图书馆的实际需求,避免不必要的库存积压和浪费。在成本效益优化方面,联合采购能够带来多个方面的好处。批量折扣能够显著降低单个单位的采购成本。供应商通常会对大宗订单提供价格优惠,联合采购的图书馆能够利用这一优惠条件,显著降低采购总成本。集中采购还能够提高采购决策科学性和合理性。参与机构可以共享市场信息和采购经验,避免单独采购中可能出现的信息不对称和决策失误。

2. 可持续采购

通过选择环保和可持续产品,图书馆不仅可以降低长期运营成本,还能提升其社会责任形象,带来诸多经济和社会效益。可持续采购的核心在于选择那些符合环保标准、能够减少资源消耗和环境影响的产品。公共图书馆在进行采购时,可以优先考虑那些具有环保认证的产品,如 FSC 认证的纸张、低能耗的设备以及可回收的材料。这些产品通常在生产和使用过程中对环境的影响较小,有助于减少碳足迹。例如,采购低能耗的计算机和照明设备不仅能降低图书馆的能源消耗,还能减少长期的电力成本。

这种成本节省在长期使用中会更加显著，为图书馆带来可观的经济效益。选择可持续产品还有助于降低长期成本。虽然可持续产品的初期采购成本可能较高，但由于其较长的使用寿命和较低的维护需求，实际的长期成本通常较低。例如，高质量的书籍装帧材料可能初期价格较贵，但其耐用性更强，不容易损坏，减少了频繁更换的需要。这种投资不仅节省了维护和更换的费用，也减少了资源浪费。此外，许多可持续产品在节能方面表现优异，如 LED 照明相比传统照明能够节省约 80% 的电力，长期使用带来的电费节省是显而易见的。

在社会责任方面，公共图书馆通过可持续采购能够提升其社会形象和公众认同度。现代社会对环保和可持续发展的关注日益增加，图书馆作为公共机构，选择环保产品和实施可持续采购不仅展示了其对社会和环境责任的承诺，也增强了公众对其服务的支持和信任。例如，采用环保材料制作的图书馆宣传册和手册，可以在传递知识的同时，也传递环保理念，提升图书馆的社会影响力。可持续采购还可以促进图书馆的绿色运营和文化建设。图书馆可以通过实施可持续采购政策，推动员工和读者对环保的关注和参与。例如，图书馆可以组织环保主题的讲座和活动，鼓励读者和员工共同参与到环保实践中。这不仅提升了图书馆的整体形象，也有助于创建一个更加绿色和健康的社区环境。

（二）跨部门协作

1. 内部协作

内部协作在公共图书馆的采购过程中起着至关重要的作用。通过促进图书馆内部各部门，如采编部、技术部、财务部的紧密协作，图书馆可以确保采购决策综合考虑各部门的需求和意见，从而优化采购效果。内部协作有助于全面理解各部门的需求。在公共图书馆中，各部门的职责和需求存在显著差异。例如，采编部负责图书和期刊的采购与管理，技术部关注信息技术系统的维护和升级，财务部则负责预算控制和费用审核。如果缺乏有效的内部沟通，采购决策可能会忽视某些部门的实际需求，导致资源配置不合理或成本浪费。通过建立跨部门的协调机制，图书馆可以在采购前进行充分的需求调研，确保每个部门的意见都得到考虑。例如，技术部在采购新设备时，需要提供设备的技术规格和兼容性要求，而财务部则关注设备的预算控制和性价比。通过跨部门协作，图书馆能够制订出既符合技术需求又符合预算限制的采购方案。内部协作能够提升采购决策的科学性和合理性。采编部提供具体的采购清单，技术部进行技术评估，财务部进行成本分析和预算审核。通过将这些不同的视角和专业知识整合到一起，图书馆能够制订出更加全面和有效的采购策略。例如，采编部可能发现某种图书的借阅需求增加，建议增加采购量；技术部则评估现有设备的性能，提出设备升级的建议；财务部则综合考虑预算，提供资金分配方案。通过内部协作，各部门能够共同审视采购需求，提出优化建议，从而确保采购决策在满足实际需求的同时，也符合财务预算和技术标准。

通过协调各部门的需求，图书馆可以避免重复采购和资源浪费。例如，技术部和采编部可以共同评估图书管理系统的升级需求，而不是分别进行采购。这样可以整合采购需求，争取更好的合同条款和价格优惠。此外，内部协作还能够优化预算控制，确保采购费用在预算范围内。例如，财务部在审核采购预算时，可以与技术部和采编部沟通，了解实际需求和采购优先级，从而对采购计划进行合理调整，避免超支现象。内部协作也能够提升采购的透明度和公正性。通过建立跨部门的采购委员会，图书馆可以确保采购决策过程的公开和公平。例如，采购委员会可以定期召开会议，审查采购方案，讨论各部门的反馈意见，并最终做出决策。这种机制不仅增加了采购过程的透明度，也提高了决策的公正性和合理性，增强了各部门对采购结果的认可度和满意度。

2. 外部合作

外部合作在公共图书馆的采购策略中起着重要作用，特别是在联合采购方面。通过与其他公共图书馆或相关机构合作，图书馆能够共同组织采购活动，从而获得更具竞争力的价格和服务条件。这种合作不仅优化了成本效益，还提升了采购的整体效率和资源利用率。联合采购能够通过增加采购量来获得批量折扣。多个图书馆或相关机构在采购过程中联合起来，可以显著扩大订单规模，这通常会促使供应商提供更多的折扣和优惠条件。例如，当几个图书馆共同采购大量的图书馆管理系统、书籍或设备时，供应商会因订单量大而提供更具吸引力的价格。这种批量折扣可以大幅降低采购成本，为每个参与的图书馆带来实际的经济利益。外部合作能够提升采购过程的谈判能力。参与的图书馆能够形成一个更具影响力的谈判集团，这使得它们在与供应商谈判时处于更有利的位置。集体谈判能够促使供应商提供更优的合同条款和服务条件，例如更长的质保期、更好的售后服务或更灵活的付款条件。图书馆可以通过联合谈判，确保获得更多附加值服务和更低的整体采购成本。这种谈判优势在公共图书馆的智慧采购中尤为重要，因为它有助于实现长期的经济效益和资源优化。

外部合作还能够促进资源的共享与优化。通过与其他图书馆或相关机构合作，图书馆可以共享采购资源和信息。例如，几个图书馆可以共同采购相同类型的图书馆设备或技术系统，这不仅减少了每个图书馆的单独采购费用，也提高了设备和技术的利用效率。此外，合作机构可以共享采购经验和市场信息，帮助彼此了解市场价格趋势和供应商的服务质量，从而做出更加明智的采购决策。外部合作还能够提升整体的采购效率和协同效应。通过与其他图书馆或机构建立长期的合作关系，图书馆可以建立标准化的采购流程和规范，简化采购程序，缩短采购时间。例如，合作机构可以共同制订采购标准和要求，进行联合招标或询价，从而减少每个图书馆单独进行采购的繁琐步骤。这样的协作模式不仅提高了采购的效率，也确保了采购结果的一致性和公正性。外部合作还能够增强图书馆的社会影响力和公共服务能力。通过与其他机构的合作，图书馆能够展示其在推动公共服务和社会责任方面的积极态度。例如，联合采购中的环保要求和可持续发展目标，可以提高图书馆在社会公众中的形象和认同感。通过共同推动绿色采购和社会责任项目，图书馆不仅提升了自身的社会影响力，也为社区和公众带来了更大的福利。

第九章　公共图书馆智慧采购的实施与推广

第一节 智慧采购实施的关键步骤

一、需求收集

需求收集的目标是确保采购计划能够准确反映各部门的实际需求。图书馆需要建立有效的需求收集机制，包括定期的需求调查和信息搜集流程。各部门如采编部、技术部、财务部等都应参与需求收集过程，并提供详细的需求信息。例如，采编部需要提供图书和期刊的采购清单，包括具体书名、作者、出版年份等；技术部则需要提供设备的技术规格和功能要求；财务部则关注预算限制和费用分配。通过这些详细的信息，图书馆能够形成一个全面的需求清单，为后续的采购决策提供准确的数据支持。为了确保需求收集的全面性和准确性，图书馆可以采用多种信息搜集方式。例如，采用问卷调查的形式，让各部门填写详细的采购需求表格，说明所需资源的数量、规格、预算等信息。同时，图书馆还可以组织部门会议，邀请各部门负责人进行需求讨论和确认。这种方式可以促使各部门之间的沟通和协作，及时发现和解决需求中的潜在问题。例如，技术部可能发现采编部提出的某些图书格式与现有设备不兼容，需要调整需求规格或采购方案。

在需求收集过程中，图书馆还需要考虑未来的需求变化和趋势。例如，随着数字化技术的发展，可能会出现对电子图书和在线数据库的需求增加。因此，在收集需求时，图书馆应考虑到这些未来趋势，预留一定的灵活性和调整空间。这可以通过与各部门的长期沟通和市场调研来实现，以便提前做好应对变化的准备。需求收集还需要确保信息的准确性和完整性。为了避免因信息不准确而导致的资源浪费或采购失误，图书馆需要对收集到的需求信息进行严格审核。审核过程包括检查需求的合理性、与实际预算的匹配程度以及与现有资源的兼容性等。这一过程可以由采购部门或专门的需求审核小组进行，以确保每一项需求都经过仔细验证和确认。需求收集的结果应当形成正式的需求报告，并提交给决策层进行审批。需求报告应详细列出各部门的需求情况，包括所需资源的详细信息、预算估算、优先级排序等。这份报告不仅为采购决策提供了依据，也为后续的供应商选择和合同谈判奠定了基础。在智慧采购实施过程中，需求报告的准确性和全面性直接影响到采购的效果和资源的利用效率。

二、制订采购策略

（一）策略规划

通过制订详细的采购策略，图书馆能够优化资源配置、降低成本、提升采购效率。基于需求分析的结果，图书馆需要确定供应商选择策略。供应商的选择直接影响到采购的成本、质量和服务水平。供应商的信誉和历史表现、产品或服务的质量、价格的竞争力以及售后服务的保障。图书馆可以通过市场调研、供应商评估和参考其他机构的采购经验来确定最佳的供应商。此外，建立长期的供应商合作关系也有助于获得更稳定的供货保障和更有利的合同条款。为确保供应商选择的公平和透明，图书馆可以制订标准化的评估流程，进行多轮评审，确保选择到最合适的供应商。制订采购方式是策略规划中的另一个重要步骤。根据需求的性质、预算的大小和市场情况，图书馆可以选择不同的采购方式。常见的采购方式包括直接采购、公开招标、邀请招标等。直接采购适用于紧急采购或金额较小的采购项目，它能够快速满足图书馆的需求，但可能在价格上缺乏竞争。公开招标则适用于大额或复杂的采购项目，通过公开招标可以激发市场竞争，获得更优的价格和服务条件。邀请招标则适用于对供应商有一定选择范围的情况，能够在保证一定竞争的同时缩短采购周期。图书馆应根据具体情况选择最适合的采购方式，以确保采购过程的高效和经济。

确定采购频率是策略规划中的关键环节。采购频率的制订应根据需求的稳定性、预算的安排以及市场供给情况来确定。对于需求变化较大的资源，图书馆可以采取定期采购和灵活采购相结合的方式。例如，对于图书和期刊等常规资源，可以制订年度采购计划，并在必要时进行中期调整；对于设备和技术系统等关键资源，则可以根据设备的使用情况和市场发展进行周期性的采购和更新。此外，图书馆还应考虑到供应商的供货周期和市场价格波动，制订合理的采购频率，以避免库存积压或短缺现象。策略规划还需要关注采购流程的优化和风险管理。在制订采购策略时，图书馆应考虑到采购流程的各个环节，包括需求确认、供应商选择、合同签订、订单执行和验收等。通过建立高效的采购流程和管理制度，图书馆能够减少采购时间和成本。同时，风险管理也是策略规划的重要组成部分。图书馆需要识别和评估采购过程中的潜在风险，如供应商违约、价格波动、质量问题等,并制定相应的应对措施。例如,可以通过建立备用供应商库和签订详细的合同条款来降低风险。

(二)预算编制

制订详细的预算计划不仅能确保采购活动在批准的预算范围内进行,还能为可能的变动留有灵活性,从而实现资源的最优配置和采购的有效管理。制订预算计划的第一步是对需求进行全面的成本估算。根据需求分析的结果,图书馆应收集和汇总各类资源的采购成本,包括图书、期刊、设备和其他资源。成本估算应基于市场调研和供应商报价,考虑到实际采购的数量、单价、运输费用、安装费用等。对每一类需求进行详细的成本估算,可以帮助图书馆制订更加准确和科学的预算计划。此外,预算编制还需考虑预留一定的备用资金,以应对可能的价格波动或额外需求。在制订预算计划时,图书馆需要对各部门的采购需求进行汇总和整合。各部门如采编部、技术部、财务部等在需求分析中已提出了具体的采购需求,预算编制时应将这些需求进行统一的预算整合。这不仅有助于全面了解整个图书馆的采购需求和预算分配,还能确保各部门的需求在预算中得到合理体现。在预算整合过程中,图书馆应考虑到不同需求的优先级和预算的实际限制,以确保预算的合理性和可执行性。

为了确保预算的灵活性,图书馆需要在预算编制中考虑到可能的变动因素。例如,市场价格波动、供应商报价变化、需求调整等都可能影响实际采购成本。因此,预算编制应预留一定的弹性,以应对这些变动。图书馆可以设置预算的浮动范围,例如在总预算的基础上预留5%~10%的备用资金,以应对突发的费用。此外,图书馆还应建立预算调整机制,当实际采购成本超出预算时,能够及时进行调整和审批,确保采购活动的顺利进行。在预算编制过程中,图书馆还需要进行预算审批和监督。预算计划制订完成后,应提交决策层进行审批,确保预算的合理性和符合图书馆的财务政策。审批通过后,预算应当成为采购活动的正式依据,并在实际采购过程中进行严格的监督和控制。图书馆应建立预算执行报告机制,定期对实际支出进行检查和分析,确保采购活动按照预算进行,发现异常情况及时调整。

三、合同管理与优化

(一)合同管理

合同文件的存档是合同管理的基础。图书馆需要建立系统化的合同档案管理制度,确保所有合同文件都得到妥善保存。合同存档应包括合同的原件、复印件、补充协议、变更记录等。此外，合同存档应具备良好的检索和查询功能，以便快速查找和使用。图书馆可以采用电子化合同管理系统，将合同文件进行数字化存储，并设置权限控制，确保合同信息的安全和保密。电子化存档还可以提高管理效率，减少纸质文件的存储空间和管理成本。合同的续签管理是确保长期合作关系稳定的重要环节。在合同临近到期时，图书馆应提前进行续签准备，包括评估合同履行情况、与供应商沟通续签条款、重新谈判价格和服务等。续签管理不仅要确保合同条款的合理性，还需对合同履行情况进行回顾和总结，识别存在的问题并进行改进。例如，图书馆可以根据供应商的履约表现、服务质量等指标来决定是否续签合同。在续签过程中，图书馆应确保所有变更和新增条款得到正式书面确认，并更新合同档案。

合同变更管理是合同管理中的关键部分。合同在执行过程中可能会因为市场变化、需求调整、供应商变动等原因需要进行变更。图书馆应建立规范的合同变更管理流程，确保变更的合法性和合规性。合同变更管理包括变更申请、变更审核、变更实施和变更记录等环节。变更申请应由相关部门提出，并提供变更理由和必要的支持材料；变更审核应由法律顾问和财务部门进行，确保变更内容符合法律法规和预算要求；变更实施应在合同中明确变更后的条款，并进行合同档案的更新和存档；变更记录应详细保存，以备未来查阅和审计。合同履行的监督和评估也是合同管理的重要组成部分。图书馆应定期对合同的履行情况进行检查和评估，包括供应商的履约情况、服务质量、交付时间等。监督和评估可以通过设立专门的合同管理小组、进行定期审计、收集使用反馈等方式进行。合同管理还需关注合同风险的识别和控制。图书馆应定期进行合同风险评估，包括法律风险、财务风险和运营风险等。例如，可能出现的法律纠纷、供应商违约、预算超支等问题，都需要通过合同条款的完善和风险管理措施的实施进行预防和应对。图书馆应与法律顾问合作，制订完善的合同条款和风险管理方案，确保合同执行过程中的风险最小化。

（二）合同优化

合同优化不仅可以提高采购效率，还能增强供应商合作关系，确保图书馆的需求得到更好的满足。合同优化的前提是对合同执行情况进行全面的评估。图书馆应定期对合同的履行情况进行检查，包括供应商的交付能力、服务质量、合同条款的遵守情况等。评估过程可以通过收集使用反馈、进行现场检查、审阅交付记录等方式进行。例如，对于图书采购合同，可以检查书籍的交付时间、书籍的质量是否符合要求；可以检验设备的安装和运行情况，确保设备正常工作。通过对合同执行情况的全面评估，图书馆能够识别合同中的问题和不足，为后续的合同优化提供依据。绩效评估结果是合同优化的重要依据。图书馆应建立合同绩效评估体系，对供应商的表现进行定量和定性评估。定量评估包括供应商的交付准时率、质量合格率、响应速度等；定性评估包括服务态度、问题解决能力、沟通协调效果等。通过对绩效评估结果的分析，图书馆可以了解供应商在合同执行过程中的优势和不足。例如，若供应商在交付时间上存在延迟，图书馆可以在合同中增加关于交付时间的具体条款和处罚措施。绩效评估结果有助于识别合同条款中的问题，并提供优化的方向。合同条款和条件的优化应基于评估和反馈的结果进行调整。图书馆应对合同条款进行审查，识别需要优化的部分，例如交付时间、质量标准、价格条款、服务水平等。优化合同条款时，应考虑以下几个方面：明确和具体化合同条款，减少模糊和歧义，例如，对交付时间和质量标准进行详细规定；增加合理的激励和处罚措施，激励供应商提升服务质量，如根据供应商的绩效设定奖励或扣款机制；调整合同条件以适应变化的需求和市场情况，例如，在合同中加入灵活的价格调整条款，适应市场价格波动。

优化合同的过程中，还应关注合同履行中的合作关系。图书馆与供应商之间的良好合作关系对于合同的顺利执行至关重要。优化合同时，图书馆应与供应商进行沟通，了解其在履行合同过程中遇到的困难和需求，寻求双方的共同解决方案。例如，若供应商在履行过程中遇到资源短缺问题，图书馆可以考虑在合同中加入资源支持条款，帮助供应商解决问题。通过建立双赢的合作关系，图书馆不仅可以提升合同的执行效果，还能增强供应商的合作意愿。优化合同还应关注法律和合规性。合同条款的优化应符合相关法律法规。图书馆可以咨询法律顾问，对合同条款进行法律审查，确保条款的合法有效。通过优化合同条款的法律和合规性，图书馆能够减少法律风险，维护自身的合法权益。合同优化应形成制度化的流程和机制。图书馆应制订合同优化的标准化流程，包括合同评估、优化建议、调整实施和效果跟踪等环节。建立制度化的合同优化机制，有助于规范合同优化的操作，提高优化效果，并为未来的合同管理提供经验和参考。

四、验收与支付

（一）验收流程

验收流程是公共图书馆智慧采购中至关重要的步骤，它确保收到的商品或服务符合合同要求，保障图书馆的采购质量和资源利用效率。一个完善的验收流程不仅有助于维护合同的执行效果，还能防止潜在的质量问题和不符合合同标准的情况。质量检查是验收流程的核心环节。图书馆在接收商品或服务时，需要对其质量进行严格的检查，以确保符合合同的规定和标准。对于图书的采购，质量检查包括检查图书的印刷质量、装订质量和内容完整性；质量检查涉及设备的外观、功能、规格是否符合合同要求。质量检查应由专业人员或验收小组进行，按照预定的验收标准和流程进行逐项检查。发现质量问题时，图书馆应及时与供应商沟通，进行整改或索取补偿，确保最终收到的商品或服务达到合同要求。图书馆在收到商品时，需要核对实际收到的数量是否与合同中规定的数量一致。例如，对于书籍的采购，应核对实际到货的书籍数量是否与订单数量相符；对于设备的采购，应核对到货的设备数量是否与合同规定的一致。数量核对可以通过对照送货单、采购订单和实际收到的商品进行核对来完成。确保数量准确不仅能避免供应商的失误，还能确保图书馆的需求得到完全满足。性能测试是验收流程中针对设备和技术服务的一项重要检查。图书馆应进行全面的性能测试，检查设备的功能、操作性能、稳定性等是否符合合同的技术要求。例如，对于计算机设备的采购，需要测试设备的处理速度、存储容量和接口功能；对于技术服务的采购，需要测试服务的响应时间、技术支持的质量等。性能测试应由专业技术人员进行，按照合同规定的技术指标和测试标准进行评估。测试结果应记录在案，作为后续验收和合同履行的依据。

验收记录和报告是确保验收过程透明和可追溯的重要措施。图书馆应在验收过程中详细记录质量检查、数量核对和性能测试的结果，并形成验收报告。验收记录应包括验收日期、验收人员、商品或服务的具体情况、检查结果、发现的问题及处理情况等。验收报告应由验收小组签署，并提交给相关部门进行审批。通过验收记录和报告，图书馆可以追溯验收过程，确保验收工作的规范性和准确性，同时为未来的采购和合同管理提供参考依据。处理异常和争议是验收流程中必须处理的问题。如果在验收过程中发现商品或服务存在不符合合同要求的情况，图书馆应及时采取措施进行处理。这包括与供应商沟通，要求其进行整改、重新交付或提供补偿；必要时，还可根据合同条款进行索赔或终止合同。处理异常和争议时，图书馆应保持详细的记录，并遵循合同中的争议解决机制，确保问题得到公平解决，并维护图书馆的合法权益。验收后续管理也是验收流程的重要组成部分。验收合格后，图书馆应将验收记录和报告归档，并更新采购和库存管理系统。同时，图书馆应对供应商的表现进行跟踪和评估，为未来的采购决策提供参考。通过验收后的管理，图书馆可以不断优化采购流程，提升采购质量，维护采购的规范性和高效性。

（二）支付处理

支付前的核对是确保支付准确性的基础。在进行支付前，图书馆需对合同条款、验收结果和发票等进行全面核对。核对的内容包括合同金额、付款条件、验收报告和发票金额等。财务部门需要确认验收结果与发票内容一致，并确保供应商提供的发票符合税务规定。若发现任何不一致之处，应及时与供应商沟通，进行必要的调整或补充。核对过程中还需确认是否符合合同中的付款条件，例如是否达到了合同约定的付款节点或进度。通过支付前的核对，图书馆能够确保支付金额的准确性和合法性，避免支付错误和财务纠纷。支付审批流程是确保支付合法性的必要环节。图书馆应建立规范的支付审批流程，确保支付操作符合财务管理规定和内部控制要求。审批流程通常包括部门负责人、财务人员和审核人员等多个环节。支付申请应附上合同、验收报告、发票等相关文件，并经过各级审批和签署。审批人员需要对支付申请进行审核，确认支付金额、支付对象和支付依据的正确性。通过审批流程，图书馆能够确保支付决策的合理性和合法性，维护财务管理的透明度和规范性。支付方式的选择也是支付处理中的重要环节。图书馆可以根据实际情况选择合适的支付方式，如银行转账、支票或电子支付等。选择支付方式时，需要考虑支付的安全性、效率和成本。例如，银行转账通常适用于大额支付，电子支付则适用于快速支付和小额支付。图书馆应确保所选支付方式符合财务管理的规定，并能有效防范支付风险。支付方式的选择还应考虑供应商的支付要求和偏好，以提高支付的便捷性和合作的顺畅度。支付记录和凭证的管理是确保支付过程可追溯的重要措施。图书馆在完成支付后，应及时记录支付信息，包括支付日期、支付金额、支付方式、支付对象和支付凭证等。支付记录应与合同、验收报告和发票等相关文件一一对应，并归档保存。凭证可以包括银行转账凭单、支票存根或电子支付确认等。通过详细的支付记录和凭证管理，图书馆能够追踪支付过程，确保支付的准确性和合规性，并为未来的审计和核查提供依据。

支付后的对账和清算也是支付处理的重要环节。支付后，图书馆应定期进行对账和清算，核对账务记录与银行对账单、供应商账单等信息的一致性。对账和清算可以帮助图书馆发现和解决支付过程中的问题，如支付遗漏、重复支付或错误支付等。图书馆应建立定期对账和清算机制，确保账务的准确性和完整性。通过对账和清算，图书馆能够维护财务记录的准确性，避免财务风险，并确保采购过程的顺利进行。与供应商的沟通和协调也是支付处理中的重要部分。图书馆应与供应商保持良好的沟通，及时解决支付过程中出现的问题。若支付出现延迟或异常，图书馆应主动通知供应商，并解释原因和处理措施。良好的沟通可以增强供应商的信任和合作意愿，有助于维护长期的合作关系。图书馆还应关注供应商的反馈，了解其在支付过程中的需求和建议，以优化支付流程和提高服务质量。

第二节 实施过程中的常见问题与对策

一、技术问题与系统故障

（一）问题

智能采购系统在公共图书馆的实施过程中，尽管能够大幅提升采购效率和管理的精准度，但也可能面临一系列技术问题或系统故障，进而影响采购流程的顺利进行。这些问题的出现可能会导致采购停滞、资源配置不合理或数据丢失等严重后果，因此，针对这些可能性必须制订一套行之有效的应对策略，以保障系统的稳定运行和图书馆采购业务的连续性。

（二）对策

1. 技术支持

提供及时且专业的技术支持是确保智能采购系统平稳运行的基础。公共图书馆应建立专门的技术支持团队，由其负责系统的日常维护和故障排除。一旦系统出现问题，该团队应能迅速响应，识别问题根源，并采取相应措施进行修复。图书馆也应与系统供应商建立紧密的合作关系，以便在遇到复杂问题时能够迅速获得更高级别的技术支持。

2. 系统测试

为了最大限度地减少智能采购系统在正式运行中出现故障的风险，公共图书馆必须在系统上线前进行全面的系统测试。这包括功能测试、压力测试、安全性测试以及用户体验测试等。通过这些测试，可以提前发现并修复系统中的潜在漏洞和不足，从而避免因系统缺陷导致的采购中断或数据损坏。此外，测试还应模拟各种可能的使用场景，确保系统在不同条件下的稳定性和可靠性。

3. 备份和恢复方案

公共图书馆智能采购系统的另一个重要保障措施是制订健全的系统备份和恢复方案。在系统出现重大故障时，及时有效备份能够确保采购数据的完整性，并迅速恢复系统的正常运作。具体而言，图书馆应定期对采购系统中的重要数据进行自动化备份，并将备份数据存储在安全的异地服务器上。同时，应制订详细的灾难恢复计划，明确系统故障时的应急操作步骤，确保能够在最短的时间内恢复采购系统的功能，避免因数据丢失或系统中断而导致的采购业务停滞。

二、变更管理困难

（一）问题

需求变更或采购计划调整是常见的现象，可能会导致实施上的困难。这些变化可能来自预算调整、读者需求的变化、新技术的引入或供应商条件的变化等。应对这些变化并确保采购过程顺利进行，需要公共图书馆制订系统化的变更管理策略，以确保采购项目的成功执行。

（二）对策

1. 变更管理流程

公共图书馆应制订一套完整的变更管理制度，涵盖变更申请、审批和记录的所有环节。当采购需求或计划需要调整时，首先应通过正式的变更申请程序，由相关部门提交详细的变更说明，包括变更的原因、预期影响以及可能的解决方案。接下来，这些变更申请应由采购管理部门或相关决策层进行审核，确保变更的必要性和可行性。经过批准的变更应被详细记录在案，以便日后追踪和审查。这种系统化的流程不仅有助于确保变更的有效管理，还能够防止因随意变更导致的混乱或项目失败。

2. 灵活调整策略

在采购计划中预留一定的灵活性，是应对需求变更和计划调整的另一重要策略。公共图书馆在制订采购计划时，应充分考虑可能的变化因素，并在计划中设置缓冲期或灵活预算，以便在需要时进行及时调整。例如，在采购时间表中留有余地，允许因需求变更而导致的延期；在预算编制中设立应急资金，用于应对突发的需求或价格波动。这种灵活调整的策略可以帮助图书馆更从容地应对各种不可预见的变化，避免因僵化的计划而陷入困境。

三、沟通协调不畅

（一）问题

各部门之间沟通不畅是一个常见的问题，可能导致需求和采购计划的偏差，从而影响采购工作的效率和效果。由于公共图书馆的采购涉及多个部门和不同的利益相关方，如图书馆管理层、采购部门、预算部门、技术支持团队以及最终用户（例如图书馆员和读者），各部门间的信息不对称、沟通滞后或误解常常会导致采购需求的偏差、采购计划的执行困难，甚至影响整个采购项目的成功。

（二）对策

1. 建立沟通机制

建立有效的沟通机制是确保各部门之间信息畅通的关键步骤。公共图书馆应制订并执行定期的跨部门协调会议制度，确保各部门能够及时交流采购需求、预算安排、技术支持和项目进展等关键信息。通过定期的协调会议，各部门可以共同讨论和解决在采购过程中遇到的问题，并根据实际情况对采购计划进行合理的调整和优化。这种面对面的沟通方式有助于减少误解，确保各方对采购项目的目标、时间表和资源配置有一致的理解。此外，图书馆管理层应积极参与这些会议，确保高层决策能够与各部门的实际需求相匹配，从而促进采购项目的顺利进行。在沟通机制中，还应考虑到紧急情况下的信息传递问题。图书馆可以设立紧急信息传递流程，确保在遇到突发情况或紧急需求时，各部门能够迅速沟通并采取应对措施。这种紧急沟通机制可以通过电话、即时通信工具或紧急会议的形式进行，以确保在最短的时间内达成共识并采取行动。

2. 使用共享平台

除了建立沟通机制外，使用信息共享平台也是提高部门间沟通效率的重要手段。公共图书馆可以引入一种或多种数字化信息共享平台，如内部网络、协作软件或项目管理工具，通过这些平台进行信息记录和共享，提高各部门之间的信息流动性和透明度。这些平台可以用于记录采购需求、预算分配、供应商选择、采购进度以及问题反馈等关键信息，使各部门能够实时了解项目的最新动态，减少信息传递中的滞后和错误。通过共享平台，各部门可以随时查阅相关文件和数据，避免因信息遗漏或沟通不畅导致的决策偏差。例如，采购部门可以通过共享平台了解预算部门的最新资金安排，技术支持团队可以实时查看采购需求的技术规格，图书馆员则可以提出他们对采购物品的具体要求。共享平台还可以设置不同的权限和访问级别,确保信息的安全性和保密性,同时促进跨部门的协作和沟通。

四、技术支持不足

(一)问题

在公共图书馆的采购管理中,智能采购系统的引入可以极大地提高工作效率和管理质量。然而,如果技术支持不足,智能采购系统可能会面临一系列问题,如系统故障、操作复杂性、用户困惑等,这些问题会直接影响采购流程的顺利进行,甚至导致整个采购工作的停滞。为确保智能采购系统在公共图书馆中的成功应用,必须采取多方面的对策,包括技术评估、技术支持和员工培训。

(二)对策

在智能采购系统实施之前,进行全面的技术评估是至关重要的一步。技术评估的目的是确保所选的采购系统能够满足图书馆的具体需求,并具备足够的稳定性和可靠性。在技术评估过程中,图书馆应与相关技术专家、IT部门和系统供应商合作,对系统的性能、功能、兼容性和安全性进行详细的评估。这包括检查系统是否能够处理图书馆的采购量,是否支持多用户操作,是否具有良好的数据管理和分析功能,以及是否能够与现有的图书馆管理系统无缝集成。通过这一系列的评估,图书馆可以在系统实施前就发现潜在的技术问题,并选择最合适的系统,避免在使用过程中遭遇重大技术故障。

第三节 公共图书馆智慧采购的推广策略

一、领导支持与建立共识

(一)高层支持

图书馆领导层的认可和倡导不仅是战略实施的关键,也是在组织内部树立智慧采购理念、确保其长远发展和取得成功的基础。高层支持可以为智慧采购奠定坚实的基础。通过领导层的认可,智慧采购的战略重要性得以在整个组织中得到广泛理解和认同。

图书馆的采购决策往往涉及多方利益和复杂的预算管理，智慧采购通过技术手段优化资源配置和采购流程，能够大幅提升图书馆资源获取的效率与质量。这一战略的重要性需要由领导层来宣导，使其成为图书馆发展规划中的一个核心部分。领导层的倡导能够有效推动智慧采购的实施。智慧采购涉及引入大数据分析、人工智能推荐等先进技术，帮助图书馆根据读者需求、馆藏利用率等数据进行更加精准的采购决策。然而，这一转变通常伴随着技术投入、员工培训和流程再造等挑战。高层领导的积极倡导和全力支持，可以打消组织内部对新技术的疑虑，推动技术的顺利引入和相关人员的能力提升。领导层可以通过组织专题会议、推动试点项目、设立专项基金等方式，为智慧采购的推广提供必要的资源和政策支持。

在公共图书馆智慧采购的推广策略中，领导层支持的作用还表现在对外部合作的推动上。智慧采购不仅需要内部的技术革新，也需要与出版商、供应商、数据服务提供商等外部机构的紧密合作。领导层的参与可以提升图书馆在谈判中的地位和话语权，促成更多有利的合作协议和资源获取。通过领导层的高层次沟通，图书馆可以与技术公司、出版社等建立战略合作伙伴关系，获取更加优质的资源和服务，进一步优化采购决策。领导层的支持对于智慧采购的长期可持续性至关重要。智慧采购不仅是一次性的技术升级，更是一个持续优化的过程。随着技术的发展和读者需求的变化，智慧采购系统需要不断更新和调整，这要求图书馆在长期内保持对智慧采购的关注和投入。高层领导通过持续关注和支持，能够确保智慧采购成为图书馆管理的常态化部分，而不仅仅是短期的技术项目。领导层的支持还能够在全社会范围内提升公共图书馆的形象和影响力。智慧采购不仅能够提升图书馆的服务质量，还能展示出图书馆与时俱进、积极创新的形象。通过领导层的倡导和媒体宣传，智慧采购的成果和价值可以被广泛传播，使公众对图书馆的服务有更高的认同感和信任度，进一步巩固图书馆在社区中的文化中心地位。

（二）建立共识

内部会议是建立共识的重要手段之一。通过定期组织跨部门的会议，图书馆管理层可以向各部门详细介绍智慧采购的概念、实施计划及其可能带来的效益。这些会议不仅是信息传递的平台，也是各部门交流意见、提出疑虑和建议的机会。图书馆可以邀请采购部门、技术支持团队、读者服务部门以及财务部门的负责人参加，共同探讨智慧采购在实际操作中的可行性和潜在挑战。在这种多部门的互动中，各部门可以更好地理解彼此的需求和智慧采购的整体架构,从而在思想上达成共识。研讨会是深化理解和推动思想转变的重要工具。智慧采购引入了大数据分析、人工智能推荐等技术,这些新技术对于一些部门来说可能是陌生的,甚至可能引发对变革的抵触情绪。通过组织专门的研讨会,图书馆可以邀请专家、学者或行业内已经成功实施智慧采购的图书馆代表,分享他们的经验和见解。这些研讨会可以通过案例分析、实际操作演示等方式,帮助各部门更直观地理解智慧采购的工作原理和优势。此外,研讨会还可以设置开放式讨论环节,让各部门成员表达他们的疑问和顾虑,并由专家进行解答。这种开放的沟通环境有助于消除误解,增强各部门对智慧采购的信任感,从而进一步巩固共识。

培训是确保共识转化为行动力的关键环节。智慧采购的实施不仅依赖于战略层面的共识,还需要各部门具备相应的技能和知识储备。图书馆可以组织针对不同部门的定制化培训课程,帮助员工掌握智慧采购所需的技术技能。例如,采购部门的员工需要学习如何利用大数据工具进行市场分析和资源选择,技术支持部门则需要了解如何维护和优化智慧采购系统的运行。通过这些有针对性的培训,员工不仅能够提升个人能力,还能更加认同智慧采购的价值,愿意在实际工作中积极推动这一战略的实施。通过会议、研讨会和培训,各部门不仅能够在思想上认同智慧采购的重要性,还能够在行动上形成合力,共同推动图书馆的数字化转型。在这一过程中,领导层需要起到引领和协调的作用,确保智慧采购的目标与图书馆的整体发展战略相一致,并鼓励各部门为实现这一目标贡献自己的力量。

二、制订清晰的推广计划

(一)阶段性推广

1. 小范围试点

智慧采购系统的推广应首先从小范围的试点项目开始。这一阶段的目标是测试系统的基本功能和运行稳定性,并收集反馈以便及时调整。图书馆可以选择一个或多个较小的采购项目或特定的资源类别作为试点对象,例如图书馆的期刊订购或电子资源采购。通过试点,图书馆可以在实际操作中验证智慧采购系统的效能,如数据分析能力、自动化推荐功能、采购流程的优化等。试点阶段还可以帮助图书馆识别潜在的技术问题或流程瓶颈,并在系统全面推广之前进行修正。此外,试点项目为员工提供了一个学习和适应新系统的机会,使他们能够在小范围内掌握系统的操作技巧,为下一阶段的推广作好准备。

2. 逐步扩大应用范围

在试点项目取得成功并经过必要的调整优化后，图书馆可以逐步扩大智慧采购系统的应用范围。这个阶段的推广应以系统的稳定性和员工的适应程度为基础，逐步将智慧采购从特定的采购项目扩展到更广泛的资源类别或整个部门。例如，可以将智慧采购系统应用于整个书籍采购流程，或者将其推广至多个部门的资源采购。这一阶段的推广应保持渐进性，确保每一步的实施都建立在扎实的基础上，并且系统的各项功能在更大规模的应用中依然能够稳定运行。图书馆管理层需要密切关注这一过程，确保系统扩展时能够及时解决出现的问题。

3. 全馆范围的全面推广

当智慧采购系统在多个部门或资源类别中得到成功应用并且系统功能和流程都经过充分测试和优化后，图书馆可以进入第三阶段，即全馆范围的全面推广。这一阶段标志着智慧采购系统成为图书馆资源采购的主要工具。全面推广意味着系统将覆盖图书馆的所有采购活动，包括纸质书籍、电子资源、期刊、数据库等各类资源的采购。图书馆应制订详细的推广计划，确保各部门在系统切换期间能够顺利过渡。此外，全面推广阶段还应注重数据整合和系统的持续优化，通过大数据分析提升采购决策的精准度，并利用用户反馈不断改进系统的用户界面和功能设计。

4. 阶段性推广的优势与策略

分阶段实施智慧采购系统的推广策略，不仅能够降低系统引入过程中的风险，还能确保系统的每一步推广都是在经过充分验证和优化的基础上进行的。这种逐步推进的方式有助于图书馆在推广过程中灵活调整战略，针对不同阶段的挑战采取相应的应对措施。在推广过程中，图书馆管理层需要发挥关键作用，制订清晰的阶段性目标和评估标准，并确保各部门协同合作，推动系统的顺利实施。培训也是推广策略中的重要环节，图书馆应在每个阶段为相关员工提供必要的培训，确保他们能够熟练掌握系统操作，并能够有效应对系统推广过程中可能遇到的问题。

（二）明确时间表

通过明确每个阶段的目标和关键里程碑，图书馆可以有效地规划实施步骤，协调各部门的工作，并跟踪项目进度，从而保证系统的顺利上线和持续优化。制订时间表的第一步是明确项目的整体目标和分阶段的任务。这可以通过与利益相关者（如图书馆管理层、采购团队、IT部门和供应商）进行深入讨论来确定。整体目标应包括系统的上线时间、功能实现、用户培训和系统评估等。根据这些目标，将推广过程分解为几个主要阶段，每个阶段应有明确的目标和任务。例如，阶段可以包括系统需求分析、系统开发与测试、用户培训、系统上线和后期维护。为每个阶段设定关键里程碑是确保项目顺利推进的重要环节。关键里程碑是指在项目中具有重要意义的节点，标志着某个阶段的完成或关键任务的实现。例如，在系统开发阶段的关键里程碑可以包括完成系统设计、完成系统编码和完成初步测试。在用户培训阶段，关键里程碑可能包括培训材料的准备、培训课程的实施和培训反馈的收集。每个里程碑应设定明确的完成日期，并与整体时间表相对应，以确保项目进度的可控性。

制订时间表时，还需要考虑到各阶段之间的依赖关系和时间安排。各个阶段通常是相互关联的，前一个阶段的完成对后续阶段的启动有重要影响。例如，系统测试必须在系统开发完成后进行，用户培训则应在系统上线前完成。因此，时间表应充分考虑这些依赖关系，并合理安排各个阶段的时间，以避免时间冲突或项目延误。在实施时间表的过程中，定期监控项目进度是必不可少的。这可以通过设置定期的项目进度会议、报告和检查点来实现。项目经理应定期更新时间表，跟踪每个阶段的完成情况，并及时调整计划以应对可能的延误或问题。例如，如果在系统测试阶段发现了重大问题，可能需要调整开发或测试的时间安排，以确保系统质量。制订时间表时还应考虑应急计划。即使有详尽的时间表，也可能会遇到意外情况或挑战。因此，图书馆应准备好应急预案，以应对可能的延迟或问题。应急计划应包括调整时间表的策略、资源的重新分配和问题解决的步骤，以确保项目能够按时完成。

三、制订激励机制

（一）绩效激励

将智慧采购系统的使用情况纳入员工绩效考核，并设立相应的奖励机制，是提升系统使用率和推动其成功实施的有效策略。尤其在公共图书馆这样的环境中，这种绩效激励措施不仅可以提高系统的应用效果，还能优化图书馆的资源管理和采购流程。将智慧采购系统的使用情况纳入绩效考核，可以确保员工在日常工作中重视系统的应用。这种做法可以通过在考核标准中明确包括系统的使用频率、数据输入的准确性、系统操作的熟练程度等指标。比如，考核可以涵盖员工在系统中录入采购需求的及时性、对系统提供的数据分析和报告的有效利用，以及对系统故障的反馈和处理情况。这些指标将帮助管理层全面评估员工在智慧采购系统中的表现，并且让员工清楚地知道他们的工作与绩效考核的直接关系。

为了激励员工积极使用和推广智慧采购系统，企业应设立相应的奖励机制。这些奖励可以包括物质激励，如奖金、礼品卡或其他有吸引力的奖励，同时也可以包括非物质激励，如公开表彰、额外的休假时间或晋升机会。例如，设立"最佳系统使用奖"，奖励那些在系统中操作表现突出、数据录入准确并能积极解决系统问题的员工。这样的奖励不仅能直接提升员工的工作积极性，还能通过榜样效应，激励其他员工更好地使用系统。在公共图书馆推广智慧采购系统的背景下，这种绩效激励机制尤为重要。图书馆的采购任务通常涉及大量的书籍和资源，这些资源的采购需要高效且准确管理。比如，图书馆工作人员可以被鼓励定期更新图书馆的采购需求，通过系统生成的报告分析书籍的借阅趋势，从而做出更加科学的采购决策。员工还可以参与到系统的优化建议中。绩效考核不仅考察系统使用的现状，还可以考虑员工提出的改进建议的质量和可行性。如果某员工提出的建议被采纳，并且显著提升了系统的功能或用户体验，该员工也可以获得额外的奖励。这种做法不仅可以激发员工的创新思维，还能使智慧采购系统不断完善，更好地服务于图书馆的需求。

（二）创新鼓励

企业应当创建一个明确的创新鼓励计划，鼓励员工在日常使用智慧采购系统时提出创新建议。这可以通过设立专门的建议提交平台或定期的创新研讨会来实现。员工可以在这些平台上分享他们在使用过程中遇到的问题、改进想法或对新功能的建议。例如，某位员工可能建议在系统中增加一个智能推荐功能，根据历史采购数据预测未来需求，这样可以减少采购错误并提高效率。

为了激励员工积极提出有价值的建议，企业应当设立明确的奖励机制。这可以包括物质奖励，如现金奖金或礼品卡，也可以是非物质奖励，如员工表彰、晋升机会或额外的休假时间。奖励机制应当公开透明，并与员工的创新建议的实际效果和实施情况挂钩。例如，如果某个建议被采纳并显著提升了系统的效率或用户体验，提出建议的员工可以获得特别奖励。在推广公共图书馆的智慧采购系统时，这种创新鼓励机制尤为重要。图书馆的智慧采购系统涉及大量的图书和其他资源的采购，需要高度的精确性和时效性。通过鼓励员工提出改进建议，可以帮助系统更好地满足图书馆的特定需求，比如增加对热门书籍的智能预判功能或优化采购流程以减少冗余开支。实施这些建议可以显著提升图书馆的采购效率和资源管理能力。企业还可以定期举办创新大赛，邀请员工展示他们的建议和改进方案。这种竞赛不仅能激发员工的创意，还能增强团队合作，鼓励大家共同探讨和解决实际问题。在大赛中，优胜者可以获得奖励，并且其建议有机会在智慧采购系统中得到实际应用。这样，不仅提升了系统的实用性，还能激发员工的工作热情和创造力。

四、外部推广与宣传

（一）行业交流

在推广智慧采购系统的过程中，通过行业交流活动，如行业会议、研讨会和期刊文章等渠道向其他图书馆和文化机构分享经验和成果，是提升系统影响力和树立行业标杆的重要策略。这不仅能帮助其他机构了解智慧采购的优势，还能促进行业内的最佳实践交流，推动整个行业的进步。行业会议和研讨会是推广智慧采购系统经验的重要平台。在这些会议上，公共图书馆可以组织专题讲座或经验分享会，展示智慧采购系统的成功案例和应用效果。比如，可以邀请图书馆的采购主管或系统管理员分享他们在实施智慧采购过程中遇到的挑战、解决方案以及取得的具体成效。这种面对面的交流不仅能让参会者直观了解智慧采购的实际应用，还能激发他们对系统的兴趣和探索欲望。此外，通过设置互动环节，如问答和讨论，可以进一步深入探讨智慧采购系统在不同类型图书馆中的适用性和潜在改进方向。

撰写并发表期刊文章是传播智慧采购经验的另一种有效方式。图书馆可以选择在行业相关的期刊上发表研究论文或案例分析，系统地阐述智慧采购系统的实施过程、取得的成果以及对图书馆运营的影响。通过详细的数据分析和实例说明，文章能够为其他图书馆提供宝贵的参考资料。比如，一篇文章可以探讨智慧采购如何帮助图书馆降低采购成本、提升采购效率、优化资源配置，并提供实际的操作建议和策略。这不仅有助于树立图书馆在行业中的技术领先地位，还能促进智慧采购系统在更广泛的文化机构中得到应用。参与行业协会和专业组织的活动，也是推广智慧采购经验的有效途径。图书馆可以积极参与行业协会的工作，提出智慧采购系统的应用经验，组织相关的培训课程或讲座。这些活动可以帮助更多的图书馆和文化机构了解智慧采购的最新动态和技术发展，同时也提供了一个展示自身成就的机会。通过与行业内的专家和同行交流，图书馆可以获得更多的反馈和建议，进一步优化智慧采购系统。

（二）媒体报道

利用新闻媒体和社交媒体宣传成功案例是扩大影响力、吸引外部资源和合作伙伴的有效策略。这不仅能提升智慧采购系统的知名度，还能为公共图书馆及其他文化机构带来更多的支持和合作机会。新闻媒体是传播智慧采购成功案例的重要渠道。通过撰写并发布新闻稿、专题报道或案例分析，公共图书馆可以向公众和行业内人士展示智慧采购系统的应用成效和创新成果。例如，新闻稿可以详细介绍智慧采购系统在某图书馆实施后的具体成果，如采购成本的降低、资源配置的优化以及流程效率的提升。这些报道可以通过主流新闻网站、行业杂志、报纸等平台发布，吸引广泛的关注。为了增加报道的权威性，可以邀请行业专家或第三方机构进行评估和评论，并在报道中引用他们的观点和数据。

与新闻记者和媒体机构建立良好的合作关系也是关键。图书馆可以定期邀请媒体记者参观智慧采购系统的实际应用场景，举办媒体发布会或组织专题座谈会。通过面对面的交流，记者可以更直观地了解系统的工作原理和实际效果，从而撰写出更具深度和说服力的报道。特别是在系统取得显著成效或实施突破性的改进时，及时向媒体披露这些信息，可以有效地提升智慧采购系统的曝光率和公众认可度。社交媒体也是推广智慧采购成功案例的重要平台。通过在社交媒体上发布动态、图片、视频以及用户评价，图书馆可以迅速传播智慧采购系统的成功故事。例如，可以在平台上分享系统实施后的统计数据、用户反馈、使用心得等内容，并利用图文并茂的方式呈现。这不仅能够引起广泛的关注，还能通过用户的互动和分享，进一步扩大传播范围。图书馆还可以定期更新社交媒体内容，发布关于智慧采购系统的新功能、优化进展或行业动态，以保持持续的关注和讨论。社交媒体还可以用来组织线上活动，如网络研讨会、问答环节或线上培训。通过这些活动，图书馆可以与外部资源和潜在合作伙伴进行直接互动，解答他们对智慧采购系统的疑问，介绍系统的具体优势，并探讨合作机会。这种互动不仅能增加对智慧采购系统的认知，还能促进潜在的合作关系建立，吸引更多的外部资源和支持。

五、持续改进与发展

（一）持续优化

通过根据推广过程中的实际情况和用户反馈不断改进系统功能和用户体验，图书馆能够确保智慧采购系统始终符合其运营需求，提高系统的实际效用，并最终提升图书馆的整体运营效率。持续优化智慧采购系统的核心在于系统的实时监测和用户反馈收集。图书馆应建立一个高效的反馈机制，包括定期的用户调查、系统使用数据分析和问题跟踪。例如，可以通过在线调查问卷或面对面的用户访谈收集员工对系统功能、操作界面和性能的反馈。利用这些反馈信息，图书馆能够识别系统中的不足之处，如界面复杂性、功能缺陷或操作困难，并据此制订优化计划。图书馆应根据实际使用情况和反馈数据，进行系统功能的定期评估和升级。这包括对系统功能进行逐步改进，如增加新的模块、改进现有功能或简化操作流程。例如，如果反馈显示图书馆员工在处理采购请求时遇到效率问题，图书馆可以考虑增加自动化功能，如智能推荐采购清单或自动审批流程。此外，图书馆还可以通过分析系统使用数据，识别常见问题和瓶颈，优先解决这些问题，以提高系统的整体性能。

为了确保优化过程的有效性，图书馆可以建立一个专门的优化团队，负责监控系统性能、分析用户反馈并推动改进措施的实施。该团队可以包括技术人员、用户代表和业务分析师，以确保各方需求和建议都能被充分考虑。例如，技术人员可以负责系统的技术维护和功能升级，用户代表可以提供实际操作中的意见和建议，而业务分析师可以分析系统使用数据，评估优化措施的效果。在进行系统优化时，图书馆还应重视与供应商的合作。许多智慧采购系统的开发商提供技术支持和维护服务，图书馆可以与这些供应商保持密切联系，确保系统的持续更新和优化。定期与供应商进行沟通，了解系统的最新功能和技术趋势，能够帮助图书馆在优化过程中获得更多的支持和资源。图书馆的采购需求和资源管理是不断变化的，系统必须能够灵活适应这些变化。例如，随着图书馆藏书量的增加或采购需求的变化，系统需要能够处理更复杂的数据和流程。通过不断优化，智慧采购系统不仅能更好地满足当前需求，还能预见未来的变化，确保图书馆的采购管理始终高效且可靠。

（二）前瞻规划

通过注重新技术和趋势的跟踪，图书馆可以提前规划未来的系统升级和扩展，为长期发展奠定坚实的基础。这种前瞻性规划不仅能提升系统的适应性和灵活性，还能确保其在未来的竞争中保持领先地位。了解和跟踪智慧采购领域的新技术和趋势是制订前瞻性规划的基础。人工智能（AI）、大数据分析、区块链和物联网（IoT）等新技术正在迅速改变采购领域的格局。例如，AI技术可以在采购过程中提供智能推荐；大数据分析可以帮助图书馆预测资源需求，提升采购准确性；区块链技术可以增强采购流程的透明度和安全性。这些新技术的应用能够显著提升智慧采购系统的功能和效率。因此，图书馆应定期关注行业动态和技术发展，评估这些新技术对自身系统的潜在影响，并将其纳入未来规划中。

制订未来的系统升级和扩展计划时，图书馆需要基于对当前系统性能和用户需求的深入了解。通过分析系统的使用数据和用户反馈，识别现有功能的不足和改进空间，图书馆可以制订具体的升级策略。例如，如果用户反馈显示系统在处理大规模采购数据时存在性能瓶颈,图书馆可以计划引入更强大的数据处理和存储解决方案。此外,图书馆还可以根据未来的需求趋势,如数字资源的增加和采购流程的复杂化,提前规划系统的扩展模块和功能升级。在前瞻规划中,图书馆还应考虑未来的技术融合和跨界合作。智慧采购系统的升级不仅涉及单一技术的改进,还可能涉及不同系统和平台的集成。例如,图书馆可以计划将智慧采购系统与图书馆管理系统、预算管理系统和供应链系统进行无缝集成,实现数据和信息的共享。通过这种跨界合作,可以提升系统的整体功能,进一步提高资源管理的效率。前瞻规划还应包括培训和变更管理。随着系统功能的不断升级,图书馆需要确保员工能够有效地适应新技术和操作流程。这包括制订系统培训计划,提供必要的技术支持,以及进行变更管理,以确保系统的平稳过渡和员工的高效使用。

六、内部宣传与沟通

(一)宣传材料

制作宣传册是向员工全面介绍智慧采购系统的优势和功能的有效方式。宣传册可以包括以下几个主要内容:系统概述、核心功能、实施效果、用户反馈和未来规划。宣传册的设计应当简洁明了,使用图表、流程图和实例说明系统如何提升采购效率、减少成本和优化资源配置。例如,可以用直观的图表展示智慧采购系统在过去一年中帮助图书馆降低采购成本的统计数据,或用流程图展示系统如何简化采购流程。宣传册还可以包含成功案例和用户见证,以具体的实例证明系统的实际效果。内部新闻是传播智慧采购系统实施进展的重要渠道。定期发布内部新闻,让员工及时了解系统的最新动态和进展。例如,图书馆可以在内部新闻中报道系统的上线时间、主要功能的更新、系统使用培训的安排以及任何相关的成功案例或重大改进。这种透明的信息传递不仅能够让员工感受到系统实施的紧迫性和重要性,还能让他们了解到系统带来的实际好处,从而增加他们的参与和支持。

电子邮件则是一个便捷且高效的工具,用于快速传达有关智慧采购系统的最新信息和提醒。定期发送的电子邮件内容可以包括系统使用的小贴士、常见问题解答、培训课程的安排以及系统使用的最佳实践。例如,可以通过电子邮件向员工介绍系统的某一新功能,提供使用指南,并邀请员工参加相关的培训或演示会。电子邮件还可以用于征集员工的反馈意见,鼓励他们提出改进建议,从而促进系统的持续优化。图书馆还可以考虑制作简短的视频或在线教程,以直观生动的方式展示智慧采购系统的功能和使用方法。这些视频可以发布在图书馆的内部网站或共享平台上,供员工随时观看和学习。视频内容可以包括系统的操作演示、用户反馈的采访和常见问题的解答,以帮助员工快速上手并解决在使用过程中遇到的问题。为了增强员工对智慧采购系统的认知和接受度，图书馆还可以组织宣传活动，如内部讲座、培训工作坊或用户经验分享会。员工可以更深入地了解系统的应用场景和实际效果，同时也能与系统的开发者或使用者进行面对面交流，解答他们的疑问并提供建议。

（二）成功案例分享

分享成功案例是增强员工对智慧采购系统的信心和积极性的有效策略，尤其是在公共图书馆推广过程中。通过展示初步实施的成功案例和经验，员工能够直观地看到系统的实际效果和潜在价值，从而更好地理解系统的优势，并积极参与其应用。成功案例的分享应详细描述系统在实际应用中的具体成效。这包括提供详细的实施背景、挑战和解决方案，以及最终取得的成果。例如，某公共图书馆在实施智慧采购系统后，成功优化了图书采购流程，实现了采购成本的显著降低。分享这一案例时，可以详细说明在实施过程中遇到的困难，如数据整合问题、系统培训不足等，并描述如何通过调整系统设置、加强培训和改进操作流程来解决这些问题。通过详细的案例分析，员工可以更清楚地了解智慧采购系统如何在实际工作中发挥作用，并看到其带来的具体好处。

成功案例分享可以通过多种形式进行，以确保信息的广泛传播和员工的深入理解。除了撰写案例分析报告，还可以制作图文并茂的宣传材料，如案例展示册或PPT演示文稿。这些材料可以在员工会议上进行演示，或通过内部新闻和电子邮件进行传播。此外，可以录制视频采访，邀请参与案例实施的员工分享他们的亲身经历和感受。这种面对面的分享能够更加生动和直观地展示智慧采购系统的实际效果，并帮助员工理解系统的实际操作和应用价值。为了进一步增强案例分享的效果，可以组织专题讨论会或经验交流会。邀请在成功案例中发挥关键作用的员工或项目负责人，介绍他们的工作经验和实际操作过程。通过这种形式，员工可以直接提问、讨论问题，并从中获得实际操作的技巧和建议。这不仅能够加深员工对系统的理解，还能激发他们的积极性，使他们更愿意参与系统的应用和推广。成功案例的分享还应包括对系统优化和持续改进的介绍。通过展示在实施过程中根据反馈进行的改进措施和优化策略，员工能够看到智慧采购系统在不断演进和完善中带来的附加价值。例如，分享一个案例中如何根据用户反馈调整了系统功能，增强了某些特定模块的性能，并最终提升了系统的整体效用。这种信息能够让员工认识到，系统的成功不仅仅依赖于初步实施的效果，还需要在实际使用过程中不断优化和改进。

参考文献

[01] 荆倩金．公共图书馆参与新型智库建设服务现状及优化策略［J］．数字与缩微影像，2024（3）：20-22．

[02] 辛丽霞．公共图书馆创新地方文献资源建设［J］．文化产业，2024（24）：109-111．

[03] 黄强．公共图书馆文化传播能力的提升之路［J］．文化产业，2024（24）：22-24．

[04] 王欣桦，吴晓燕．"图书馆+高校"志愿者模式的构建与实践［J］．文化产业，2024（24）：166-168．

[05] 姚丽琴，杨光，任雁洲．我国公共图书馆健康信息服务研究［J］．图书馆工作与研究，2024（8）：83-91．

[06] 胡珊珊．公共图书馆阅读推广新亮点［J］．文化产业，2024（22）：49-51．

[07] 顾晴雯．数字时代公共图书馆用户空间服务策略探究［J］．参花，2024（22）：137-139．

[08] 韦壮龙．自媒体时代公共图书馆微服务体系的构建［J］．参花，2024（22）：140-142．

[09] 蓝晓宁．全民阅读背景下公共图书馆服务效能提升策略探讨［J］．参花，2024（22）：146-148．

[10] 蒋颜萍．试论公共图书馆地方文献数字化阅读推广［J］．兰台内外，2024（21）：78-80．

[11] 杨嘉骆．公共图书馆第三方评估实施困境与化解［J］．图书馆，1-7[2024-08-27]．

[12] 胡珊珊．图书馆联盟推动公共文化服务协作新模式［J］．文化产业，2024（21）：100-102．

[13] 孙一凡，袁永旭，殷彩明，等．公共图书馆健康信息服务模式研究［J］．医学信息学杂志，2024，45（7）：93-97．

[14] 毛小雪．浅析公共图书馆数字资源推广［J］．文化产业，2024（20）：124-126．

[15] 黄蓉．智慧图书馆背景下公共图书馆参考咨询服务发展思考［J］．河南图书馆学刊，2024，44（7）：37-38+42．

[16] 彭彬．公共图书馆体验式阅读推广优化策略研究［J］．河南图书馆学刊，2024，44（7）：53-55．

[17] 张晓敏．公共图书馆数字文化服务体系建设路径探究［J］．河南图书馆学刊，2024，44（7）：21-22+31．

[18] 陈嘉文. 公共图书馆价值共同体构建研究 [D]. 哈尔滨：黑龙江大学，2024.

[19] 王改凤. 高校图书馆公共文化体系建设研究 [J]. 图书情报导刊，2024，9（6）：6-9.

[20] 宋宪晴. 公共图书馆智慧资源建设与服务模式 [J]. 中国报业，2024（12）：54-55.

[21] 童娟. 数字化转型下公共图书馆服务创新 [J]. 河南图书馆学刊，2024，44（5）：36-38+41.

[22] 张蕊. 智慧图书馆创新读者服务 [J]. 文化产业，2024（13）：40-42.

[23] 刘彦. 浅谈公共图书馆图书资料的开发及利用 [J]. 兰台内外，2024（13）：73-75.

[24] 李东来. 图书馆阅读推广深化发展与图书馆专业化 [J]. 图书馆建设，2024（2）：4-7.

[25] 陈丝雨，彭爱东. 公共图书馆虚拟现实阅读服务用户体验评价研究 [J]. 图书馆学研究，2024（4）：100-111.

[26] 牛强. 文旅融合背景下公共图书馆的智慧服务研究 [J]. 文化月刊，2024（4）：78-80.

[27] 龚鑫. 公共图书馆运营中的智慧管理浅探 [J]. 办公室业务，2024（7）：159-161.

[28] 孙绍俊，许天骄，刘斐，等. 全媒体时代下公共图书馆的服务优化 [J]. 文化产业，2024（10）：145-147.

[29] 牛继伟. 公共图书馆数字资源建设与开放获取 [J]. 科技资讯，2024，22（6）：214-216+230.

[30] 黄卉. 公共图书馆服务体系阅读推广制度建设策略 [J]. 文化月刊，2024（3）：112-114.

[31] 陆新强. 公共图书馆地方文献信息咨询服务层次分析 [J]. 江苏科技信息，2024，41（5）：80-84.

[32] 衣元宏. 公共图书馆数据馆员培养策略研究 [J]. 河南图书馆学刊，2024，44（3）：52-54.

[33] 王涵. 公共图书馆数字化阅读资源的开发与利用 [J]. 新阅读，2024（3）：68-70.

[34] 李晓源. 公共图书馆沉浸式阅读空间改造 [J]. 大学图书情报学刊，2024，42（2）：41-45.

[35] 吴正飞. 大数据时代下公共图书馆智库建设路径研究 [J]. 科技资讯，2024，22（5）：202-204.

[36] 杨颜僖. 公共图书馆管理与服务创新路径探究 [J]. 参花，2024（7）：140-142.

[37] 马艳妹. 数字环境下公共图书馆数据开放路径研究 [J]. 黑龙江档案，2024（1）：288-290.

[38] 曹轶，肖非常，张靖园．公共图书馆智慧化阅读推广进军营服务构架探究［J］．中国信息界，2024（1）：131-135．

[39] 周珊莉．公共图书馆统计标准化研究［J］．山东图书馆学刊，2024（1）：21-26．

[40] 陈梦莹．公共图书馆的文化服务创新策略研究［J］．传播与版权，2024（4）：70-72．